新版

イチバン親切な料理の教科書

豊富な手順写真で失敗ナシ！

はじめに

本書を手にしてくださり、ありがとうございます。この本は以前刊行いたしました『料理の教科書』に、簡単に作れてごはんを足せばそれで一食になる「簡単おかずスープ」の章を新たに足したものです。もちろん、ビーフカレーやしょうが焼き、肉じゃが、チャーハンといった和洋中の代表的なメニューは変わらず掲載しています。

作り方は基本にそって、できるだけていねいにわかりやすく紹介しています。なかには、陥りやすい失敗を例として挙げているものもありますので、参考にしてください。

また、レシピ以外にもソースの活用法、魚のさばき方、調味料の役割、肉の部位のはなしなど、

覚えておきたい料理のコツとポイントもたくさん詰まっています。

ちゃんと料理を作ってみたいけれど、正しいやり方がわからない。教えてくれる人もまわりにいない。そんな方にぜひ活用していただければと思っています。

慣れないうちは、なるべく手順を端折らず、できるだけレシピに忠実に作ったほうが失敗は少ないでしょう。そしておいしくできたら、同じ料理を何回か作ってみてください。作り込んでいくうちに、どこを省略しても大丈夫か、自分の好みの味付けはどんなものかなどが、徐々にわかってくるかと思います。あなたの料理作りにこの本が役立てばこんなにうれしいことはありません。

川上文代

Contents

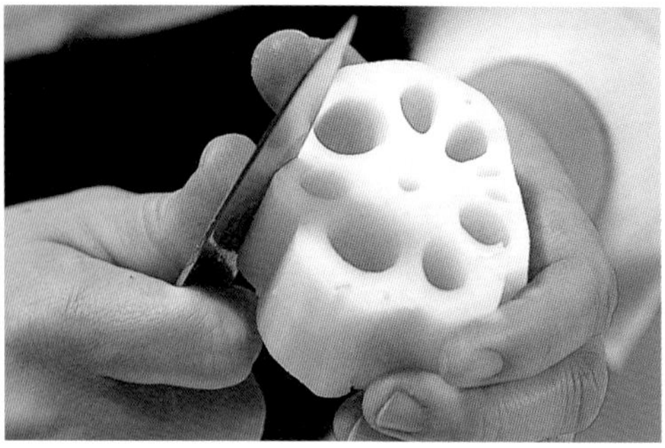

第1章
簡単おかずスープ

第2章
基本のテクニック

第3章
和食

Contents

第4章
洋食

第5章
中華

本書の決まり

- 材料のだし汁は一番だしを示します。チキンブイヨン、ビーフブイヨン、鶏ガラスープは市販のスープの素を使用してもOKです。
- 塩ゆでの塩、野菜をさらす酢水の酢など、下処理に使う調味料は基本的に分量外としています。
- 電子レンジの加熱時間は500Wのものを使用した場合です。
  また、加熱時間はあくまで目安ですので、ようすを見ながら調節してください。
- オーブンは機種により性質が異なるので、焼き時間に合わせて温度を調整してください。
- 材料の表記は1カップ=200cc、大さじ1=15cc、小さじ1=5ccです。
  計量器ごとの調味料の重量は下記の表を参考にしてください。

食品名	小さじ1杯	大さじ1杯	1カップ
酢・酒	5g	15g	200g
醤油・みりん・味噌	6	18	230
塩（食塩）	6	18	240
砂糖（上白糖）	3	9	130

食品名	小さじ1杯	大さじ1杯	1カップ
油	4	12	180
バター	4	12	180
小麦粉（薄力粉・強力粉）	3	9	110
片栗粉	3	9	130

Staff
写真撮影　永山弘子、大内光弘（P100）、fort（福田諭・P10～18）
イラスト　高橋花
デザイン　中村たまを
編集・製作　バブーン株式会社（矢作美和、高木忍、千葉琴莉）

最低限これだけあればどうにかなります

星の数ほどあるキッチンツール なにはなくともこれだけはそろえて

調理器具は無計画に買ってしまうと、場所を取るばかりであまり使わない、なんてことになりがち。はじめは最低限の調理器具だけをそろえて、不便を感じたら少しずつそろえるようにしましょう。ほかに、ピーラー、肉たたき、うろこ取りなどもあると便利。必要に応じて少しずつ集めてください。

❶ボウル
野菜を水にさらしたり、切った野菜を入れたりと使い道はいろいろ。大きさ違いでそろえておこう

❷フライパン
鉄製のフライパンと比べて軽く、焦げつきにくいフッ素加工のものが使いやすくておすすめ

❸片手鍋
直径18〜20cmほどである程度深さのある鍋があれば、たいていの料理は作れる

❹ざる
洗った野菜やゆでた麺の水気をきったり、スープをこしたりと大活躍。持ち手のついたタイプも使い勝手がよい

❺レードル
口が丸いタイプより、楕円形に近い注ぎ口のあるタイプのほうが、皿に盛るときこぼしにくい

❻包丁
まずは刃渡り21cmほどの牛刀があれば大丈夫。研ぐ必要のない、セラミック加工のものでもよい

❼へら
炒めものやソースなど広範囲を混ぜたいときに。フライ返しとして利用しても◎

❽菜箸
揚げ物を返すときや薄切り肉をゆでるとき、つまんで作業したいときに

❾まな板
手入れをしやすいのはプラスチック製だが、木製のほうが切り心地はよい

❿泡立て器
メレンゲを泡立てるとき、ホワイトソースを作るときに。柄のつけ根がしっかりしているものが望ましい

⓫計量カップ
金属製より透明なタイプのほうが計量しやすい。耐熱性のものならなお便利

⓬計量スプーン
大さじ、小さじ、小さじ1/2のセットがほとんど。すりきりがつくタイプも

⓭おろしがね
プラスチック、金属製、陶製と素材はいろいろ。ボックスタイプもあるが、板状のものが一番使いやすい

第1章
簡単おかずスープ

BACON, SOYBEAN AND TOMATO SOUP

ベーコンと大豆とトマトのスープ

大きく切ったベーコンがボリューミー

01

フライパンにオリーブ油を熱してベーコンをこんがりと両面焼き、しめじ加えて炒める。

02

チキンブイヨンと大豆を加えて塩、胡椒をふり、沸騰したら蓋をして弱火で5分煮る。トマト、小松菜を入れてさらに2分煮る。

材料（2人分）

ベーコン（ブロック）…200g
大豆の水煮…150g
しめじ…150g
トマト…1個（200g）
小松菜…80g
チキンブイヨン…2・1/2カップ（500cc）
塩、胡椒…各少々
オリーブ油…小さじ1

下ごしらえ

ベーコンは4cm四方の5mm厚さに切る。しめじは石づきを取り、ほぐす。トマトは2cm角に、小松菜は3cm長さに切る。

SHRIMP LEMON CREAM SOUP PASTA

えびのレモンクリームスープパスタ

レモンの輪切りで爽やかな風味に

下ごしらえ

えびは背わたを取り、殻をむく。玉ねぎは長さを半分にして5mm 幅の薄切りにする。マッシュルームは5mm 幅の薄切りに、ブロッコリーは小房に分ける。

01 深型のフライパンにバターを熱し、玉ねぎ、マッシュルーム、えびの順に炒める。

02 チキンブイヨンを注いで塩、胡椒をふる。沸騰したらショートパスタを加え、蓋をして弱火で8分煮込む。

03 ブロッコリー、生クリーム、レモンを加えて2分煮る。

材料（2人分）

えび…12 尾
玉ねぎ…1/2 個（125g）
マッシュルーム…80g
ブロッコリー…80g
レモン（輪切り）…4 枚
ショートパスタ（フジッリ）…80g
チキンブイヨン…2・1/2 カップ（500cc）
生クリーム…80cc
バター…15g
塩、胡椒…各少々

CANNED MACKEREL CURRY SOUP

さば缶スープカレー

市販のカレールーを使ってすぐできる

下ごしらえ

じゃがいも、にんじんは乱切りにする。玉ねぎは2cm角に切り、ルーは細かく刻む。

01 深型のフライパンにサラダ油を熱し、玉ねぎ、にんじんをよく炒め、じゃがいもを加えてさらに炒める。

02 水を注ぎ、沸騰したら蓋をして弱火で15分煮込む。

03 カレールーを加え、とろみがついたらさば缶（缶汁ごと）としょうがのすりおろしを加えて約2分煮る。

材料（2人分）

さばの水煮（缶）…2缶（380g）
じゃがいも…1個（100g）
玉ねぎ…1個（250g）
にんじん…1/2本（70g）
しょうが（すりおろし）…小さじ1
水…2カップ（400cc）
カレールー（市販）…40g
サラダ油…小さじ2

CHICKEN WINGS AND RADISH SOUP

鶏手羽元と大根の塩スープ

大根を薄切りにすることで短時間で完成

01

深型のフライパンに手羽元、大根、しょうがを入れ、塩、胡椒をふってブイヨンを注ぎ、火にかける。

02

沸騰したらアクを取って蓋をし、弱火で15分煮込む。水菜を加えて混ぜ、再沸騰したら器に盛って胡椒をふる。

材料（2人分）

鶏手羽元…8本（420g）
大根…300g
水菜…60g
しょうが（みじん切り）…小さじ1
チキンブイヨン…2・1/2カップ（500cc）
塩、胡椒…各適量

下ごしらえ

手羽元は骨に沿って切り込みを入れ、塩、胡椒をまぶす。大根は5mm幅の半月に、水菜は3cmに切る。

CHICKEN BALLS MISO SOUP

鶏つくねとキャベツの味噌スープ

ほっとするやさしい味わい

材料（2人分）
春雨…40g
キャベツ…2 枚（100g）
しいたけ…4 枚（60g）
だし汁…2・1/2 カップ（500cc）
味噌…大さじ 2
酒…大さじ 1

つくねの材料
鶏ひき肉…200g
ねぎ（粗みじん切り）…大さじ 2
しょうが（みじん切り）…小さじ 1
みりん、濃口醤油…各小さじ 1
片栗粉…小さじ 1

下ごしらえ

キャベツは3cm 角に切り、しいたけは5mm 幅のそぎ切りにする。

01 つくねの材料を混ぜる。春雨はぬるま湯に5分つける。

02 深型のフライパンにだし汁を沸かして味噌を溶き、酒を加え、つくねをスプーンで落とす。しいたけ、春雨、キャベツを加え、沸騰したら弱火で3分煮る。

CHICKEN AND BOILED EGG VINEGAR SOUP

鶏肉とゆで卵の酢醤油スープ

煮立てることでまろやかな酸味に

下ごしらえ

鶏もも肉は3cm角に切る。れんこんは5mm幅の輪切りにして、水に5分さらす。ズッキーニは5mm幅の輪切りにする。ゆで卵は殻をむく。

01 フライパンにごま油を熱し、鶏肉をこんがりと焼く。れんこん、ゆで卵、ズッキーニを加えて炒める。

02 酢、みりん、醤油、だし汁の順で加え、沸騰したらアクを取り、蓋をして弱火で10分煮る。

材料（2人分）

鶏もも肉…1枚（300g）
れんこん…120g
ズッキーニ…120g
ゆで卵…2個
酢、みりん、濃口醤油…各大さじ2
だし汁…2カップ（400cc）
ごま油…小さじ2

CODFISH AND TAKANA HOT SOY MILK SOUP

たらと高菜のピリ辛豆乳スープ

食べるラー油で辛みを調節

下ごしらえ

たらは3cm幅に切る。たけのこは1cm幅のくし型に、ちんげん菜は3cm長さに切る。

01 深型のフライパンにごま油を熱する。ねぎ、しょうがを炒め、たら、たけのこ、高菜漬け、酒、中華スープ、豆乳の順で加える。

02 沸騰したら、弱火で2分煮て、ちんげん菜を加えて約1分火を通す。

03 器に盛り、食べるラー油をかける。

材料（2人分）

甘塩たら…2切れ（250g）
たけのこの水煮…150g
高菜漬け（刻み）…30g
ちんげん菜…1株（75g）
ねぎ（粗みじん切り）…大さじ2
しょうが（みじん切り）…小さじ1
酒…大さじ1
中華スープ…2・1/2カップ（500cc）
豆乳…1・1/4カップ（250cc）
食べるラー油（市販）…大さじ1
ごま油…小さじ1

CLAMS AND TOFU KIMCHI SOUP

あさりと豆腐のキムチスープ

缶詰のあさりを使ってお手軽に

01 深型のフライパンにごま油を熱し、しょうがとねぎを炒める。キムチ、コチュジャンを加えてさらに炒める。

02 あさり（缶汁ごと）、豆腐、Ⓐを加え、沸騰したら弱火で2分煮る。もやしとにらを加え、ひと煮立ちしたら火を止める。

下ごしらえ

豆腐は3cm四方の1cm厚さに切る。にらは3cm長さに、キムチは大きければ食べやすい大きさに切る。

材料（2人分）

あさりの水煮（缶）…1缶（180g）
木綿豆腐…1丁（330g）
キムチ…60g
ねぎ（粗みじん切り）…大さじ2
しょうが（みじん切り）…小さじ1
もやし…80g
にら…40g
コチュジャン…大さじ2
Ⓐ中華スープ…2・1/2カップ（500cc）
　酒…大さじ1
　濃口醤油…小さじ1
ごま油…小さじ2

WONTON AND BITTER MELON CHINESE SOUP

ワンタンとゴーヤのスープ

ゴーヤの苦みが効いた大人の味です

下ごしらえ

ゴーヤは縦半分に切ってスプーンでわたを取り、2mm幅の薄切りにする。白菜は葉と芯を分け、葉は3cm角のざく切りに、芯は3cm角のそぎ切りにする。

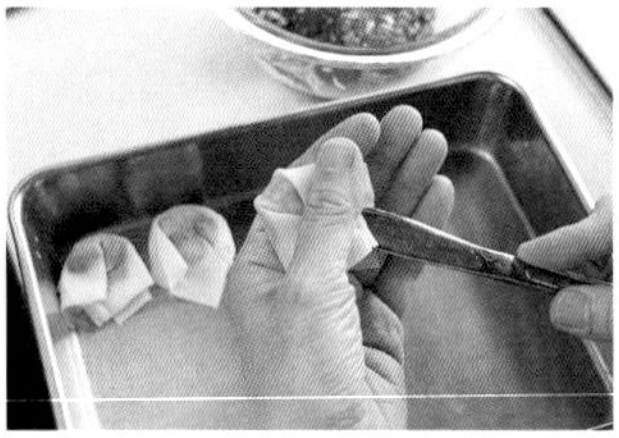

01 ワンタンのあんを混ぜ合わせ、12等分する。ワンタンの皮の中央にあんをテーブルナイフでのせ、片手で皮を包み込むようにして握り、ナイフを抜く。同様に残りを作る。

02 深型のフライパンにごま油を熱してねぎ、しょうがを炒め、Ⓐを入れて沸騰させ、白菜とワンタンを入れる。

03 ひと混ぜしてゴーヤを入れ、約2分煮る。

材料（2人分）

ワンタンの皮…12枚
ゴーヤ…1/2本
白菜…2枚
ねぎ（細切り）…4cm分（5g）
しょうが（せん切り）
…薄切り2枚分（2g）
Ⓐ中華スープ
…2・1/2カップ（500cc）
酒…大さじ1
濃口醤油…小さじ1
塩、胡椒…各少々
ごま油…小さじ1

ワンタンのあん
豚ミンチ肉…80g
ねぎ（粗みじん切り）…大さじ1
しょうが（みじん切り）…小さじ1/2
酒、濃口醤油…各小さじ1/2
胡椒…少々

第2章

基本のテクニック

野菜の切り方

野菜は種類や形によって切り方が変わります。また、長時間火を通す料理は厚くて大きめ、生で食べたりさっと炒める料理は薄めにと調理法によって切り方も工夫しましょう

基本 01

くし型切り

トマト、玉ねぎなど球体の野菜を放射状にカットする方法。厚みがあるので、煮物や鍋物といった煮込み料理に適しています。

1 野菜を縦半分にカットする。平らな面を下にして置く

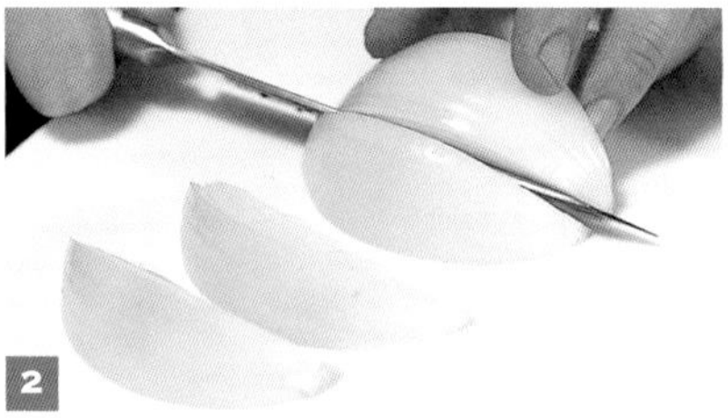

2 芯を等分するよう放射状に包丁を入れて、さらに厚みを等分にする

基本 02

せん切り

野菜を細く長く切る方法です。食感を残したいときは繊維沿いに、やわらかくしたければ繊維と直角に包丁を入れます。

1 繊維の方向を確認して、なるべく薄くなるように端からカットしていく

2 ずらしながら重ねて横に並べて、再び端から1mmほどの幅になるよう細く切る

基本 03

乱切り

ごぼう、大根など棒状の野菜を切る方法です。同じ大きさに切ることができ、切り口の面積が広いので、火の通りがよい利点があります。

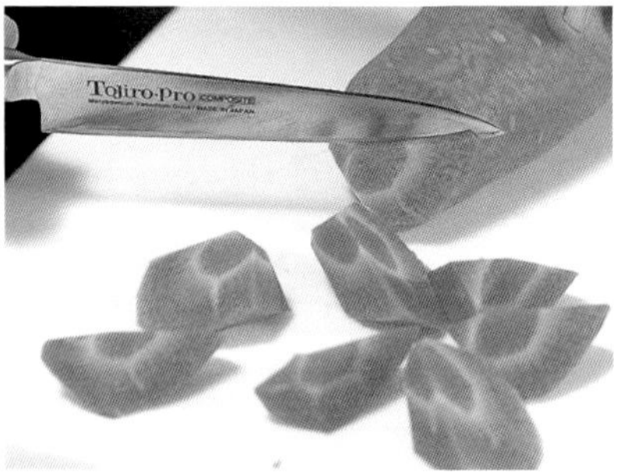

左手で野菜を手前方向に少しずつ転がしながら、ななめに包丁を入れ、カットする

ひと手間かけて もっとおいしく

面取り

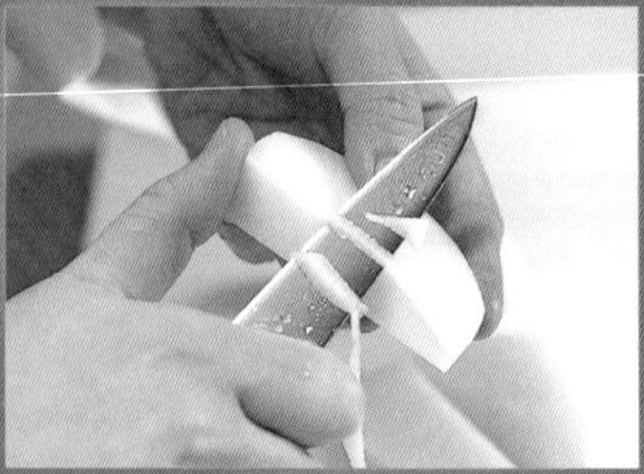

切った野菜の角を薄くそいで、形を整える。角がないので、調理中に野菜同士がぶつかってもくずれにくくなる

隠し包丁

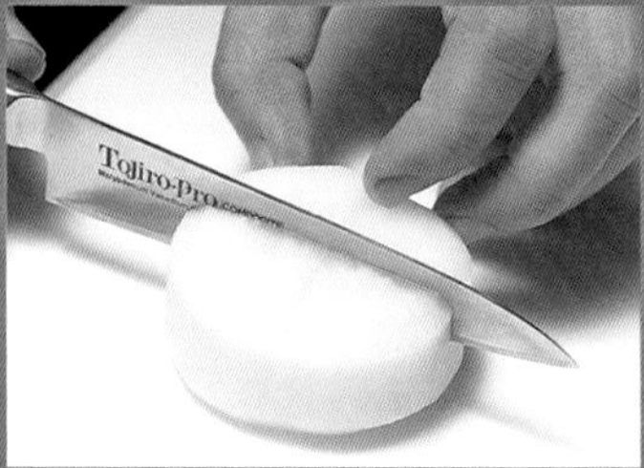

火の通りと味の染み方がよくなるよう、裏面に包丁を入れること。細かい格子状や十字に入れる

基本 04

輪切り

大根、れんこんなど、太めで切り口が丸い野菜を端から輪に切る方法。調理方法や火を通す時間によって、厚さを調節しましょう。

横向きに置き、端から一定の厚さにカット。切り口がななめにならないように注意する

↓

半月切り

輪切りを半分に切ります。また、縦に切って切り口を下に置き、端から切る方法も。

輪切りにした野菜を並べ、包丁で半分にカットする。薄ければ何枚か重ねて切ってもよい

↓

いちょう切り

半月切りをさらに半分に切る方法。野菜を縦に4つ割りにして端からカットする場合も。

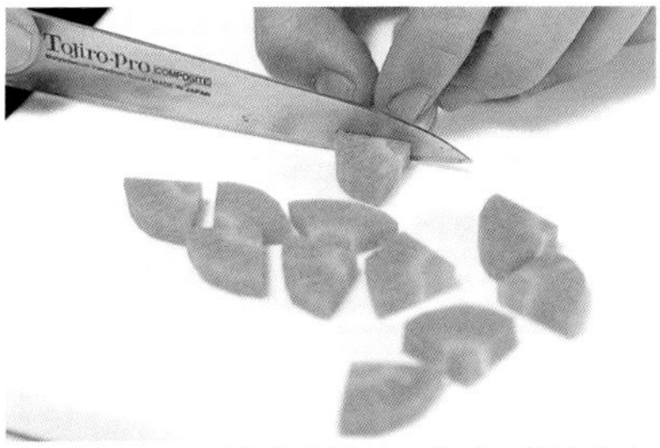

半月切りにした野菜を並べ、左手で押さえながらさらに半分にカットする

基本 05

拍子木切り

四角柱の棒状に切ったものを拍子木切りと呼びます。揚げ物や鍋物などに使うことが多い切り方です。

1 4～5cmの長さに切った野菜を繊維に沿って1cmほどの幅に切る。球形の野菜は、端を切り、切り口を下にして端から1cm幅に切る

2 切った野菜を、ねかせて置き、2～3枚重ねる。端から包丁を入れ、棒状になるよう1cmほどの幅に切る

色紙切り

拍子木切りから90°向きを変え、繊維に対して直角に薄くカット。

拍子木切りにした野菜を横向きに置く。1～3mmほどの幅に切る

短冊切り

拍子木切りを、繊維に対して平行に縦方向に切る方法です。

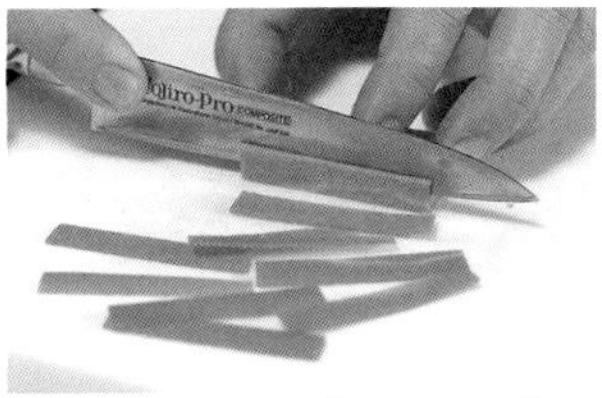

拍子木切りした野菜を、縦に置く。端から1～2mm幅にカットする

角切り(さいの目)

拍子木切りをサイコロのような立方体に切ったもの。煮物、汁物に。

拍子木切りから90°向きを変え、端から1cm幅にカットする

基本 06
みじん切り

野菜を細かく刻む方法です。野菜のうまみを出したいときや薬味に使うときに最適な切り方です。

1

4〜5cmの長さにカットした野菜を、縦に1〜2mm幅にスライスし、さらに1〜2mm幅のせん切りにする

2

せん切りした野菜を横向きに置き、端から1mmほどの幅に刻む。全体をできるだけ細かく刻むようにする

基本 07
千六本

せん切りよりもやや太めに切ることです。太さはだいたいマッチ棒ほど。味噌汁や和え物に使うときに。

1

4〜5cm長さに野菜を切る。縦に置き、端から3mmの幅にスライスして薄めの長方形にする

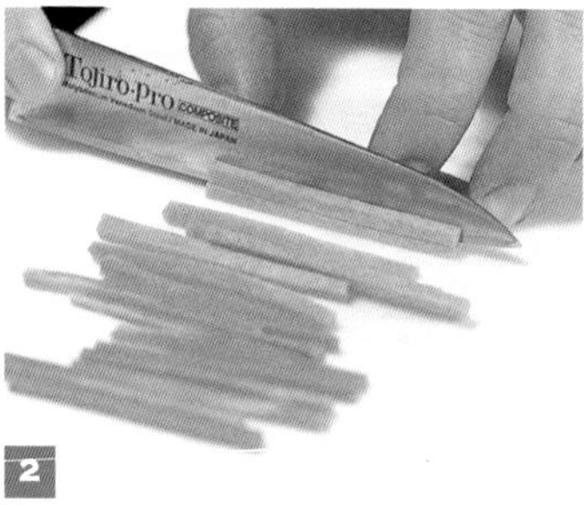

2

切った野菜をねかせて、何枚か重ねて置く。端からさらに3mmほどの幅にカットする

基本 08
葉野菜のせん切り

葉野菜のせん切りは、つけ合わせやサラダに使います。刻んだあとは水にさらしてシャキッとさせましょう。

葉を1枚はがし、固い部分をそぎ取る。くるくると巻き、左手で押さえて平らにしながら、端から細く刻む

芯に遠く、葉が固い部分を切る場合は、縦半分に切り、平らな部分を下にして端から細かく刻む

玉ねぎのみじん切り

球体の玉ねぎは、葉野菜や棒状の野菜とは違う方法でみじん切りにします。玉ねぎの形や繊維を利用して、切り込みを入れたあと素早く細かく刻みましょう。

1

芯を半分に切るように2等分し、繊維に沿って芯を残すように切り込みを入れる

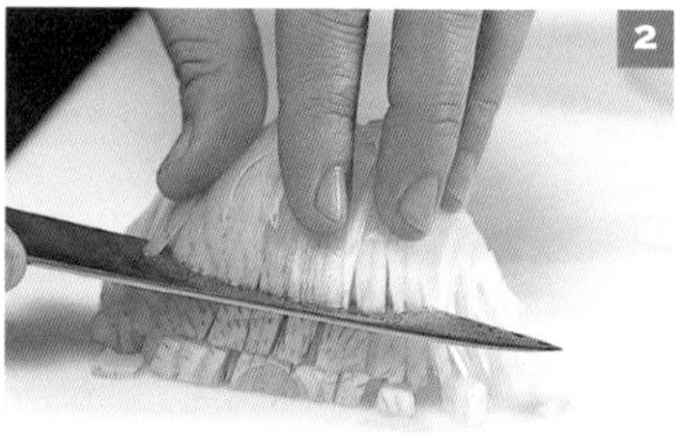

2

左手で玉ねぎを押さえながら水平方向に3〜4本切り込みを入れる

3

左手で玉ねぎを包むように押さえ、端から刻む。1が粗いとボロボロにくずれる

4

芯のまわりに残った部分は、さらに切り込みを入れ、芯に向かって端から刻む

基本 09

白髪ねぎ

ねぎの白い部分をせん切りにして白髪のようにする方法です。煮物や麺にトッピングしたり、薬味にしたりと広く利用できます。

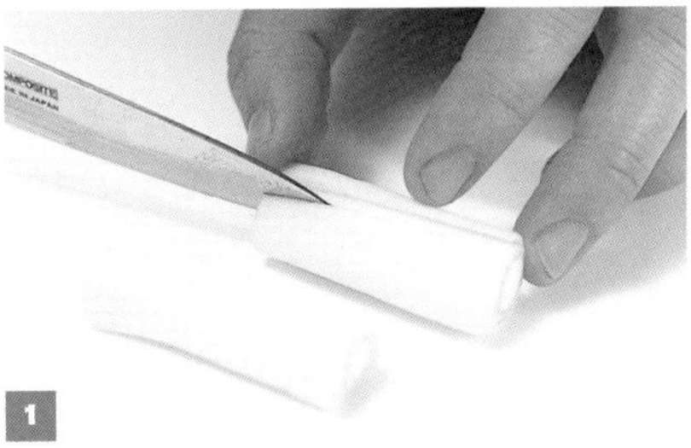

1 ねぎを4～5cm長さにカットする。動かないように左手で押さえながら、包丁で、縦にスッと1本切り目を入れる

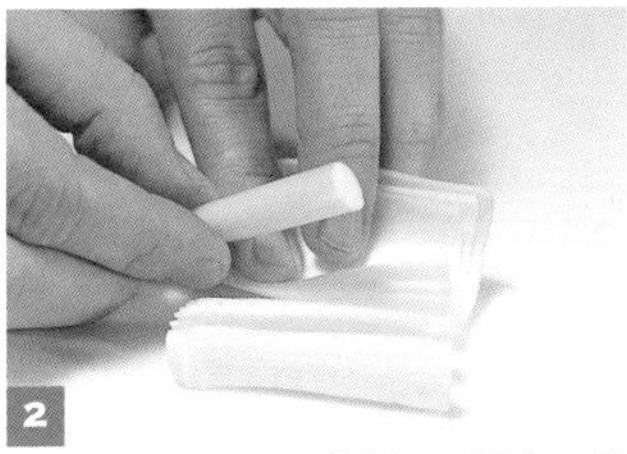

2 切り口を開いて、内側から緑色の芯部分をつまんで取り出す

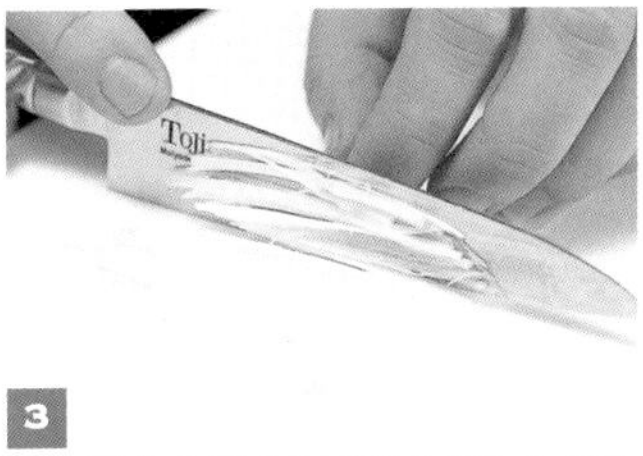

3 白い部分を押さえて平らにしながら繊維に沿って細く切り、水にさらす

基本 10

ごぼうのささがき

ささがきは、鉛筆を削る要領でそぎ切りする切り方です。切り口が広いうえ薄いので、火が通りやすく、炒め物に向いています。

ごぼうの先端に十字に切り目を入れる。鉛筆を削るように、外側に薄くそぐ

慣れてきたらチャレンジ！ 野菜の飾り切り

クッキー型で作る梅にんじん

包丁の扱いに慣れてなくても、クッキー型を使えば簡単

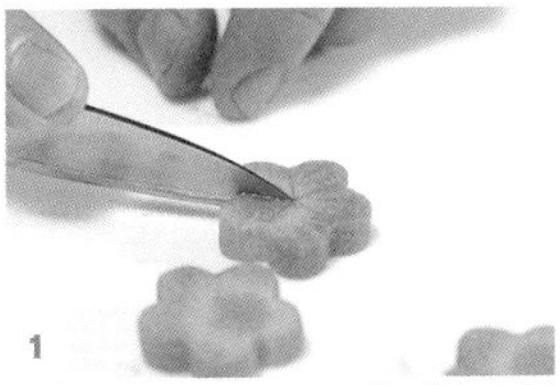

1 型抜きにんじんに、花びらを区切るよう切り目を入れる

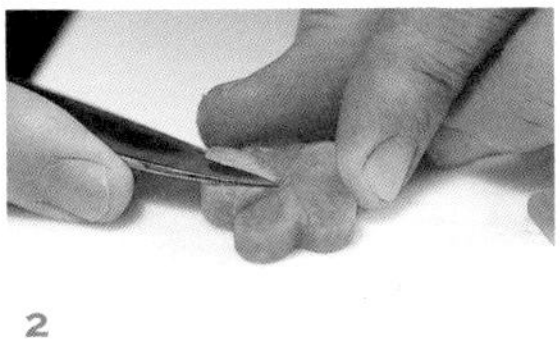

2 切れ目から隣の切り目まで、切っ先をななめにスライドさせ、ねじり梅にする

にんじん

梅や菊、鳥など切り込みの数や大きさによってさまざまな形を作ることができます。

1 鳥を作る。持ちやすい長さににんじんを切り、まわりをV字に切り込む

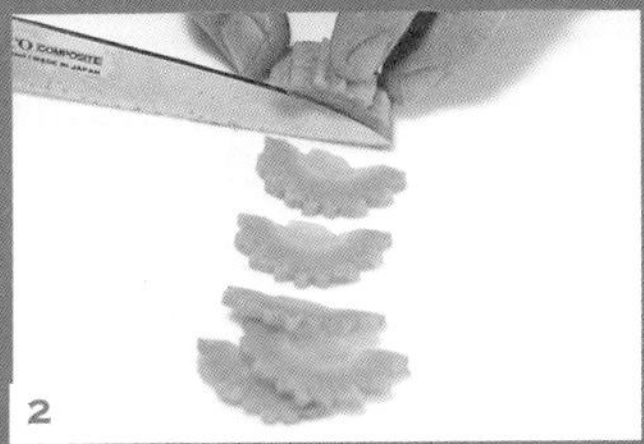

2 縦に2つ割りにして、平らな部分に2本切り込みを入れる。薄切りする

れんこん

れんこんはまわりを切り込んでから薄切りにし、花に見立てます。煮物やちらし寿司に入れると華やかに。

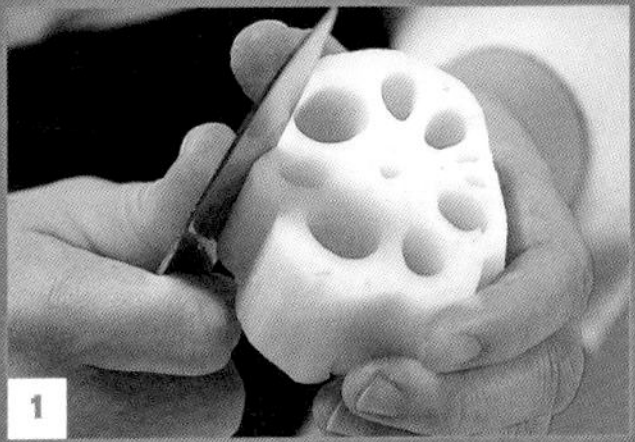

1 れんこんは皮をむく。穴を囲むように、まわりに切り込みを入れる

2 大きければさらに半分に切り、4～5mm幅にスライスする

野菜の下処理

野菜の下処理は、食べられない部分を取り除く、汚れを落とす、アクを抜くのが基本です。
野菜ごとに正しく下処理をしないと、失敗のモトになるので気をつけましょう

ちんげん菜

汚れた軸を落として、4つ割りにしてから洗うと、根元まできれいになります。火の通り方が違うので、軸と葉は分けて切ります。

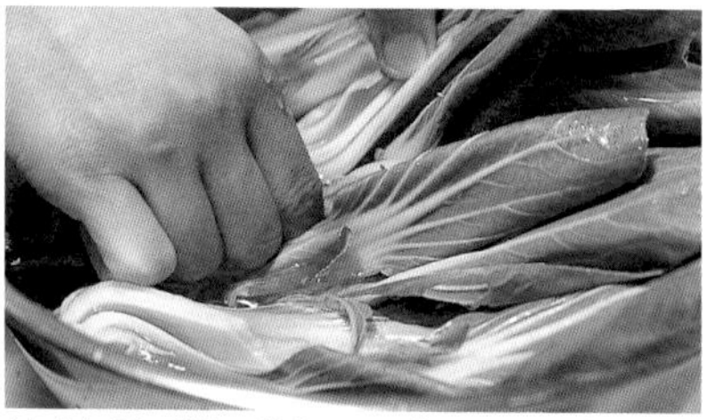

軸を包丁で切り落とし、手で4つに裂く。水をはったボウルで振り洗いする

ほうれん草

シュウ酸というえぐみ成分を多く含むので、たっぷりの湯で下ゆでします。軸が太い場合は、十字に切り目を入れて均等にゆでます。

水をはったボウルに根元をつけ、しばらく置いてシャキッとさせる

ゆでたほうれん草はざるに広げて冷ます。巻きすで押さえると余分な水分だけ絞れる

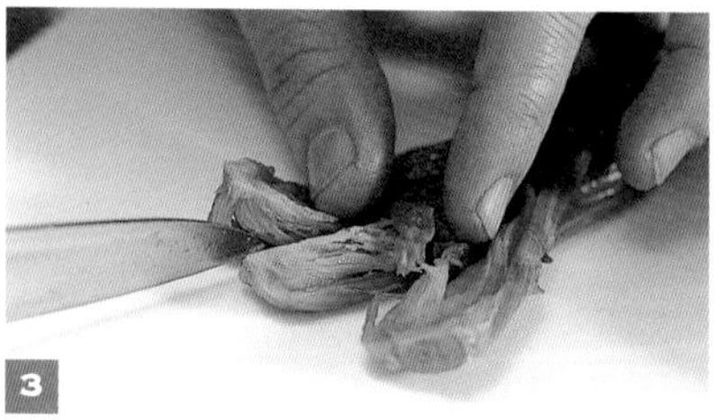

余分な水分が取れたら、軸に切り目を入れ、根元から手で裂く

キャベツ

キャベツは水に浸しながら、水の重さで葉をはがします。芯は硬くて火が通りにくいので、調理前に取り除くのが原則です。

芯の根元に包丁を入れて、キャベツを回す。切り込みが一周したら、手で芯をくり抜く

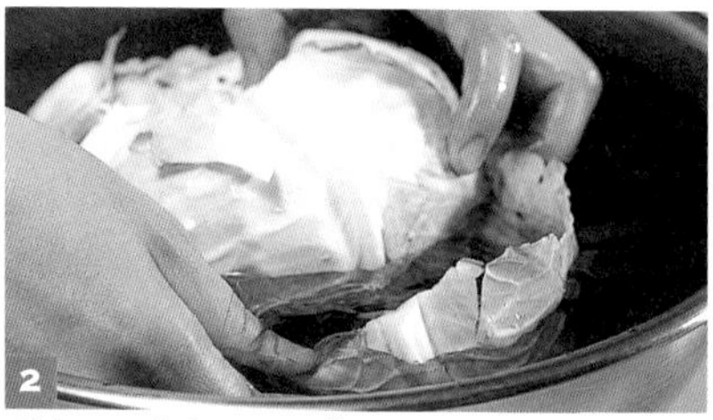

ボウルに水をはり、芯を取ったキャベツを沈める。葉を1枚ずつていねいにはがす

ロメインレタス

シーザーサラダに使うロメインレタスはシャキシャキ感が命。下処理は水に浸して行ないます。根元に汚れがたまりやすいので注意。

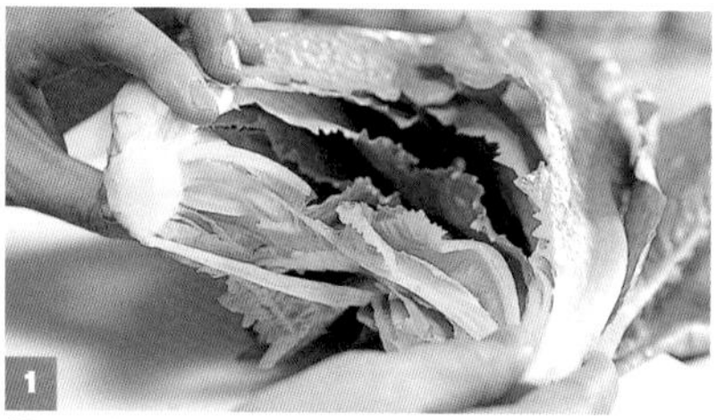

根元に切り目を入れ、ふたつに裂く。水にさらしながら葉を1枚ずつていねいにはがす

水をはったボウルに葉をつけて、根元についた汚れを指で軽くこすり、きれいに落とす

さやいんげん、さやえんどう

背側にある筋は歯ざわりが悪いので、手で取り除きます。ゆでたらすぐに盆ざるに広げ、あおいで冷まします。

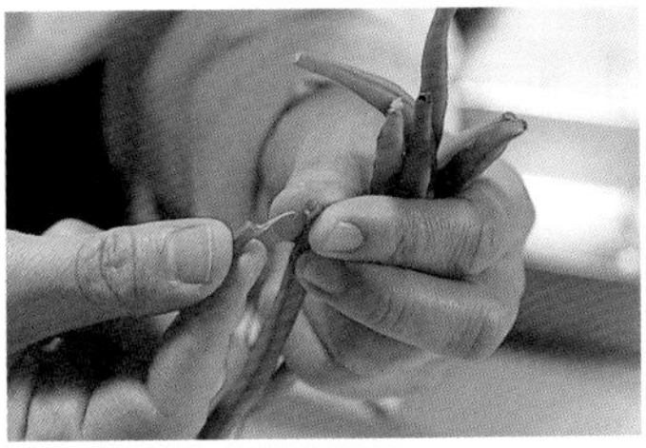

ヘタを指でつまんで筋を取る。片手に何本か持っておくと素早く処理できる

かぼちゃ

硬くて切りにくい場合、厚みの半分ほどまで包丁を入れて、シーソーのように動かして少しずつ切ります。皮をむくときは皮目を右側に向けて立てて置き、皮の硬い部分を薄くむきます。

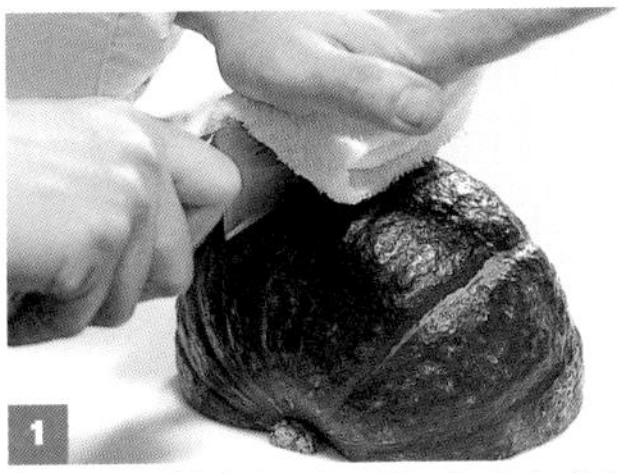

1 包丁の刃元をあて、背にふきんをのせ、左手でたたきながら力を加える

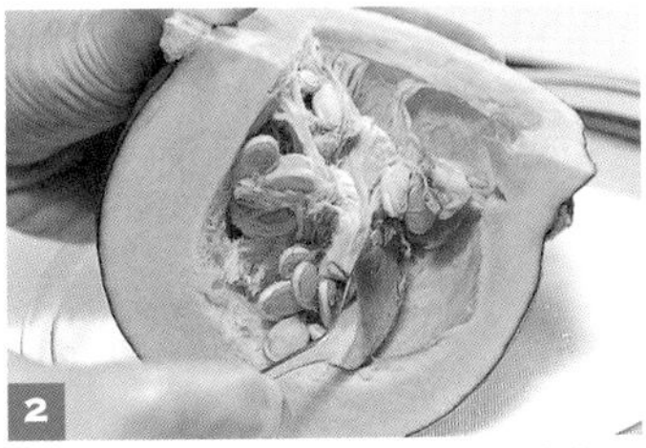

2 ワタと種はスプーンですくい、きれいに取り除く

ブロッコリー、カリフラワー

全部包丁で切るとバラバラになるので、ある程度の大きさに切ったら、あとは根元に切り目を入れて手で裂きます。

1 茎を手前に向けて、適当な大きさに茎からカットする

2 水にさらして、内側にたまった細かいゴミや汚れを落とす

かぶ

茎の間の汚れは、竹串や楊枝を使えばきれいに落ちます。筋は硬いので必ず皮ごとむいてから調理します。

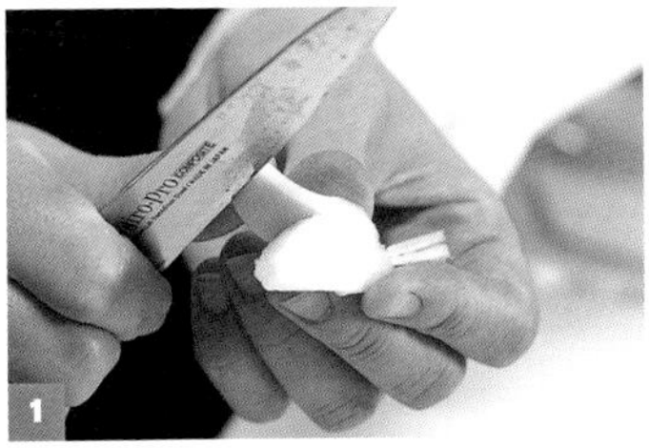

1 ヘタに切り込みを入れ、お尻の方から筋の部分までペロッとめくる

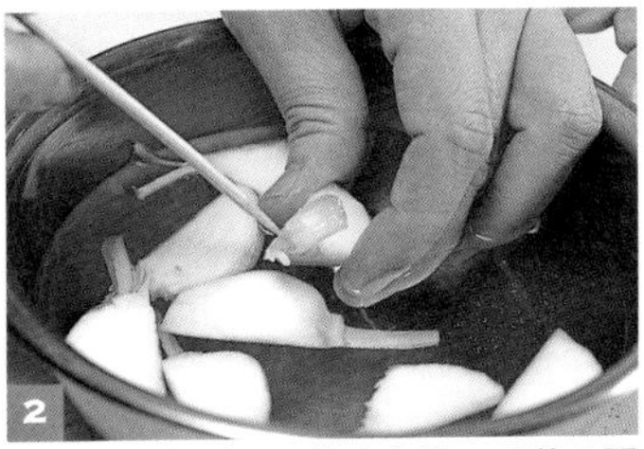

2 水につけながら、竹串を使って茎の間を掃除する

きのこ類

石づきがある場合は落として、バラバラにします。洗うと水分を含んでべたつくので、炒め物はさっとふく程度で。

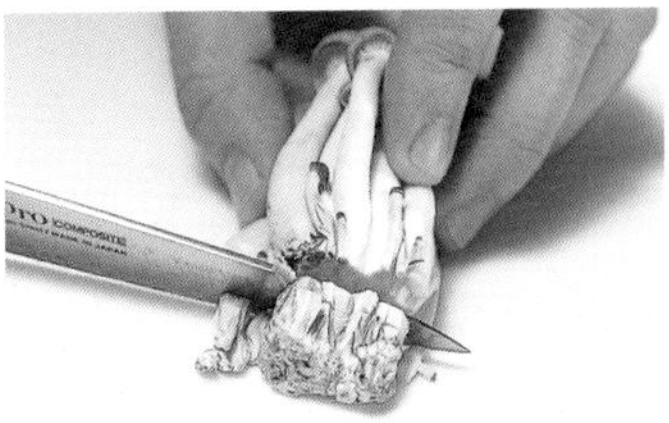

しめじ、えのき、まいたけなどは、石づきを包丁で落とし、手でほぐす

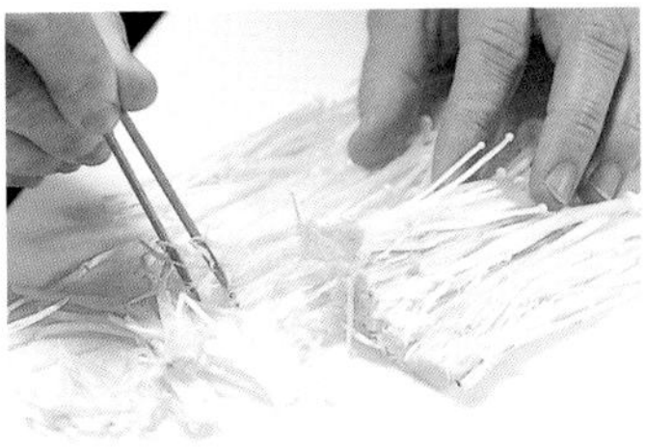

軸の細いえのきは、竹串を使ってほぐすとスピーディーに処理できる

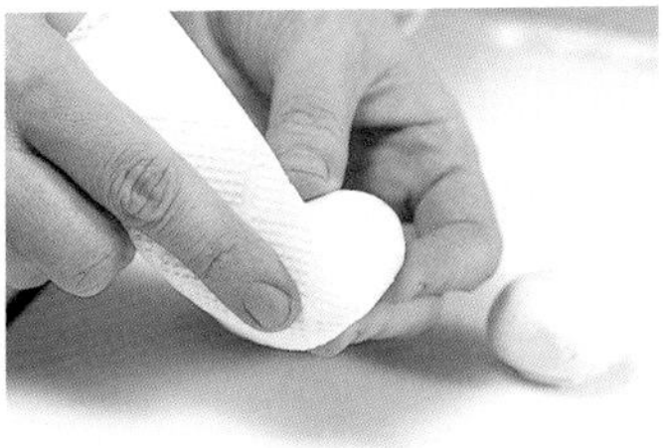

マッシュルームはかさの表面をペーパーなどでさっとふく

ピーマン

半分に切ったら、ヘタ、種、ワタを手で取り除きます。包丁の腹で潰すと、平らになり切りやすくなります。

種とワタ、ヘタを取る。半割りから細かく切る場合は、包丁の腹で潰して切る

なす

なすはガクをはずして、切ったら水にさらします。皮には隠し包丁を入れて火が通りやすいようにします。

1 包丁の刃先をなすのガクに当てて、なすを手前にクルクルと回す

2 ガクに切り目が入ったら、手でつまんでガクを取り去る

3 大きくカットして使う場合は、皮目に包丁で浅い切り目を格子状に入れる

4 アクをぬくため、10分ほど冷水にさらす。調理前に必ず水気をきる

ごぼう

泥つきごぼうの場合、表面の汚れを落とします。変色しやすいので切ったはしから酢水にさらしましょう。

1 皮についた汚れは、たわしでよくこすってきれいに洗い落とす

2 切り口の褐変を防ぐため、酢水に10分ほどさらしておく

トマト

ヘタは、切っ先を刺してトマトを回すときれいに簡単に取れます。また、皮をむく場合は熱湯に落とします。

1 包丁の切っ先をヘタ付近に刺し、左手でトマトをクルクル回してヘタを取る

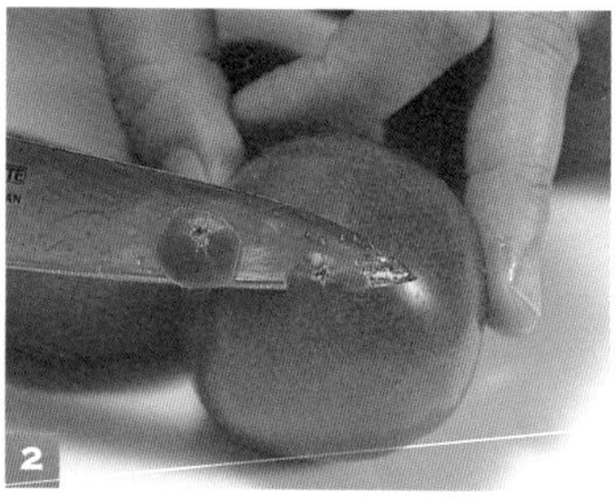

2 底に少し突起した、茶色の硬い部分は薄くそいで落とす

トマトの湯むき

1 ヘタを取ったトマトを、沸騰している湯に5〜10秒ほど落とす

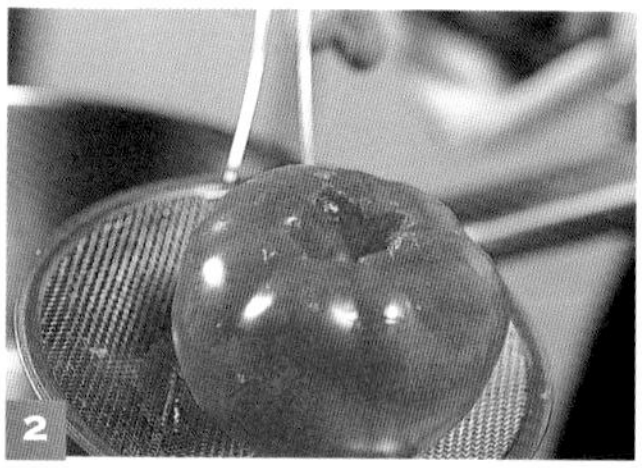

2 皮が少しめくれてきたらすぐに引き上げる。ゆですぎると果肉がとける

3 トマトを冷水に落とし、完全に冷めるまで、2〜3分ほど置く

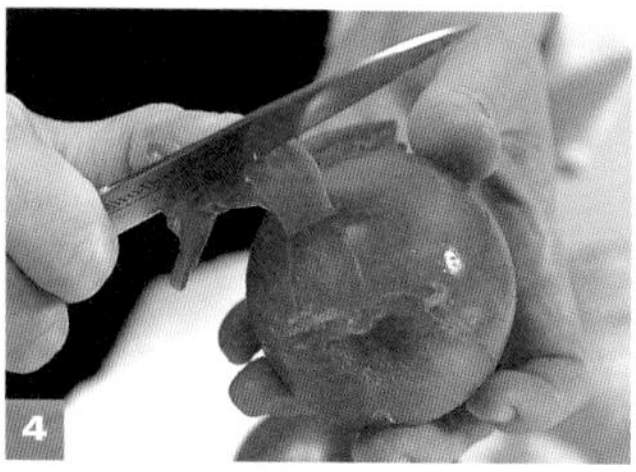

4 ふきんなどで水気をふき、皮がめくれたところからていねいにむく

セロリ

繊維の多いセロリは独特の歯ごたえが魅力。表面には硬い筋もあるので、取り除いておきましょう。

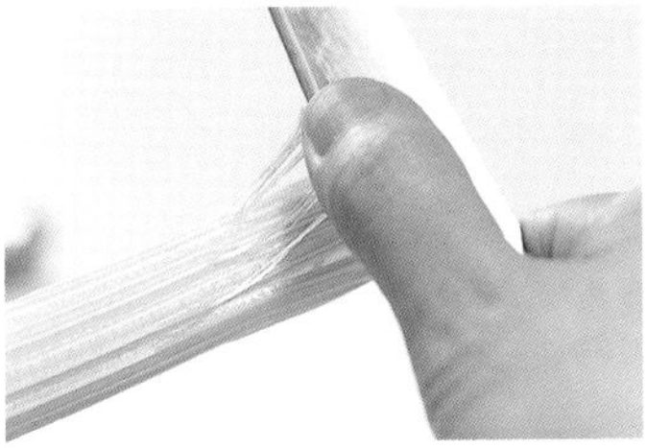

茎の皮は青臭いので薄くむき、表面の硬い筋を包丁で取る

さといも

皮をむく前に一度洗って乾かすと、すべりにくくなります。ぬれているとぬめりが出るので注意してください。

1 泥を洗い、しばらく置いて完全に乾いたら、天地を落とし、皮をむく

2 水につけて、指で表面を軽くこすりながら、ぬめりを洗い落とす

3 湯に落として、沸騰したらざるにあげ、ぬめりを完全に取り除く

アスパラガス

茎の脇に出たはかまを取り、皮を薄くむきます。根元2〜3cmは硬いので、手で折って取り除きましょう。

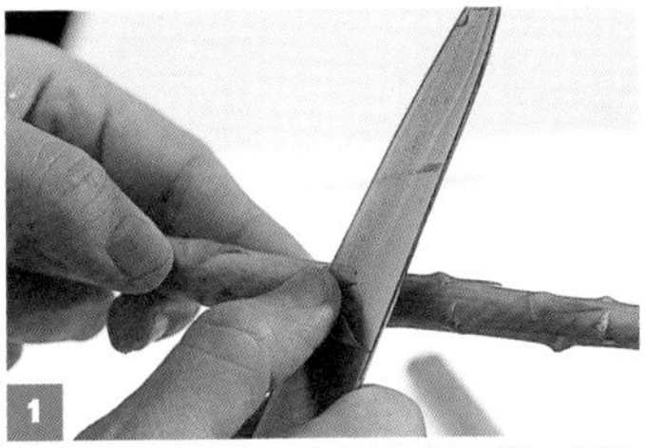

1 大きなはかまを、包丁の刃を使ってひとつずつ取り除く

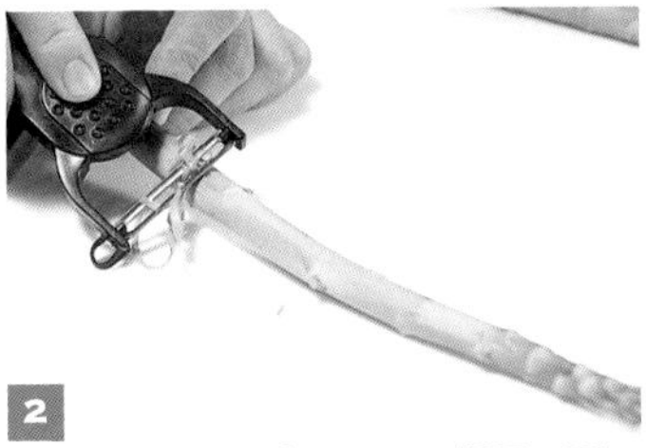

2 ピーラーで薄く皮をむき、根元の硬い部分を折る

白菜

葉をはがすときは、白い軸部分を持つと破れません。葉と軸とでは、厚みがまったく違うので、下処理で分けます。

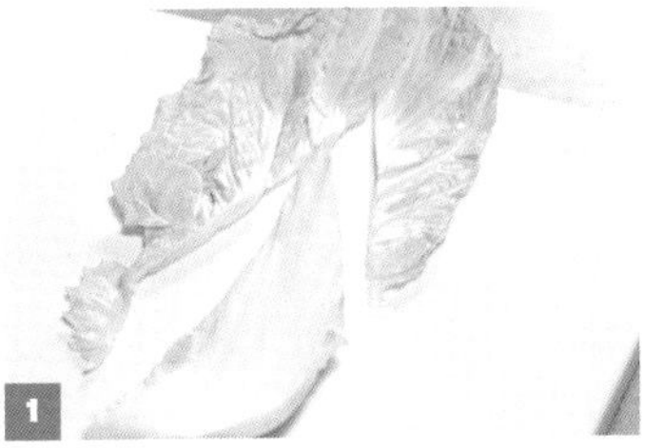

1 葉を1枚はがし、よく洗う。やわらかい葉と白くて硬い軸部分を切り離す

2 軸部分は、火が通りやすいよう、包丁をななめに入れて薄く切る

きゅうり

きゅうりは板ずりすることで色が鮮やかになります。表面のイボは口当たりが悪いので包丁の背でこそげ取ること。

1 表面のイボを取る。包丁の背をきゅうりに当てて、包丁を横に動かす

2 板ずりをする。きゅうり全体にかかるよう塩をひとつまみふる

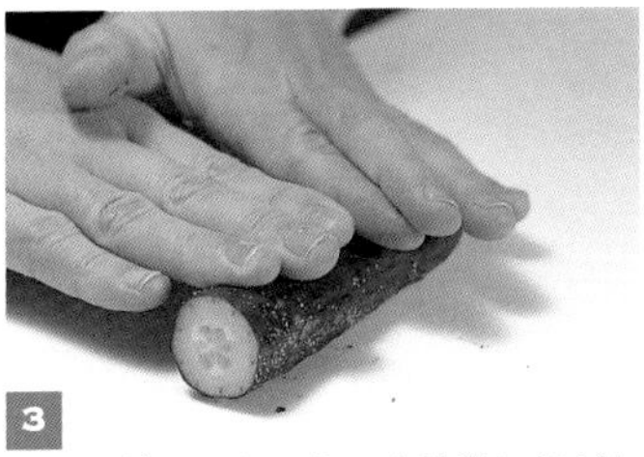

3 両手を使ってきゅうりを前後に転がし、塩をまんべんなくすりつけ、水で洗う

オクラ

調理前に包丁の刃元で、皮をむくようにガクを取ります。塩でこすると、産毛が取れるうえ色も鮮やかに。

水洗いしたオクラに塩をまぶして、指先でこすり、表面の産毛を取り除く

包丁の使い方

食材が上手に切れない、下処理が手早くできない…これは包丁の扱い方が原因かも。
立つ姿勢や握り方を正すことで、作業のスピードがグンとアップします

包丁の種類と用途

ひとくちに包丁といっても種類は多彩。ここで代表的なものを紹介します

万能包丁 これ1本でいろいろ使える

牛刀とも呼ばれ、魚、肉、野菜、硬いものなど、すべての食材に対応する。はじめに購入するならこれ

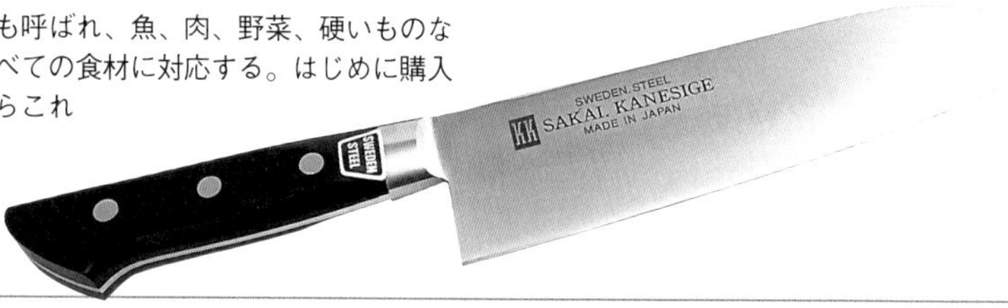

出刃包丁 魚の下処理が得意です

硬い材料をさばくのに向く。重量感があり、峰が太いため、魚を簡単に骨ごとぶつ切りにすることができる

薄刃包丁 野菜の皮むきやカットに便利

刃が薄く幅が広いため、野菜の繊維を壊さずに切ることができる。関西では切っ先側の背が丸みを帯びた鎌形薄刃が主流

中華包丁 強く大きな刃が特徴です

幅が広いのは、刻んだものをのせて鍋に移すため。薄手、中厚、厚手の3タイプがあり、中厚がもっとも使いやすい

ペティナイフ こまごました作業はおまかせ

小さな野菜やフルーツの皮をむくときや、切っ先を使ってヘタを取るとき、飾り切りなど細かい作業に役立つ

包丁のお手入れ

**切れ味を保つには、毎日お手入れを。
セラミック製の包丁を使うのもテ**

包丁の研ぎ方

ぬれタオルの上に研ぎ石を置いて、軽く水をうつ。60°の角度に包丁を合わせる

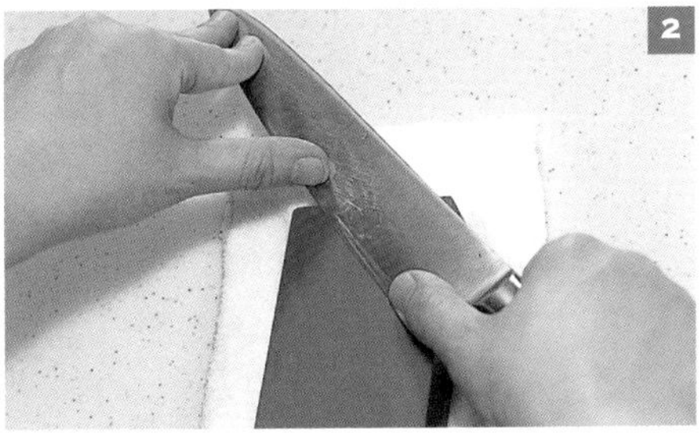

刃先を押さえて、角度を保ちながら前後に包丁を動かす。40～50回繰り返す

お手入れをラクにする方法

包丁は毎日研ぐのが一番です。最近では、手軽な研ぎ器もあるので、むずかしければこちらを使うのも一案。また、セラミック製の包丁は研ぐ必要がないので、お手入れする時間のない人におすすめです。

切るときの姿勢

**包丁を持つときは、肩の力を抜きましょう。
まな板に近づきすぎるとうまく切れません**

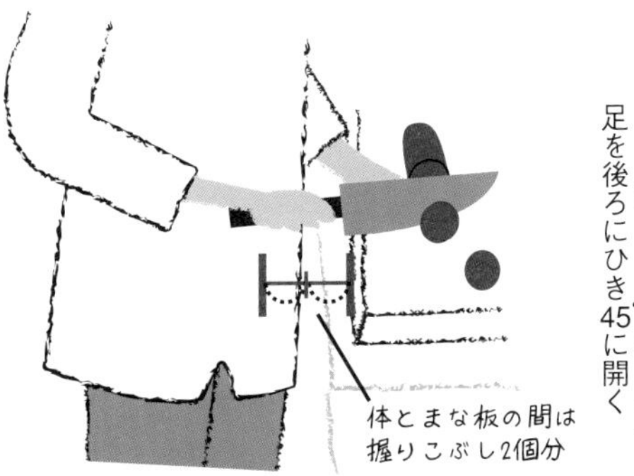

体の力をぬき、まな板からこぶし2個分ほど離れる。足はまず肩幅に開き、利き手側の足を後ろにひき45°に開く

包丁の握り方

**包丁は力を入れすぎず、抜きすぎず。
用途に合わせて人差し指は峰にのせてもOK**

基本の握り方

親指と人差し指で柄を軽く持ち、残りの指で柄を包み、下側を支え、しっかり握る

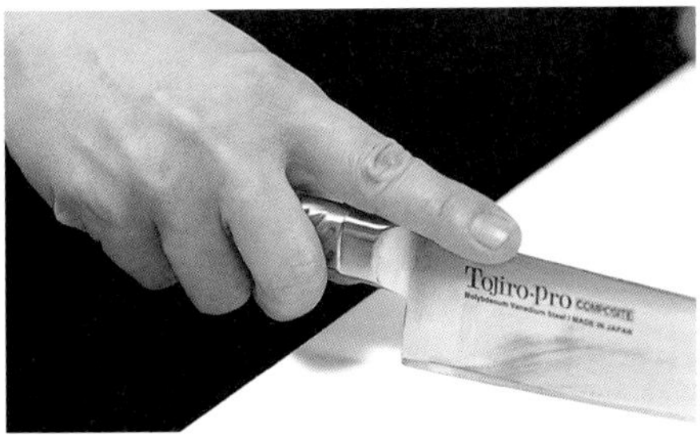

人差し指を峰にかけてもよい。とくに、細かい作業をするときに向いている

刃の下の方を持ってはダメ

刃の下に指を置くと危険。指は内側に丸め込むこと

細かく切りたいとき

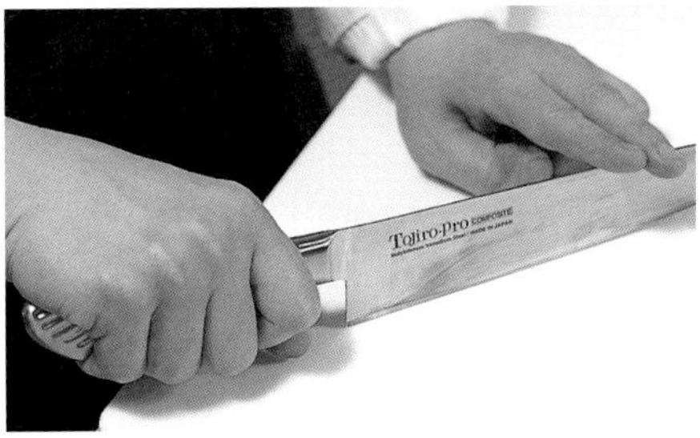

柄を軽く持ち、峰の切っ先から3分の1部分を左手で押さえながら、包丁を上下に動かす

先端を押さえてはダメ

左手の押さえる位置が切っ先に近すぎると切りにくい

ごはんの炊き方

米は、調理する30～40分前に洗って吸水させること。これがおいしく炊くポイントです。ざるの中でゴシゴシといだり強くこすると米が割れてしまうので気をつけます

1度目の水は捨てる

水をはったボウルに米を入れる。2～3回軽くかきまぜたらざるにあけ、すぐに白く濁ったとぎ汁を捨てる

少量なら両手でこする

米をざるからボウルに移し、少量なら両手でこするようにとぐ。多ければ手の腹で押すようにする。水を注いで混ぜ、濁った水をすぐにきる

30分吸水させる

水が透き通るまで何度か繰り返す。洗った米を水に10分浸けたら、余分な水分をきり、必要な水分を吸収させるため、ざるにあげて30分置く

同量の水で炊く

洗い米と同量の水とともに鍋に入れる。蓋をして中火にかけ、沸騰したら弱火にする。10分したら火を止めて、さらに5～10分蒸らす

ごはんの炊き方と水加減

洗った米は30分ほど吸水させるとふっくらと炊けます。米は必ず冷水でといで、割れないように力加減に注意します。水を吸いやすいので、手早く洗うこと。また、水加減も重要です。米は吸水させると1.2倍ほどに増えます。洗い米と水は1対1が基本で、水が多いとべちゃべちゃに、少ないと硬くなってしまいます。蒸らしたら底から切るように混ぜましょう。

洗い米：水
＝1：1が原則

覚えておきたい

白がゆのレシピ

シンプルなおかゆは覚えておいて損はなし。白がゆは米1/2カップに対して水2リットルが黄金比です

材料(2人分)
米…1/2カップ(100cc)
水…2リットル
削り節…5g
塩…小さじ1

作り方
鍋に洗った米、水、削り節を詰めただしパックを入れる。吹きこぼれないくらいの強火にかけ、ときどきかき混ぜながら1時間炊く。水が半量ほどになったら、だしパックを取り出し、塩をふって味を調える

パスタのゆで方

パスタの理想的なゆで具合は、芯がなく歯ごたえが残る状態・アルデンテ。
皿に盛ったときちょうど食べごろになるよう一歩手前で引き上げましょう

湯に塩を落とす

深めの鍋に湯を沸かして塩をふる。湯の量は、パスタ100gに対して1リットル以上、塩の量は湯の重量の1%必要

平らな場所でひねる

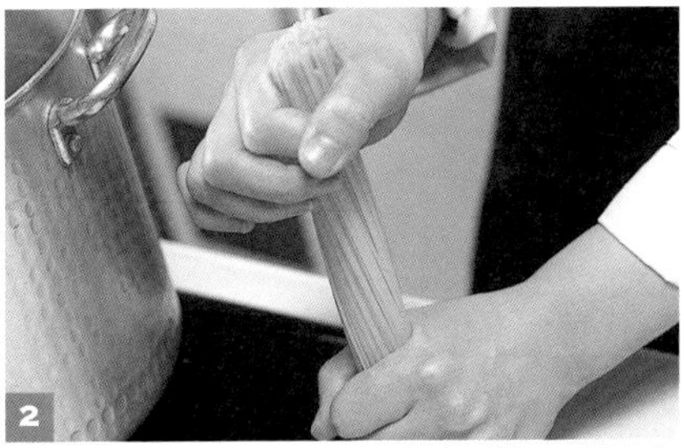

湯が沸騰したら、パスタを両手で握り、平らな場所に立てて置く。そのまま、右手は左方向、左手は右方向にねじり、パスタの束をひねる

湯の真上で手を放す

ねじった状態を保ちながら、湯の近くで手を離す。混ぜながらゆで、再沸騰したら火を弱め、湯が軽くボコボコするほどの火加減を保つ

ゆで上がりを見極める

アルデンテ手前の、芯が中心に残る状態で引き上げる。パスタの指定時間の少し前に木べらですくい､麺の垂れる角度が直角の一歩手前ならOK

パスタを塩ゆでするワケ

湯に塩を加えるのは、パスタに下味をつけるのとコシを出すためです。塩分量は、湯の1％といわれますが、冷製パスタの場合は一度冷やしたときに塩分が抜けてしまうので、塩の量にこだわらなくても大丈夫。また、ゆでる湯の量が少なすぎると均等にゆでられなかったり、パスタ同士がくっついたりするので、たっぷりの湯を用意します。

湯1ℓに対して10gの塩がベスト

ショートからロングまで
パスタの種類

長さ25cmほどのロングパスタと、ショートパスタがあります。蝶や貝殻とユニークな形をしたものも

❶ペンネ…ペン先のような形をしたショートパスタ。
❷ファルファッレ…蝶を意味するショートパスタ。
❸スパゲッティーニ…直径1.5mmの細麺タイプ
❹リングイーネ…断面が楕円形をしたロングパスタ。

和風だしのとり方

和風のだしを取る材料は、かつおの削り節、昆布、煮干し、あら、そうだ節とさまざま。昆布だしは上品であっさりした味わいに、煮干しだしは濃厚な風味に仕上がります

一番だし

昆布と削り節でとるもっとも基本的な和風だしです。かけ汁、お吸いものにぴったり

材料

昆布…10cm角／水…1リットル／削り節…約15g

1

昆布はさっとふきんで表面をふき、水に浸して、ひと晩置く。鍋に移し弱めの中火にかけ、沸騰直前に昆布を取り出す

2

昆布を取り出したら、鍋に削り節を一度に加える。もし、削り節を加える前に沸騰したらさし水をする

3

周囲から沸いてくるのでボコボコ沸騰してアクがまわらないように、火加減に注意しながら火にかける

POINT
削り節を入れたら完全にひと煮立ちさせないと臭みが出る

4

表面に浮いたアクを、お玉できれいにすくい取る。このとき、削り節まですくわないよう注意する。火を止め、そのまま5分ほど置く

5

5分して、表面に浮いていた削り節が、すべて鍋底に沈んだら、おいしいだしがきちんと取れた証拠

6

キッチンペーパーかガーゼをざるに重ね、下にボウルを置く。汁を静かに流し入れ、削り節とだし汁を分ける

POINT
上澄みのみをこさないと濁る。えぐみが出るので押しては×

煮干しだし

**うまみが強く、独特の風味があるだし汁です。
味をしっかりつけたい煮物や味噌汁に**

材料

煮干し…15g／酒…大さじ1／水…1リットル

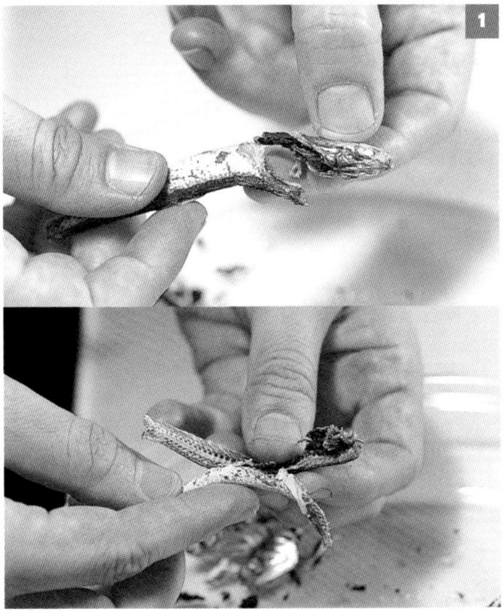

1 煮干しの頭を手でちぎる（写真上）。内臓も手でつまんで取る（写真下）。頭や内臓がついたままだしを取るとえぐみがでてしまう

2 水にひと晩または10時間浸す。中火にかけ、酒を加え沸騰させる

POINT
煮立てる前に、煮干しを水に浸して、風味を移す

3 鍋が沸騰したら弱火にして、表面のアクを取る。さらに10分火にかけて、こす

昆布だし

**昆布を水に浸すだけと手軽さはナンバーワン。
鍋物、シンプルな煮物に活躍します**

材料

昆布…10cm角／水…1リットル

POINT
昆布の表面についた白い粉はうまみ成分なのでふき取らないように注意

昆布の表面のほこりなどを、乾いたふきんやペーパーでさっとふく。ふいた昆布を10時間ほど水に浸せばOK

一番だしより濃厚な二番だしも覚えよう

一番だしをとった昆布と削り節から、もう一度だしをとることを、「二番だしをとる」といいます。水を加えて沸騰させ、新しい削り節(追いがつお)を加え、火を止めてこす方法です。ここで紹介した一番だしの分量なら、削り節7.5g、水1リットルが適量。色も味も濃厚なので、丼や煮物、味噌汁に使用します。

水を加えた鍋が沸騰して5～6分後、水が1割ほど減ったら、削り節を加えアクを取る。火を止めて、こす

洋風だしのとり方

洋風のだしは、香味野菜をたっぷりと使って、長時間煮込むのが特徴です。時間もかかるので、なかなかとるのがむずかしいかもしれませんが、ぜひ一度チャレンジを

チキンブイヨン

鶏肉と香味野菜からとるスープ。あっさりしていて洋食全般に使えます

材料

鶏ガラ…2羽分／鶏もも肉…約1枚（250g）／水…2リットル／玉ねぎ…1/2個（125g）／クローブ…1粒／にんじん…1本（150g）／セロリ…1/2本（50g）／タイム…1枝／ローリエ…1枚

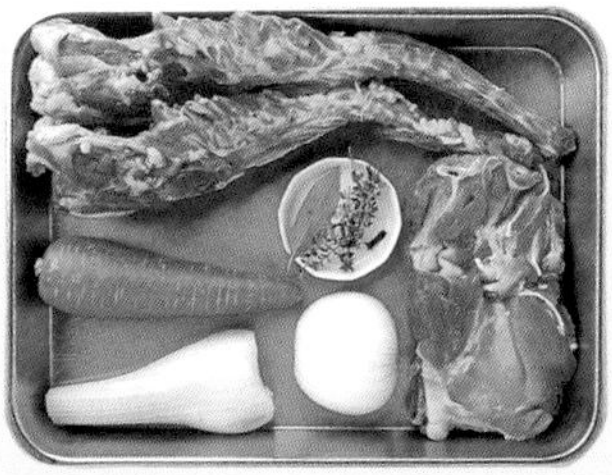

1

鶏ガラの内側についた内臓を指でつまんで取り、水洗いする。材料をすべて大きめにカットする

POINT
クローブは玉ねぎに刺しておけば、スープにまぎれない

2

鶏ガラ、鶏もも肉、水を強火にかける。鍋の中を混ぜ、ガラの内側にたまったアクを浮かせる

3

沸騰したらフツフツと沸くくらいに火を弱める。アクを水面の1か所に集め、取り除く

4

アクをとってきれいになったら、野菜を加えてコトコトする火加減を保ちながら2時間煮込む

5

途中で、アクや余分な脂が浮かんできたら、こまめにお玉ですくって、透明なスープをキープする

POINT
鍋をのぞいて煮詰まっていたら、湯を少し足すとよい

6

ざるにキッチンペーパーを重ねて、下にボウルを置き、鍋の中身をお玉で移して、こす

中華だしのとり方

中華料理でもっとも使われるスープといえば、鶏ガラでとる鶏ガラスープです。鶏の臭みをしょうがやねぎの青い部分で中和し、スープにはうまみだけが凝縮されます

鶏ガラスープ

炒め物からスープまで中華料理にはとにかくマスト！

材料

鶏ガラ…2羽分／鶏もも肉…約1枚（250g）／水…2リットル／ねぎの青い部分…1本分／しょうが…1かけ

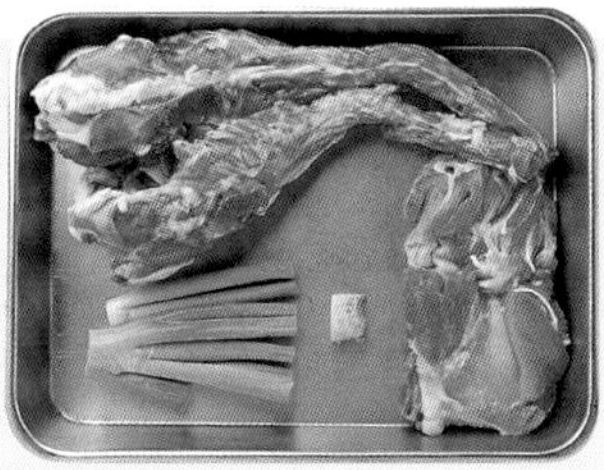

1 鶏ガラは内臓や脂を取り、水洗いする。しょうがは厚切りに、鶏ガラとねぎはぶつ切りにする

2 大きめの鍋を用意し、すべての材料を入れ、強火にかける。沸騰したらフツフツ沸くほどに火を弱める

POINT
材料を水から入れるとうまみがスープに移り、アクも出る。

3 表面にアクがういてきたら、1か所に集めて一度にすくい取る。そのまま2時間煮込む

4

5 指定時間煮たら、スープをお玉ですくってキッチンペーパーを重ねたざるに移し、こす。押すとだし汁が濁るので決して押さない

インスタントのだしをひと工夫しておいしさUP

和風のだしに比べて、洋風や中華のだしは材料も多く、とるのに時間がかかります。時間のないときはインスタントだしを利用してみましょう。チキンブイヨンの素に鶏もも肉とタイムやローリエ。鶏ガラスープの素にねぎ、しょうが、鶏もも肉を加えれば本格的な味に近づきます。

料理の盛りつけ方

盛りつけにはいくつかルールがあります。家庭では厳密にこだわる必要もありませんが、きれいな盛りつけのヒントとして、知っておきましょう

肉料理の決まりごと

脂身のある肉

脂身がある肉を盛る場合は、白い脂身の部分が上方になるようにします。何枚か並べる場合は、脂身の向きをそろえるときれいです。

骨つき肉

仔羊肉などの骨のついた肉は、骨が皿の右上にくるよう、盛ります。2つ盛りつける場合は、2本の骨を上向きに、左側を上にしてクロスさせます。

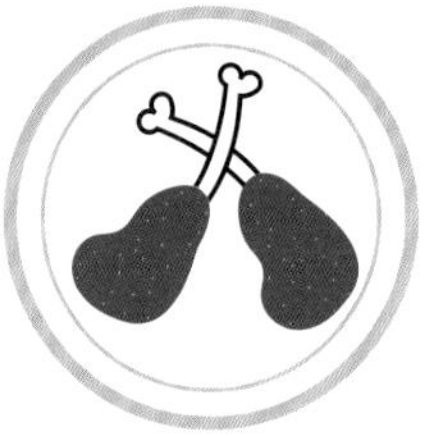

魚料理の決まりごと

丸魚

和洋問わず、魚を姿のまま料理したら、頭を左に、腹を手前に盛ります。また、和食は頭のない切り身でも、頭側を左にして盛りつけます。

ソースの決まりごと

液体のソース

さらっとしたソースは肉の手前側に3分の1ほど垂らし、残りを手前にかけます。料理全体を覆うようにかける場合もあります。

タルタルソースなど

タルタルソースやマヨネーズソースのようなクリーム状のソースは、料理に直接かけず、手前にポテッと置くように添えます。

ナイフ、フォークで食べる場合

洋食は、左端から切って食べるのがマナー。そのため、薄切り肉を重ねて盛るときは、右から並べていかないと、食べづらくなってしまいます。

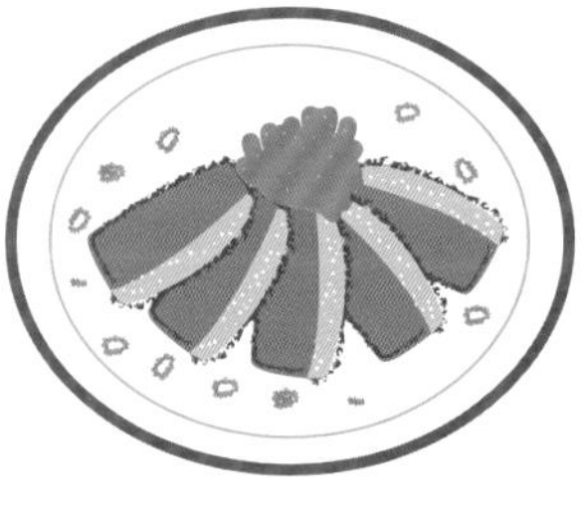

皿の決まりごと

大皿 数人で取り分けることを前提として、どの角度からみても美しいように盛りつけます。トッピングや盛る分量を均等にし、左右対称にしましょう。

平皿 皿いっぱいに盛ると食べづらいので、大きめの皿を選びます。肉料理、野菜料理、ソースの決まりごとをふまえつつ、皿の正面を確認して盛りつけます。

深皿 皿の中央に、少し高さを持たせて具材を盛り、最後に煮汁をかけます。具材は、肉や野菜に偏りがないよう、バランスよく盛るのが大切です。

中華の決まりごと

中華に限らず、野菜炒めなど具材の種類が多いものは、配分に気をつけます。はじめに量のある野菜を盛って、最後に数の少ない具材を散らします。

えびや青菜など色が鮮やかな具材をまんべんなく散らすとポイントになる

洋食の決まりごと

メインは皿の中央よりやや手前、つけ合わせは奥、ソースは手前に盛りつけます。つけ合わせ、メイン、ソースの順番に盛るときれいに仕上がります。

温かい料理には火を通した料理をつけ合わせにする。ハーブ類は生でもよい

和食の決まりごと

メインは中央、つけ合わせは手前に。焼き魚は中央よりやや奥に盛って、手前につけ合わせを盛り、煮魚の場合は全体に煮汁をかけます。

大根おろしを添える場合、三角錐のような形に天盛りにする

時間と料理の温度にも注意

パスタやラーメンなどの麺類は、すぐに食べないとのびてしまうので、できるだけ手早く盛りつけなければなりません。また、料理の温度を保つため、デザート皿はあらかじめ冷やしておく、温めた丼に温かい料理を盛る…などの工夫も大切です。

ひと手間で見栄えするプロのテク

あとひと手間で家庭料理が豪華な見た目に

ソースをふく

皿縁にこぼれたソースは、ふきんやティッシュを指先にきゅっとかぶせてふくと、きれいに取れます。

スープをきれいに注ぐ

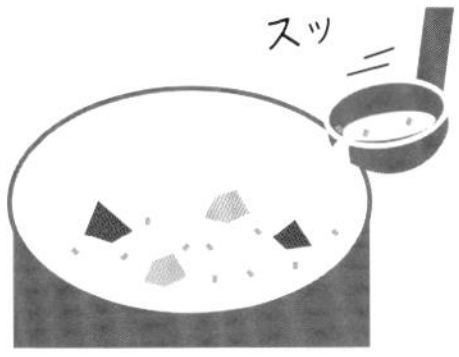

スープをすくったら、お玉の裏を鍋の端などで一度きると、垂れにくくなり、こぼさず器に注げます。

空間を考える

重箱に詰める場合、隙間はあまり空けないようにします。皿の場合は、余裕をもって大きめの皿に盛ります。

並べ方を工夫する

つけ合わせとメインを少し離したり、横に並べたり高さを出したり。色のバランスをみながら工夫しましょう。

材料の計り方

同じ計量スプーンを使っても液体と粉ものとでは、計り方が少し違います。
「分量通りに作ってもおいしくない」なんて人は、大さじ・小さじの計り方が間違っているのかも

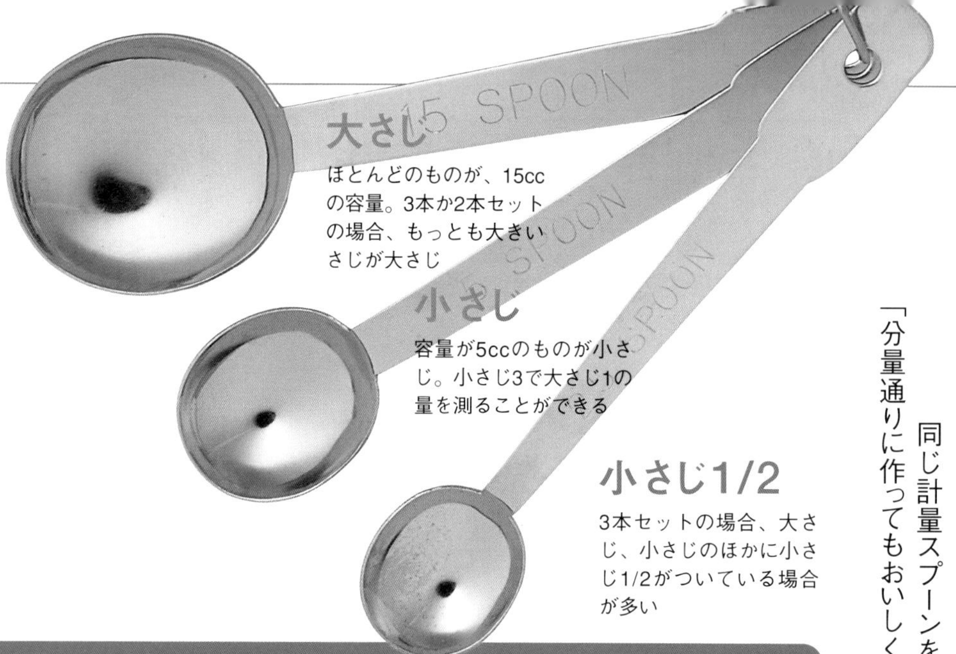

大さじ
ほとんどのものが、15ccの容量。3本か2本セットの場合、もっとも大きいさじが大さじ

小さじ
容量が5ccのものが小さじ。小さじ3で大さじ1の量を測ることができる

小さじ1/2
3本セットの場合、大さじ、小さじのほかに小さじ1/2がついている場合が多い

分量対比早見表

大さじ6＝約1/2カップ　大さじ1/6＝小さじ1/2
大さじ3＝約1/4カップ　大さじ1/3＝小さじ1

※ 大さじ1＝15cc、小さじ1＝5cc、1カップ＝200ccとした場合

粉ものの計量

一度こんもりとさじに粉を盛り、ナイフの背で表面を平らにします。1/2はそこから中央に線を入れ、半分を落とします

大さじ1、小さじ1

ナイフの背や箸で余分な粉をすりきった状態が大さじ1、小さじ1

1/2

1/4

液体の計量

スプーンは底になるほど面積が狭くなるので、1/3は半分くらい、1/2は半分の深さより少し上くらいまで入れます。

大さじ1、小さじ1

一杯ぎりぎりが大さじ1、小さじ1。濃度が高いものはすりきる

1/2

1/4

第3章
和食

和食の心得

手順ひとつひとつをていねいに行なえば、味に答えがでます

和食には「六味三徳にあり」という言葉があります。これは苦、酸、甘、辛、淡、鹹（カン＝塩辛い）の6つの味のバランスが重要という意味。とはいっても、素材の持ち味や水分はそれぞれ異なるので、正しい味つけを知るにはなにより経験が必要です。

シンプルな料理が多い和食ですが、手を抜けないポイントがいくつかあります。まずはだしをとること。だしがきいていると味に深みが出るうえ、調味料をたくさん入れなくても味がしっかりするので、減塩につながります。

下ごしらえも味を左右します。あると便利なのは盆ざる。熱に強く水はけがよいので、アク抜きした食材の水をきったり冷ましたりと重宝します。

また、薬味のごまはすり鉢とすりこぎですり潰す、焼き魚は、鉄弓と焼き網で焼く…と細かい作業をきちんとすることや道具にこだわることで、味わいも変わってきます。

日本は、春夏秋冬がはっきりしているので、和食では旬を意識することも大切です。秋はもみじを添えたり、夏は砕いた氷を添えたりと盛りつけにも季節感を出しましょう。

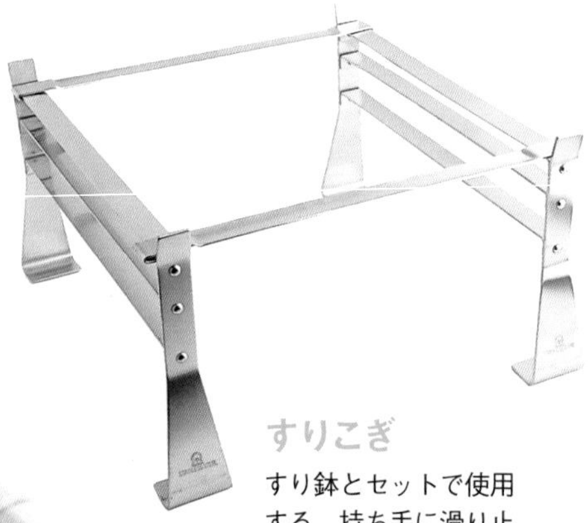

鉄弓

金串を渡すか金網をのせて、魚を焼く道具。代わりにレンガやブロックを重ねても

魚焼き金網

魚を均等に焼くことができる。網を温め、油をぬっておくと魚がはりつきにくくなる

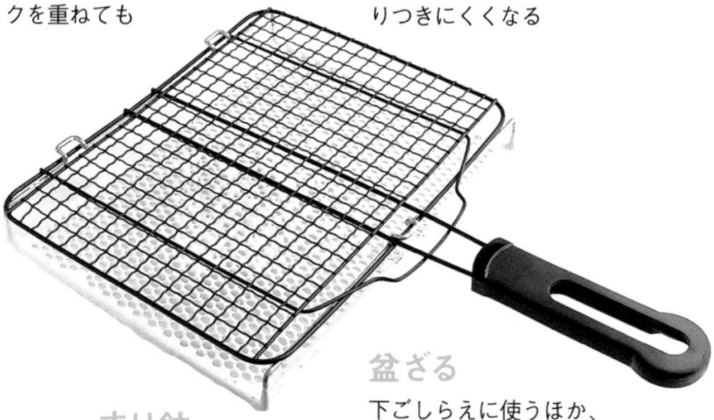

すりこぎ

すり鉢とセットで使用する。持ち手に滑り止めのついているものが使いやすい

すり鉢

ごまやスパイスをするほか、魚や肉のすり身を作るときに。大きめで安定のよいものを

盆ざる

下ごしらえに使うほか、塩分に強いので、干物や梅干しを作るときにも利用できる

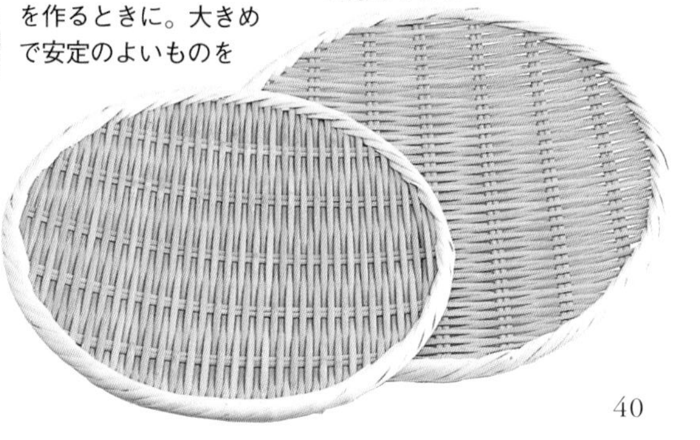

NIKUJYAGA

肉じゃが

ほくほくとおいしい、まさにおふくろの味

肉じゃが

材料（2人分）

牛薄切り肉…100g
じゃがいも（男爵いも）
…2個（200g）
玉ねぎ…1/2個（125g）
にんじん…1/3本（50g）
絹さや…7枚（14g）
しょうが…1かけ
しらたき…100g
Ⓐだし汁
　…1・1/2カップ（300cc）
　酒…大さじ1・2/3
　砂糖…大さじ3
　みりん…大さじ1
濃口醤油…大さじ1・2/3
サラダ油…大さじ1/2

01 絹さやの種がついている方の筋を手で取る。両端を包丁で切り取り、飾り切りにする。

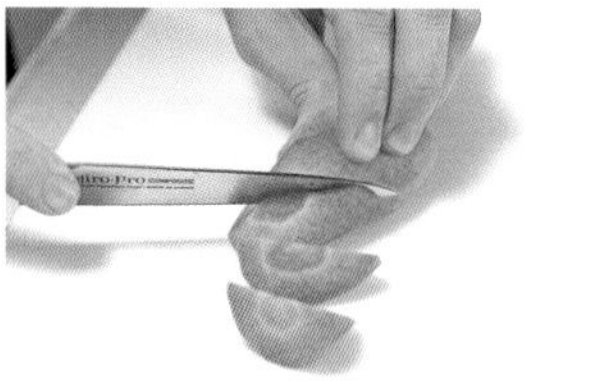

02 にんじんは皮をむき、乱切りにする。包丁をななめ45°に当て、にんじんを手前に90°ずつ回しながら切る。

03 玉ねぎは皮をむき縦2つに切って、芯を取る。縦に1cm幅にカットする。

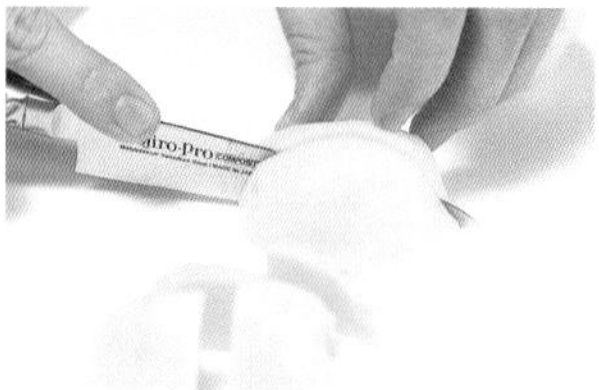

04 じゃがいもは皮をむいて水にさらして表面のでんぷんを洗い落とす。水気をきり、1個を8等分にする。

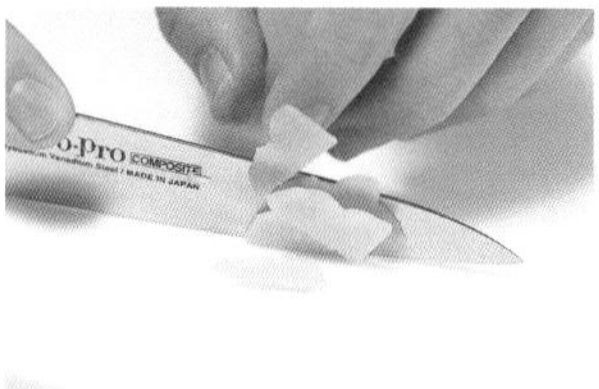

05 しょうがは皮をむき、2〜3mm幅の薄切りにする。

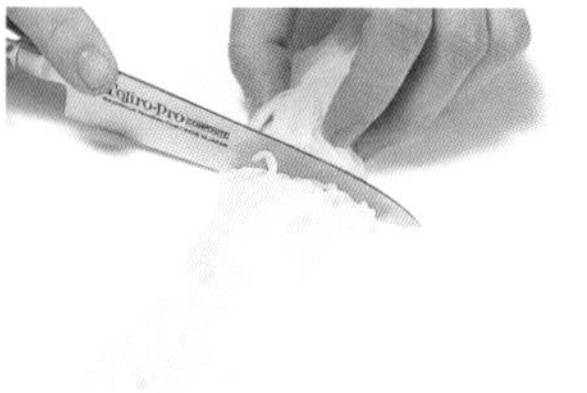

06 しらたきは、水気をしっかりきって、6cmの長さにカットする。

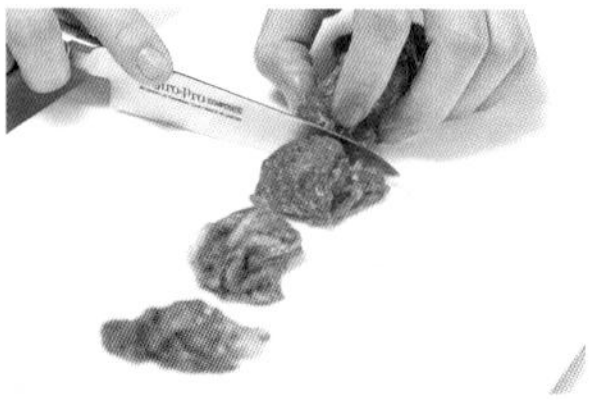

07 最後に牛薄切り肉を3cmの長さに切る。

08 沸騰した湯に小さじ1ほどの塩（分量外）を入れ、絹さやを落とす。30秒前後さっとゆで、色が鮮やかになったら取り出す。

09 絹さやを盆ざるに広げてうちわなどであおいで冷ます。※緑色の野菜は、ゆでたあとすぐに冷ますと色が鮮やかに。

10 鍋を強火にかける。鍋の上に手をかざし、熱いようなら弱火にしてサラダ油としょうがを入れる。

POINT

落とし蓋で味をなじませる

醤油は2回に分けて

混ぜすぎない

11 鍋を回して油をなじませる。火加減は、しょうがのまわりにブクブクと小さな泡が出ているくらいの中火の細火で。

12 しょうがの香りが立ったら牛薄切り肉を鍋底に広げて炒める。※肉はあまり動かさず、鍋底から自然にはがれるのを待つ。

13 牛薄切り肉の両面が茶色くなり、火が通ったら、にんじんと玉ねぎを鍋に加える。鍋底から混ぜ、よく炒め合わせる。

14 玉ねぎが透き通ったら、じゃがいもを加え、さらに炒める。火加減は、ジュージューと野菜を炒める音がするくらいの中火で。

15 底が焦げついたら、水を少量加えてこそげるように混ぜる。野菜が色づいたら、しらたきを加える。

16 すぐに、Ⓐを入れてよく混ぜる。※香りがとんでしまうので、濃口醤油はあとで加える。

17 強火にして、沸騰したら中火にする。鍋をななめに傾けて、アクと表面に浮いた余分な油をお玉ですくう。

18 水をはったボウルに向かってお玉の表面を吹き、アクや油を落とす。お玉に残った煮汁は鍋に戻す。

19 鍋よりひとまわり小さな蓋で落とし蓋をし、中火のまま15分間煮る。※木蓋を使う場合はあらかじめ水に浸しておく。

20 落とし蓋をはずし、半量の濃口醤油を回し入れる。

21 さらに中火で煮続け、煮汁が1/5量くらいに煮詰まったら残りの濃口醤油を加える。

22 木べらで混ぜると煮くずれるので、鍋を前後にゆすって煮汁をからませる。味をみて薄い場合は塩をふり、絹さやを加えて温める。

MISTAKE

牛肉を炒めたら、くっついてボロボロに

牛肉を1か所にまとめて焼くのはNG。また、肉の温度や鍋の中の温度が低すぎてもくっついてしまいます。

1か所に固めるとくっつくのでダメ

醤油の風味がなく味に品がありません

醤油は香りがとばないよう2回に分けて加えます。味が濃くなるのも防げます。

醤油は具材に味が染みてから

和食のコツとポイント 1

理由があるから「さしすせそ」

調味料の効果を知り、正しい使い方を身につけて

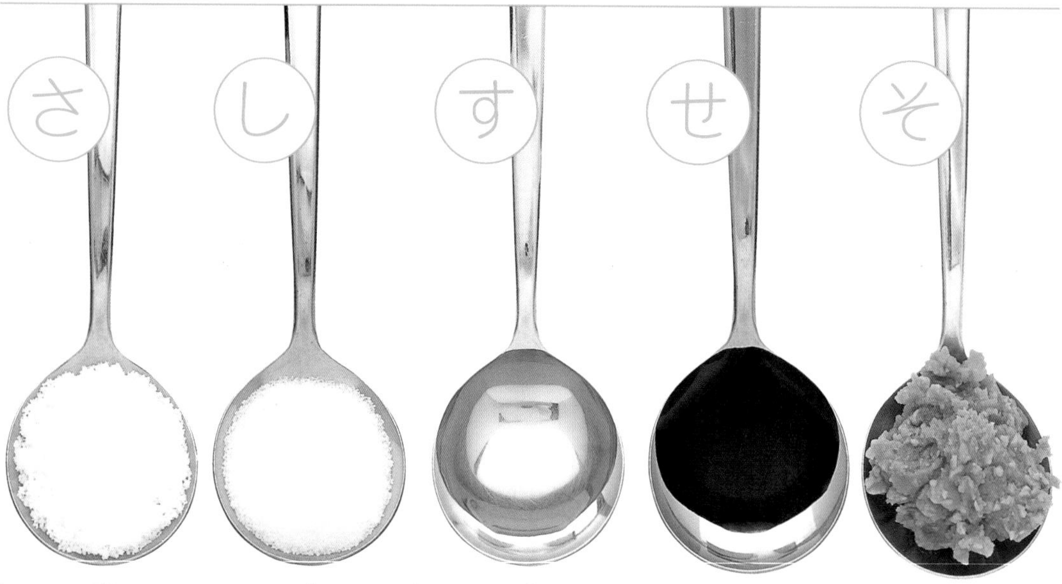

1 砂糖
苦味をマイルドにし、つやを出す効果が

2 塩
食材の水分を出す、甘みを引き立てる

3 酢
酸味づけのほか、腐敗や変色を防止

4 醤油
風味や色づけ。長く熱すると香りがとぶ

5 味噌
香りや色をつける。臭み消しの性質も

沸騰してアクが出たら加える（1・2）

火からおろす直前に加える（3・4・5）

調味料を理解すればもっと仲良くなれる

和食の味つけの基本といえば「さしすせそ」です。さは砂糖、しは塩、すは酢、せは醤油、そは味噌を意味し、この順番で鍋に加えます。

砂糖と塩は、最初のほうで加えて味を含ませます。ところが、塩は砂糖よりも分子が小さく浸透性が強いため、先に入れると砂糖がなじみにくくなります。必ず砂糖を先に加えましょう。

酢には酸味を与え、味をまるくするはたらきがあり、醤油、味噌は味つけのほかに香りづけという大切な役割をもっています。ですが、長く火を通すと酢は酸味が、醤油と味噌は風味がとんでしまいます。また、醤油や味噌をはじめから加えると料理の味や色が濃くなる原因にもなります。砂糖は必ず塩より先に加え、酢、醤油、味噌は仕上げに加えて風味を損なわないようにするのが鉄則です。

SYOUGAYAKI

豚のしょうが焼き

しょうがが豚肉のうまみを引き立てます

豚のしょうが焼き

材料（2人分）

豚ロース肉…200g
しょうが…1/2かけ
Ⓐ濃口醤油…大さじ2
　みりん、酒…各大さじ1
トマト…1/2個（100g）
キャベツ…1/6個（130g）
青じそ…2枚
きゅうり、ねぎ…各1/2本（50g）
サラダ油…小さじ1

01 つけ合わせの野菜をカットする。キャベツは、幅1mm以下の極細のせん切りにする。

02 包丁の背をきゅうりに当てて、横に動かし、表面についたイボを取り除く。

03 きゅうりに塩をまぶし、手のひらをのせて、まな板の上でゴリゴリと転がす。水でさっと洗う。

04 洗ったきゅうりは5cm長さの薄切りにし、左端が上になるように少しずつずらして重ね、端から切り、1〜2 mm幅のせん切りにする。

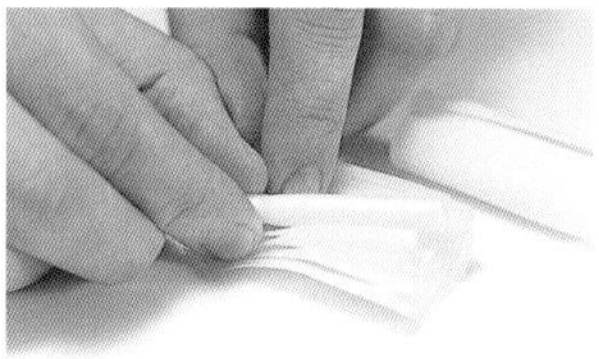

05 ねぎは横に2等分にして、縦に切り込みを入れ、内側の緑色の芯部分を取り出す。

06 外側の白い部分は、白髪ねぎにする。指で押さえて平らにしながら極細のせん切りにする。

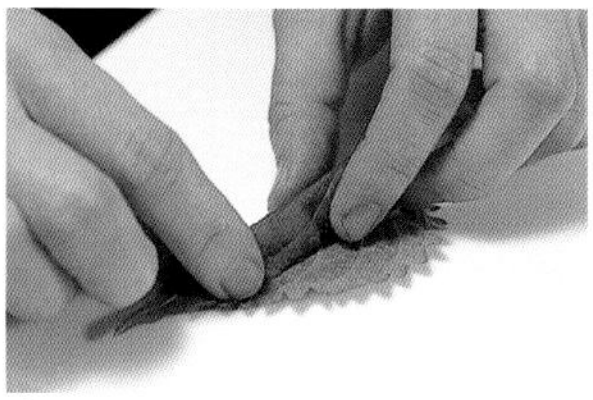

07 青じそは茎を切り落として、切りやすいようにクルクルと巻き、指で押さえる。

08 丸めた青じそを端から1〜2mmの幅に切り、せん切りにする。

09 カットした野菜はすべて、水にさらし、シャキッとしたらすぐに水気をきって冷蔵庫に入れる。

10 トマトはへたを落とし、放射状に包丁を入れ、くし型切りにする。

POINT

豚肉の筋切りをていねいに行う

豚ロース肉から出た余分な脂をふき取る

11 豚ロース肉は、繊維に対して直角に包丁を入れ、5mmの厚さに切る。※直前まで冷やしておくときれいにスライスできる。

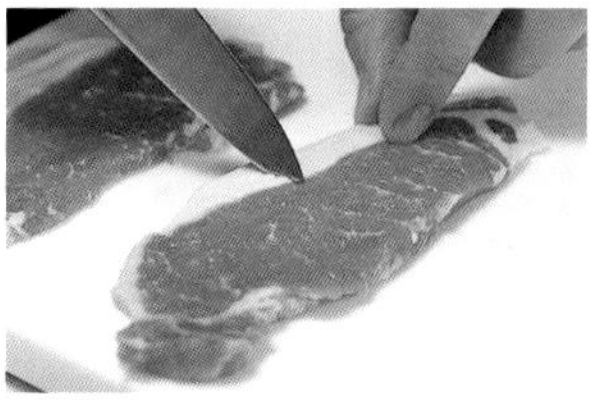

12 焼いたときに反らないよう筋切りをする。※脂肪(白い部分)と赤身の間に筋があるので、包丁を刺し、細かい切り目を入れる。

13 豚ロース肉をひっくり返して、裏側も同じように切り目を入れる。

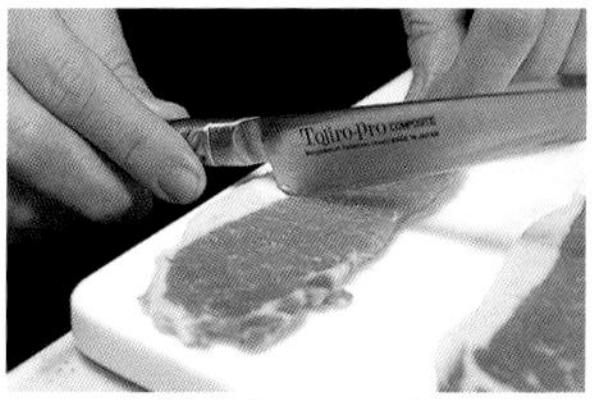

14 包丁の刃元を使って、肉をコツコツとたたいて筋を切る方法もある。

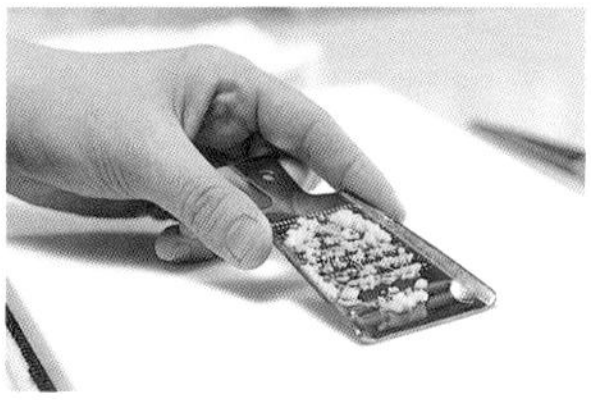

15 しょうがはすりおろす。人差し指と親指でおろしがねを持ち、小指をぴったり台につけると安定する。

16 Ⓐとおろしたしょうがを合わせる。※おろしがねについたしょうがを調味料で流しながら混ぜるとよい。

17 フライパンを強火にかけ、サラダ油を熱して、豚ロース肉を焼く。※盛りつけるとき上になる面を先に焼くと見た目がよくなる。

18 裏面に茶色く焼き色がつき、肉の端が持ち上がってきたらひっくり返す。

19 脂がにじみ出てきたら、クッキングペーパーでふき取ると、余分な油分が取れ、仕上がりが脂っこくならない。

20 16の調味料を入れ、豚ロース肉とからめる。トマトや、水気をきった野菜とともに皿に盛る。

COLUMN

豚ばら薄切り肉を使えば もっと早くもっと簡単

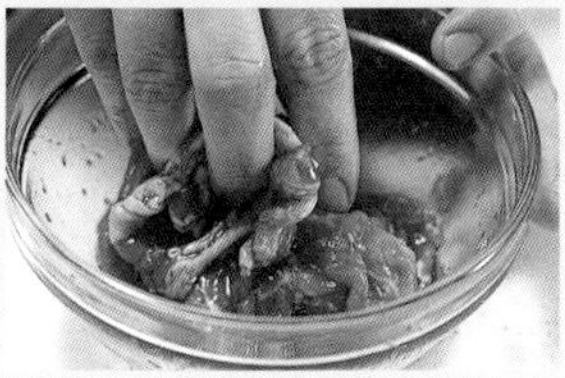

❶ロース肉の代わりにばら肉を使う場合は、合わせた調味料に豚ばら薄切り肉を漬け込む。筋切りなどの手間がはぶけるので時間短縮にもなる。

❷フライパンを強火にかけ、サラダ油を熱する。手をかざして熱いようなら、豚ばら薄切り肉を入れ、手早く炒める。肉に火が通ればOK。

MISTAKE

焼いているうちに肉が反ってしまった

肉は調理前に、包丁の切っ先や刃元を使って赤身と脂身の間の筋に細かく切り目を入れておけば、炒めたり焼いたりしても反らずに両面こんがり焼くことができます。コツは包丁をしっかり貫通させること。これを筋切りといいます。

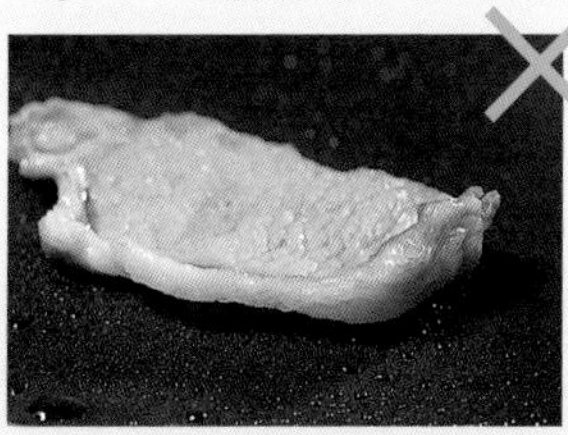

肉は火を通すと反ってしまう

和食のコツとポイント 2

肉の部位を徹底研究 ～豚肉～

味はロース、脂肪はばら肉、肉質はヒレ肉が一番

肩ロース
肩に近い背中側の肉で、ロースとネックの間。首に近いほど筋が多く、ロースに近いほどやわらかい

ロース
背中側の中央部分の肉。キメが細かくなめらかで、豚肉の中でもっともおいしい部位といわれている

もも肉
後ろ足のももの一番太い部分。内側を内もも、外側を外もも、内ももの下側をしんたまという

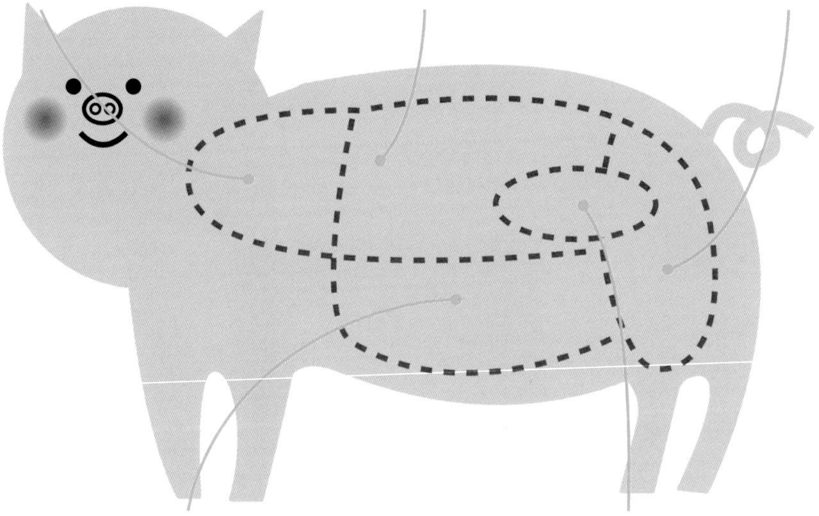

ばら肉
腹部の肉で、脂がよくのっている。脂肪と赤身が交互に重なっているようすから、三枚肉とも呼ばれる

ヒレ肉
ロースの内側にある部位で1匹から取れる量は少なく貴重。やわらかく、脂肪はほとんどない

ばら肉は煮込み料理に しゃぶしゃぶはロースで

豚肉の中でもロースは、とんかつやしゃぶしゃぶといった代表的な豚肉料理に使う部位です。それは、上面をおおう脂肪が、豚肉特有の甘みをもつため。中心部分をロース芯といい、この面積が大きいほど、肉質がいいといわれています。ネックとロースの間の肩ロースは、首側とロース側とで肉質が違い、筋が多い首側は煮込みに、やわらかいロース側はとんかつにと使い分けられます。

ばら肉は、脂肪をたっぷり含むやわらかい部位です。長時間煮込む角煮やゆで豚に向いています。赤身の多いもも肉は、脂肪がほとんどなく、香辛料が染み込みやすいのでハムやソーセージに使われます。希少な高級部位であるヒレ肉は、口当たりがなめらかです。あっさりとしているため、コクが欲しいときは揚げ物にしましょう。

KARAAGE

鶏の唐揚げ

鶏肉に下味をつけておくと、よりおいしい

鶏の唐揚げ

材料（2人分）

鶏もも肉…1枚（250g）
Ⓐ濃口醤油…大さじ1・1/2
　砂糖…小さじ1/2
　酒…大さじ1
しょうが…1/2かけ
にんにく…1/3かけ
塩、胡椒、揚げ油…各適量
薄力粉…大さじ1・1/2ほど
とき卵…1/2個分
片栗粉…約65g

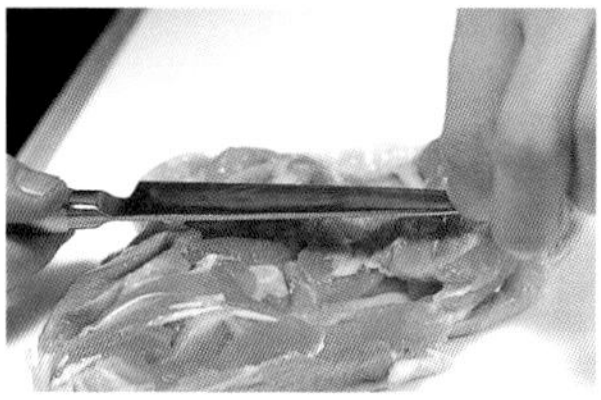

01 鶏もも肉の皮を下にしてまな板に置く。包丁でそぐようにして軟骨を取り除く。

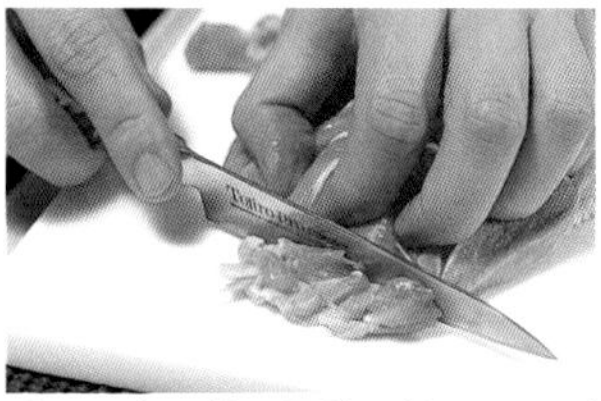

02 鶏もも肉の端に足首の筋があれば、縮みを防ぐため切り目を入れておく。※筋があると、口に残ったり、噛み切れないことも。

03 鶏肉の下から皮や脂がはみだしているようなら、切り落とす。※こうすると脂っこくならない。

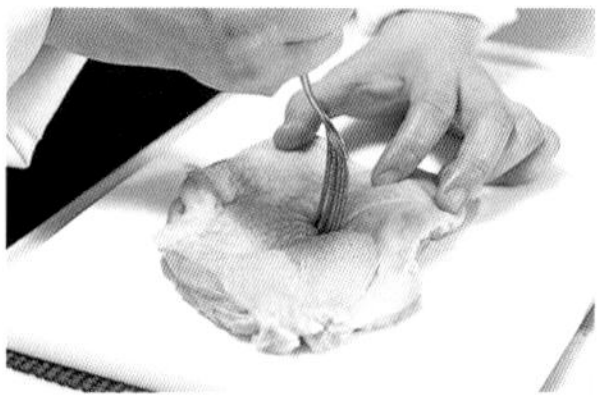

04 皮を上にし、フォークで全体を刺す。※縮みを防ぐうえ、身と皮の間の脂が抜けて味も染みやすくなる。

05 皮がずれないよう手で押さえながら、鶏もも肉を3〜4cm角に切る。皮を下にしても切りやすい。

06 厚手のビニール袋を用意し、カットした鶏もも肉を入れる。薄すぎると破れる可能性があるので注意。

07 にんにくとしょうがをすりおろし、鶏もも肉を入れたビニール袋に加える。

08 続いて鶏もも肉を入れたビニール袋にⒶを加えて下味をつける。

09 ソースをつけずに食べる場合は塩と胡椒をビニール袋の口からふり入れる。

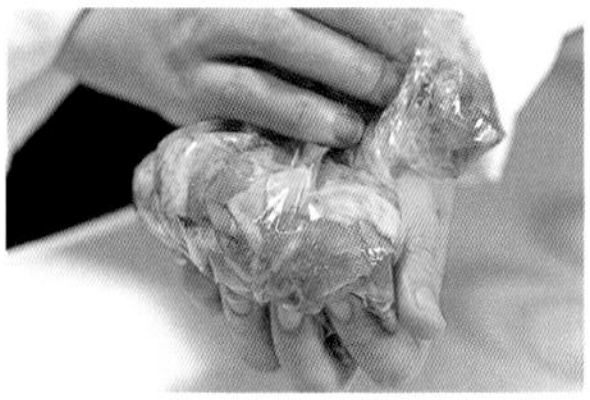

10 ビニール袋の上から指で押しながらよくもみ、鶏もも肉に味を染み込ませる。

POINT

鶏もも肉をフォークで刺す

下味をよくなじませる

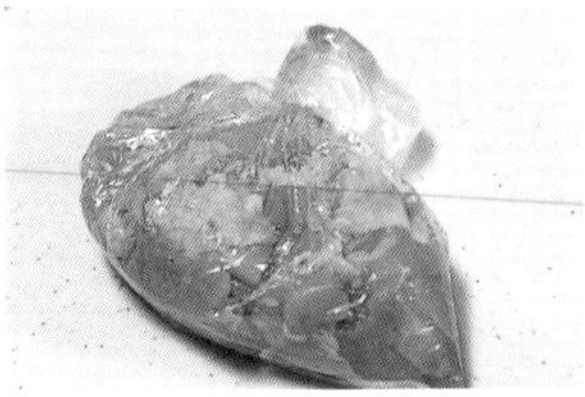

11 口を縛り、そのまま30分ほど置く。※傷みやすい鶏肉も漬けだれに漬けると冷蔵庫で3〜4日保存できる。

12 ビニール袋の口を開けて鶏もも肉に衣をつける。しっとりとした衣が好みなら、袋にとき卵と薄力粉を入れる。

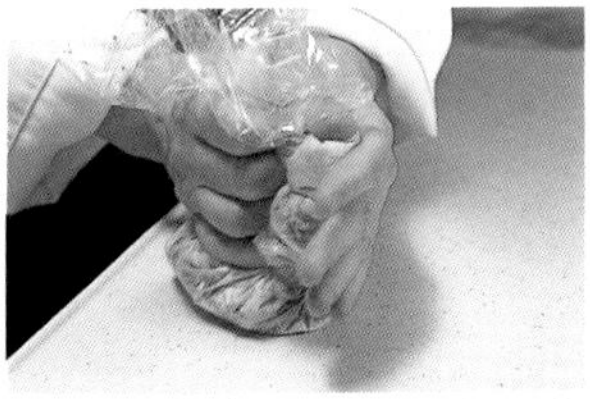

13 袋の口を片手でつまみながら、もう片方の手でビニール袋をよくもみ、とき卵と薄力粉を鶏もも肉にまんべんなくまぶす。

14 鶏もも肉に衣がついたら、180℃の中温の揚げ油にひとつずつ静かに落として4〜5分揚げる。

15 ひとつ割ってみるか、唐揚げに金串を刺しみて、自分の下唇の下にその金串を当てて熱ければOK。

16 カリッとした衣が好みなら、バットに片栗粉を広げ、その上に袋から取り出した鶏もも肉をのせる。

17 鶏もも肉に片栗粉をよくまぶし、手ではたいて余分な粉を落とす。※粉がつきすぎた状態で揚げると粉っぽくなってしまう。

18 衣をつけた鶏もも肉は、180℃の中温に熱した揚げ油にひとつずつ静かに落とし、途中で返しながら4〜5分揚げる。

19 どちらのタイプの唐揚げも、網を重ねたバットなどで油をよくきる。※食べる直前に200℃の高温の油で15秒二度揚げするとカリッとする。

MISTAKE

肉がちぢんでできあがりがイマイチ

鶏肉は火を通すと縮みやすいので、調理前にフォークや金串など先の鋭いもので皮目を刺すようにしましょう。縮まりにくくなるうえ、下味も染み込みやすくなります。また、切るときに皮と身がずれてしまうと、皮ばかりのものと皮がないものとができてしまいます。

フォークで刺してからカット

皮がずれたままカットしてはダメ

衣がどろどろに固まってしまった

衣に片栗粉を使用する場合は、とくにどろどろになりがち。鶏もも肉を漬け込んだビニール袋に直接片栗粉を入れてしまうと、極度にとろみがついてしまうのでやめましょう。少しめんどうですが、下味を染み込ませた鶏肉を、袋からバットなどに移して片栗粉をまぶすとサクッと揚がります。

袋では片栗粉がうまくまぶせない

和食のコツとポイント ③

肉の部位を徹底研究 ～鶏肉～

淡白な部位は乳製品や油脂などでコクを補いましょう

手羽元
手羽の上腕にあたる肉で、ふっくらとやわらかく、脂肪が少ない。ウイングスティックとも呼ばれる

手羽先
手羽の先端部分。運動量が多いため、ゼラチン質や脂肪がたっぷりついているが、肉量は少なめ

むね肉
胸の部分にあたり、やわらかい肉質。皮を取り除くと、あっさりとした淡白な味わいになる

ささみ
胸骨に沿ってつく肉。左右に1本ずつあり、脂肪はほとんどないが、たんぱく質の含有がもっとも多い

もも肉
もものつけ根から足あたりの肉で、ほかの部位より赤みがかっている。脂がのった、ジューシーな部位

こってり味が苦手なら ささみやむね肉で

手羽肉は、手羽先と手羽元に分けられます。手羽先は、肉量は少ないのですが脂肪を多く含むので、味はピカイチ。煮物、焼き物と何でも合います。また、手羽先の中でも手羽元側の肉を手羽中と呼びます。手羽中は中央に2本の細い骨があり、チューリップの唐揚げはこの部位で作ります。肉量が多い手羽元は、フライに使われます。

もも肉は、もっともジューシーな部位。骨なしのものと骨つきのものとがあり、いずれもソテーや煮込み料理、フライと幅広く利用できます。逆に、皮なしのむね肉やささみは脂肪が少なく、淡白な味わい。ダイエット中や脂っこい料理が苦手な人は、もも肉の代わりに使ってもいいでしょう。チーズやベーコンなど味が濃厚な食品と合わせたり、揚げ物にしたりすると、コクが出ます。

TEMPURA&KAKIAGE

天ぷら&かき揚げ

サクッと歯ごたえのよい衣ができたら大成功

天ぷら

材料（2人分）

きす…2尾（140g）
えび…大2尾（80g）
なす…1/2本（35g）
さつまいも…3/5本（80g）
ししとう…4本（16g）
春菊…1/10束（8g）
薄力粉、揚げ油…各適量
冷水…3/4カップ（150cc）
卵…1個

01 さつまいもは2等分にし、なすは2等分にして細かい切り目を入れ、どちらも水にさらす。

02 ししとうは、ヘタを落とす。破裂するのを防ぐため、竹串で数か所を刺し、小さな穴を開ける。

03 春菊は食べやすいよう、手で5cmほどにちぎる。

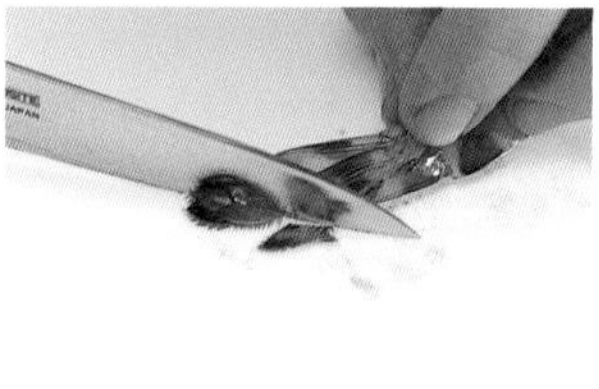

04 えびは背わたを取り、頭をはずす。尾を残して殻をむき、尾をななめに落とす。短い尾先も切り落とす。

05 えびは腹に6か所ほどななめに切り込みを入れ、胴体を手でつまむように押さえ、筋を伸ばす。

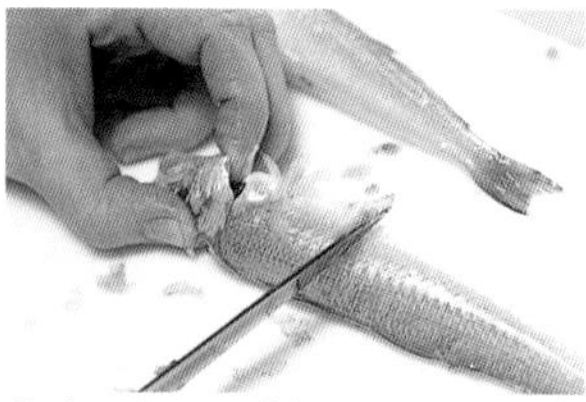

06 きすのえらに手をかけながら、包丁を立て、尾から頭に向かって包丁を動かし、うろこを取る。

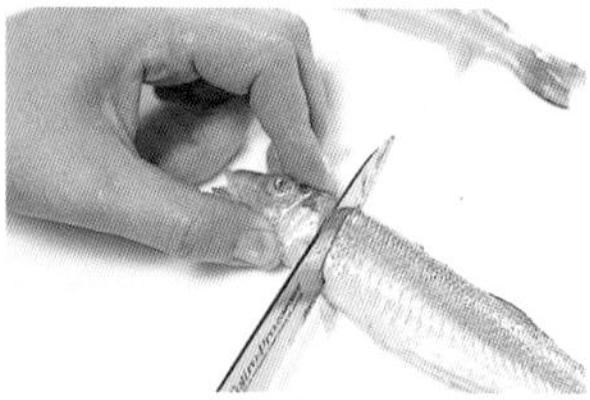

07 きすの頭を落とす。包丁をななめに入れて、胸びれ、腹びれも一緒に切り落とす。

08 包丁の刃を肛門に刺す。刃を頭の方向に回して腹を開き、内臓を取り除いて、水をはったボウルで洗う。

09 水気をふき取ったら背中から包丁を入れて開く。※刃先全体を使ってスライドさせるように開く。

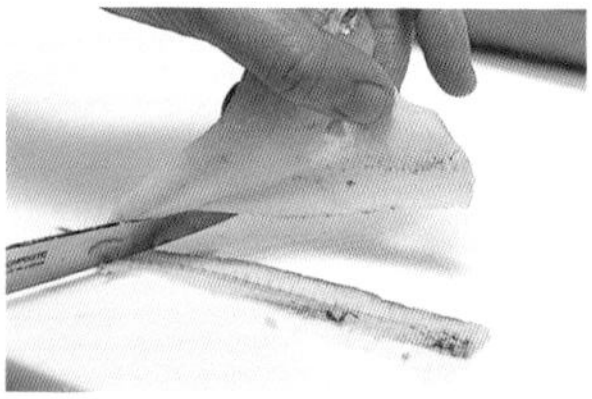

10 裏返し、包丁を身と背骨の間に入れる。きすの胴体を起こすように背骨をそぎ取る。腹骨、中骨も取る。

POINT

衣はざっくりと混ぜる

適温で揚げる

11 衣を作る。ボウルに冷水、といた卵を入れて菜箸で混ぜ合わせる。菜箸は2膳使うと、1膳で混ぜるより、ざっくりと混ざる。

12 薄力粉1カップほどをふるいながら加え軽く混ぜる。時間がたつと粘りがでるので、10分以内に使うこと。

13 さつまいもに衣をつけ、150℃の低温の油で10分程度揚げる。※いもなど厚みのあるものは低温でじっくり揚げる。

14 同様になすとししとうに衣をつけ、180℃の中温の油で2分ほど揚げる。

15 春菊に衣をつけ、180℃の中温の油でさっと揚げる。※温度が低すぎるとしなしなになるので注意。

16 きすとえびは薄力粉を軽くまぶし、はたいて余分な粉を落とす。※粉が多いとできあがりが粉っぽく、衣がつきづらい。

17 衣は途中で氷を入れ、温まらないようにすること。きすとえびに、衣をしっかりとつける。

18 きすは180℃の中温の油で1～2分揚げる。

19 えびは190～200℃の高温で1分ほど揚げる。尾を持って、手前から奥へと寝かせるように入れると、まっすぐ揚がる。

ONE MORE RECIPE

かき揚げ

材料（2人分）

ごぼう、にんじん
…各1/4本（各40g）
かぼちゃ…1/30個（40g）
桜えび…大さじ1/2
みつ葉…6本（7g）
ほたて…2枚（80g）
ねぎ…1/2本（50g）
ベーキングパウダー…大さじ1/2
冷水…3/4カップ（150cc）
薄力粉…大さじ6
揚げ油…適量

作り方

①ごぼう、かぼちゃ、にんじんは4～5cmの棒状に切る。
②①をボウルに入れ、薄力粉大さじ1を加えて全体にまぶす。
③冷水にふるった薄力粉大さじ4とベーキングパウダーをざっくり混ぜ、半量を②と合わせる。
④180℃の油で約5分揚げる。
⑤ねぎは2～3cmの長さ、みつ葉は3～4cmの長さ、ほたては8mm角に切る。桜えびとともに薄力粉大さじ1をまぶし、③の残りをざっくりと合わせる。
⑥180℃の油で1分揚げる。

具の間に隙間を空ける

木べらにのせて油に落とす

和食のコツとポイント 4

揚げ物のコツは油にアリ！

揚げ油の温度は衣を少し落としみてチェック

揚げ油の温度を見極める！

衣を落とすと、沈まずに、表面に浮いたまますぐに茶色く色づくのが高温。えび天などは高温でカリッと揚げる

油に衣を落とすとすぐに底に沈む。そのまま6秒間ほど沈んだままなら低温。火が通りにくい野菜はこの温度で

油に落とした衣が、一度底まで沈むが、すぐに浮き上がってくれば中温。コロッケやとんかつなど揚げ物全般に

油の量はどのくらい必要？

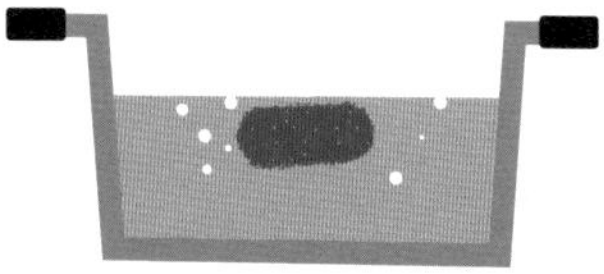

全体が揚げ油につからないとムラができるので最低でも揚げ物の厚みの倍以上の深さが必要。少量のごま油を加えると香ばしくなる

うまく揚がらない原因は揚げ油にあるのかも

揚げ物の最大のコツは油の温度です。ほとんどの揚げ物は中温で揚げますが、食材によって適温が変わります。たとえば、厚切りしたいも類など火が通りにくいものや素揚げは低温でじっくり揚げます。逆に、短い時間でパリッと仕上げるときは高温で揚げます。唐揚げを二度揚げするときも高温です。

うまく揚げるには、油の温度を適温に保つことが大切です。油を鍋に注いだら、中火で適温まで温め、その後は温度をキープするよう火加減に気をつけます。揚げる物をたくさん入れると油の温度が一気に下がるため、一度に揚げる量は表面積の3分の1ほどにしましょう。油の劣化を防ぐため、揚げかすをこまめに取ることも忘れずに。

また、油の量が少なすぎると温度調節が難しくなるので、必要量をきちんと守ってください。

TONKATSU 3

とんかつ3種

調理前に肉をたたくとやわらかくなります

とんかつ

とんかつ

材料（2人分）

豚肩ロース肉…2枚（約200g）
Ⓐ塩、胡椒…各適量
　水…大さじ1
　サラダ油…小さじ1
卵…1個
薄力粉、パン粉、揚げ油、
塩、胡椒…各適量

梅しそサンドとんかつ

材料（2人分）

豚ロース薄切り肉
…10枚（約300g）
青じそ…4枚
裏ごしした梅干し…15g
みりん…小さじ1
Ⓑ塩、胡椒…各適量
　水…大さじ1
　サラダ油…小さじ1
卵…1個
薄力粉、パン粉、揚げ油
…各適量

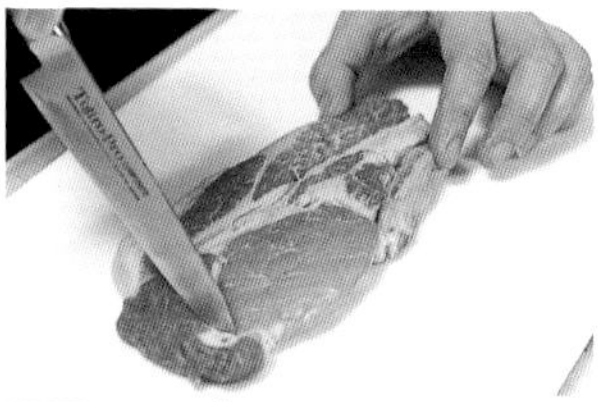

01 豚肩ロース肉をまな板に置き、赤身と白い部分（脂身）の間の筋に切り目を入れ、身の縮みを防ぐ。

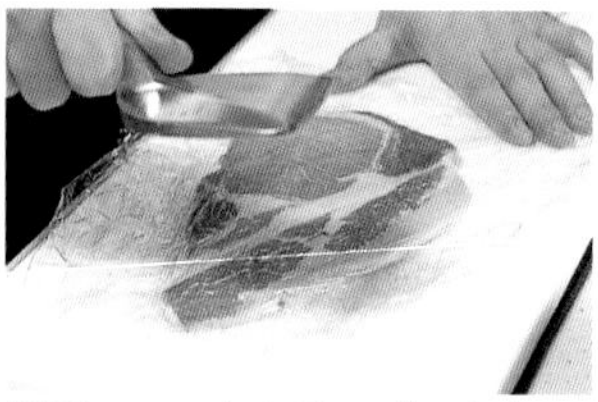

02 豚肩ロース肉をラップではさみ、肉たたきで外側へ伸ばすようにたたく。裏返して同様にたたく。

03 バットを用意し、湿らせたふきんで軽くふく。30cmほど上の高さからバットに塩、胡椒をふる。

04 豚肩ロース肉のラップをはずし、塩、胡椒をふったバットに並べる。さらに塩、胡椒を均等に肉にふる。

05 別のバットに薄力粉をふるい、豚肩ロース肉を移す。肉の両面にしっかりと薄力粉をまぶし、手ではたいて余分な粉を落とす。

06 衣を作る。卵をボウルに割り入れ、Ⓐを入れて菜箸などでよくとき混ぜ、目の細かいざるに注いでこしながらバットに注ぐ。

07 肉を卵液のバットに入れる。全体にしっかり卵液をつけ、余分な卵液をきる。

08 続いてパン粉のバットに豚肉を移し入れ、押しつけるようにパン粉を全体にしっかりまぶす。軽くはたいて余分なパン粉を落とす。

09 180℃の油に入れる。4分したら裏返し、さらに4分揚げ、焼き色がついて浮かんできたら完成。

POINT

中温でカラリと揚げる

梅しそサンドとんかつ

01 裏ごしした梅干しにみりんをゴムべらなどで混ぜ合わせて、肉にぬるたれを作る。

02 青じそは硬い茎を切り、縦半分にカットして、8枚にする。

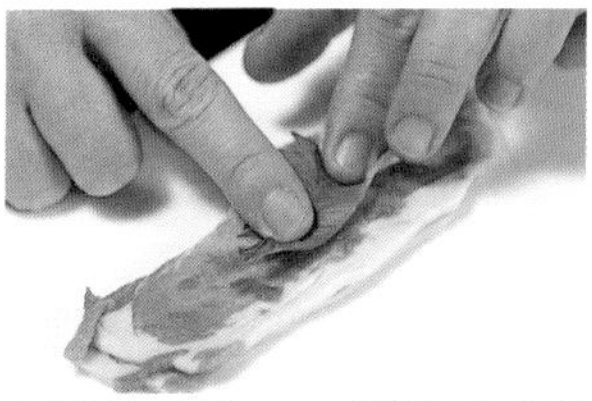

03 筋切りした豚ロース薄切り肉を広げる。先ほど作ったたれをスプーンなどで塗り、青じそを1枚のせる。

04 その上に別の豚ロース薄切り肉を重ね、たれを塗り、1段目とは違う場所に青じそをのせる。

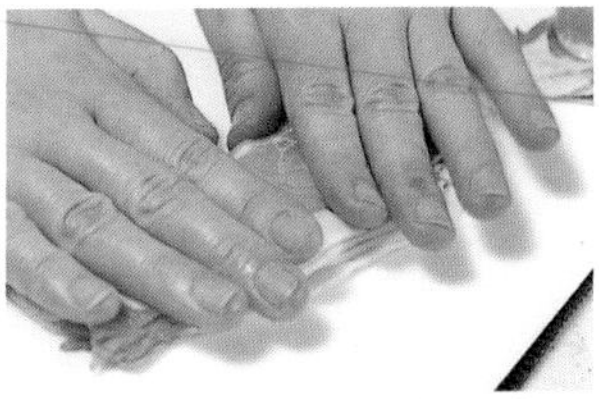

05 4回繰り返したら、最後に5枚目の豚ロース薄切り肉をのせ、上からペタペタと押さえてなじませる。

06 といた卵にⒷを混ぜてこし、薄力粉をふるう。※間に具をはさむかつは、卵液と粉をあらかじめ合わせておくとくずれにくい。

07 そこに重ねた豚ロース薄切り肉を浸してよくからめる。パン粉をまぶす。

08 180℃に熱した中温の揚げ油に静かに落とす。4分間揚げて裏返しさらに4分揚げる。網を重ねたバットに置き、油をきってカリっとさせる。

ONE MORE RECIPE

野菜とチーズのロールとんかつ

材料（2人分）

豚ロース薄切り肉…10枚（約300g）
いんげん…10本（50g）
にんじん…約1/3本（5mm角×6cm長さで20本分）
とけるチーズ…約70g（5mm角×6cm長さで20本分）
Ⓒ塩、胡椒…各適量
　水…大さじ1
　サラダ油…小さじ1
薄力粉、アーモンドダイス、揚げ油、塩、胡椒…各適量
卵…1個

作り方

①にんじんは5mm角、6cm長さに切り6分、いんげんは筋を取り、6cm長さに切り3分塩ゆでする。
②とけるチーズも5mm角、6cm長さの棒状に切る。
③豚ロース薄切り肉を広げ、塩と胡椒をふる。①と②を2本ずつのせ、肉を巻きつける。
④卵、Ⓒ、薄力粉で作った梅しそサンドとんかつと同じ卵液、アーモンドダイスをつけ、180℃の油で転がしながら、約8分揚げる。

下ゆでした野菜は盆ざるにあげる

豚ロース薄切り肉をななめに巻く

和食のコツとポイント 5

目からうろこ！ 粉類の正しい使い道

ひとくちに粉類といっても原料や使い方は大違い

薄力粉
軟質小麦が原料。グルテンの含有量が少なく粘りが弱い。製菓などに用いる

強力粉
硬質小麦が原料でグルテンが多い。パン作りには欠かせない

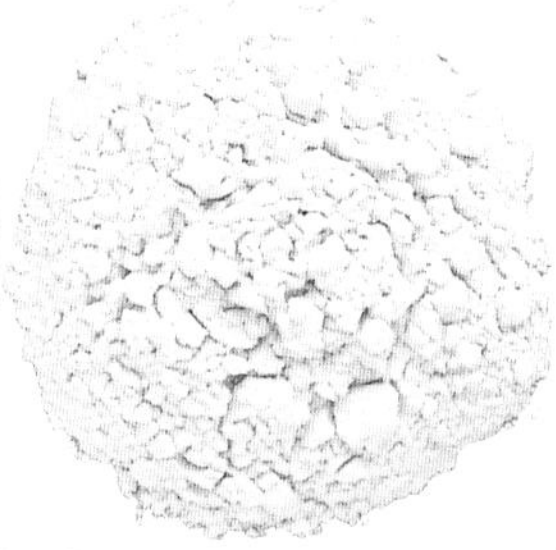

ライ麦粉
ライ麦を製粉したもので香ばしい風味がある。弾力は少なく、色が濃い

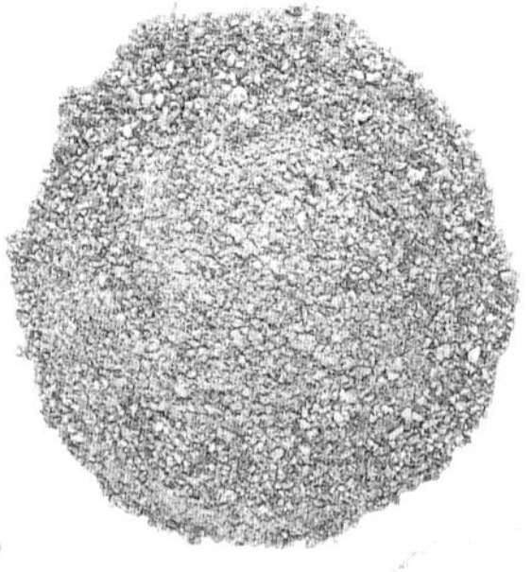

片栗粉
じゃがいものでんぷんを使ったものがほとんど。水でといて、とろみづけに使う

コーンスターチ
とうもろこしが原料。片栗粉と同様に、料理のとろみづけに使用する

ベーキングパウダー
重曹が主原料。生地をふくらませる役目があり、製菓のとき薄力粉に混ぜて使う

上新粉
水に浸したうるち米を細かく砕いて乾燥させた粉。だんごや草もちの材料となる

粉の性質をこころえて使い道をマスター

小麦粉にはグルテンというたんぱく質が含まれ、その含有量が多いほど粘りが強くなります。一般に、グルテン量が多い順に、強力粉、中力粉、薄力粉と分類され、ふっくら仕上げたいケーキなどには薄力粉、しっかり焼き上げるパンには強力粉、麺類には中力粉とそれぞれ使い分けをします。

小麦粉の原料は麦ですが、米が原料の粉やでんぷんが原料の粉など、ほかにもさまざまな種類の粉があります。

米の粉には、道明寺粉、上新粉、白玉粉があります。和菓子に用いられることが多いのですが、上新粉は唐揚げに使うと、小麦粉よりも軽い口当たりに仕上がります。また、茎や根に含まれるでんぷんを原料にした粉には、片栗粉、くず粉、コーンスターチなどがあり、おもに、とろみづけに使われます。

YAKIZAKANA 3

焼き魚3種

旬の魚をぜいたくに味わう食卓の定番

ぶりの照り焼き

ぶりの照り焼き

材料（2人分）

ぶり…2切れ（200g）
アスパラガス…2本（40g）
濃口醤油…大さじ1/2
サラダ油…適量
Ⓐ濃口醤油、砂糖
…各大さじ1·1/2
みりん…大さじ1/2

さわらの西京焼き

材料（2人分）

さわら…2切れ（200g）
白味噌…3/4カップ（150g）
甘酒…大さじ1
みりん…小さじ2
塩、サラダ油…各適量
酢ばすの材料
れんこん…2/3節（100g）
赤唐辛子…1/3本
Ⓑ酢…大さじ3·1/3
砂糖…大さじ1
塩…少々
水…大さじ2

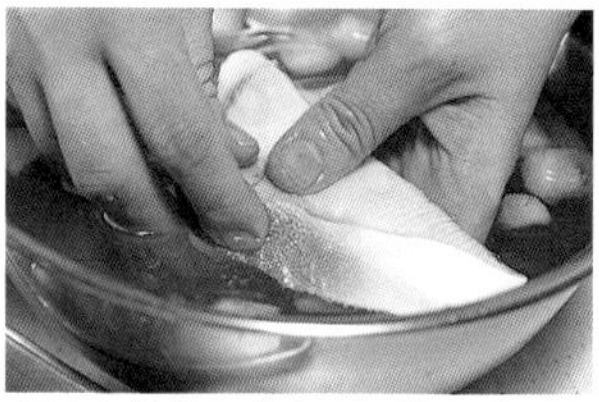

01 ぶりを熱湯に入れ、5秒ほどしてうろこが立ってきたら氷水に落とす。水につけたまま指でうろこを取り、水分をふく。

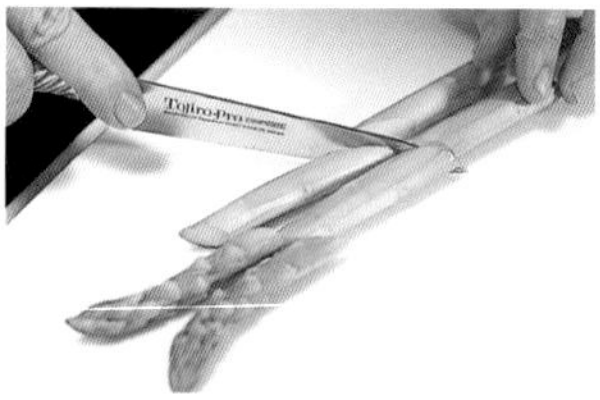

02 アスパラガスは、はかまを取って薄皮をピーラーで薄くむき、根元の硬い軸を手で折る。ななめに3等分に切る。

03 鍋にⒶを入れて中火で煮立て、濃度がつくまで鍋を回しながら火にかける。とろみがついたら火から下ろす。

04 クッキングペーパーにサラダ油を染み込ませ、魚焼きグリルの網にぬる。

05 ぶりとアスパラガスを網に置く。※ぶりは盛るときに上になる面を先に焼く。

06 上火だけのグリルの場合、3分間焼き、焼き目がついたらひっくり返して両面に焼き目をつける。

07 3分後、煮立てたⒶをはけやスプーンでぶりにぬり2分焼く。

08 ぶりを返して煮立てたⒶをぬり、同時にアスパラガスに濃口醤油をまぶし、焼き網に戻す。

09 ぶりはさらに2分焼く。アスパラガスは焼き目がついたら取り出し、一緒に皿に盛る。

POINT

グリルの網に油をぬる

さわらの西京焼き

01 さわらは、味がよく染みるよう、皮目に切り込みを2本入れる。

02 水ぶきしたバットにまんべんなく塩をふる。さわらをのせて塩をふり、水分が下にたまるようバットをななめにして10分置く。

03 白味噌に甘酒とみりんを加えてときのばすように混ぜ、味噌床を作る。

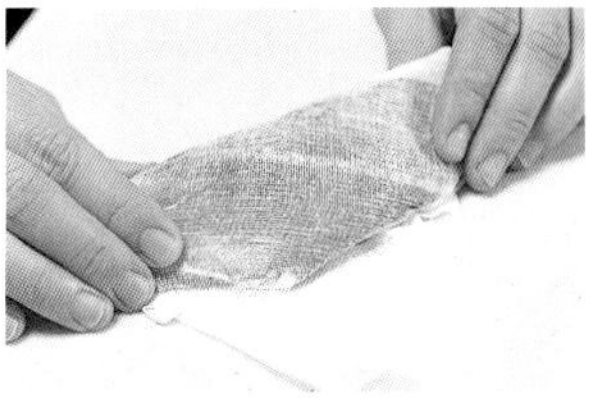

04 さわらから余分な水分や臭みが出たら、水洗いして水気を取る。ガーゼで隙間のないように包む。

05 新しいバットを用意し、03の半量を広げ、上にさわらを並べて置く。

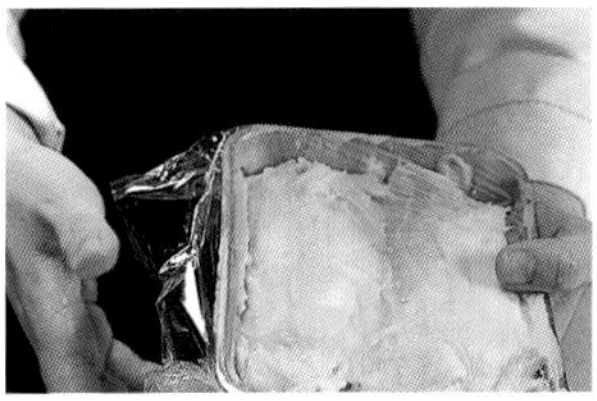

06 残りの味噌でさわらを覆い、ラップをして冷蔵庫で1日漬ける。さわらの上下をひっくり返して味噌床を混ぜて、さらに1日置く。

07 さわらを味噌床から取り出して、ガーゼを取る。魚焼きグリルの網にサラダ油をぬってさわらをのせ、片面5分ずつ焼く。

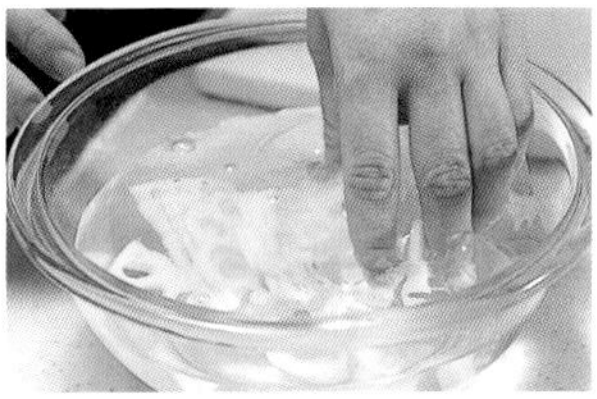

08 酢ばすを作る。赤唐辛子は種を取り水に浸して戻し、輪切りに。れんこんは花れんこんにし、半月切りにして酢水にさらす。

09 鍋にⒷを煮立て、れんこんと赤唐辛子を2～3分煮、そのまま冷ましてさわらに添える。

ONE MORE RECIPE

あじの塩焼き

材料（2人分）

あじ…2尾（360g）
塩、サラダ油…各適量
筆しょうが…2本
Ⓒ酢…大さじ6
　砂糖…大さじ3
　塩…小さじ1/2

作り方

❶Ⓒを強火で沸騰させ、葉を落とした筆しょうがを入れて、中火にする。煮立ったら火を止めてそのまま冷ます。
❷あじはぜいごを取り、P68を参考にうろこ、えら、内臓を取り、水洗いして水気をふく。
❸P64を参考にあじに金串でおどり串を打つ。
❹化粧塩をする。まずひれにぎゅっと塩をつけてから全体にまぶす。
❺魚焼きグリルの網にサラダ油をぬり、あじを入れる。5分間焼いて裏返し、さらに5分間焼く。
❻両面が焼けたら取り出し、金串を回しながら抜き取る。皿に盛り、❶と、あれば横に2等分したすだちを添える。

尾びれ近くの固い部分がぜいご

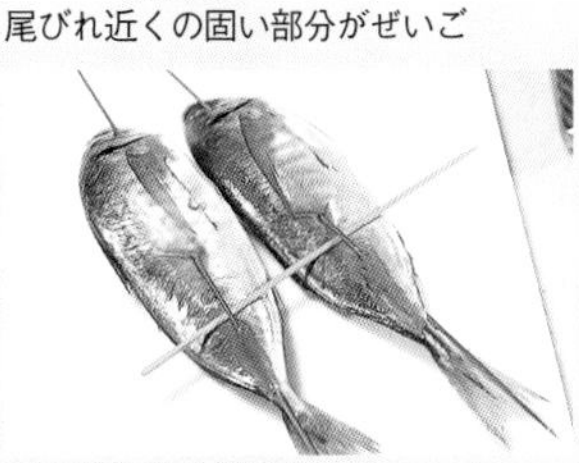

2尾を竹串で固定するとよい

和食

和食のコツとポイント ⑥

魚をおいしく焼くテクニック

テクや道具を使いこなして、焼き魚の達人に

おどり串を打つ

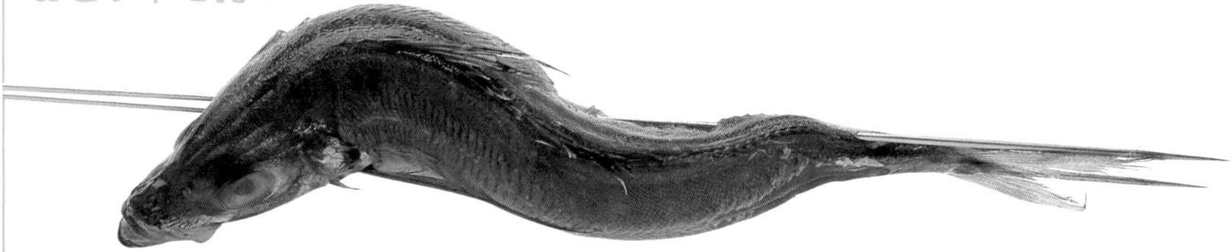

❶左手で魚を押さえながら、盛りつける面の裏側に金串を当て、目のすぐ下に刺す

❷金串を表のえらの下に通して、身をよじらせて差し込み、尾びれ付近に先端を出す

鉄弓で焼く

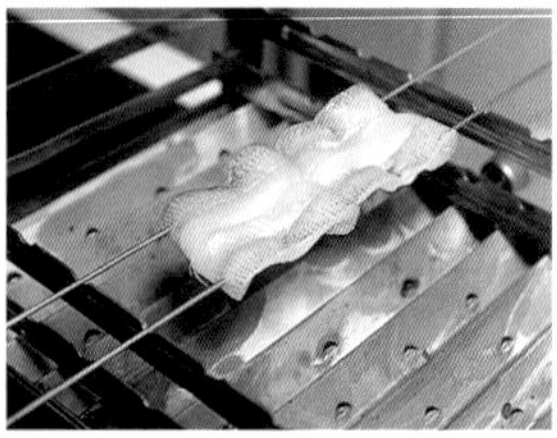

金串を渡したり、焼き網をのせたりする。炎が当たらないので焦げにくく、失敗が少ない

魚焼き網で焼く

鉄弓とセットでも、そのままコンロにのせてもOK。網をよく温めてから魚をのせること

グリルで焼く

手軽さはナンバーワン。焼く前に網にサラダ油をぬっておくと、皮がはりつきにくくなる

魚を焼くときは、「強火の遠火」が基本

魚を焼くときは、火が強すぎると焦げつき、弱すぎるとなかなか焼けずに水分がとんでしまいます。「強火の遠火」が魚を焼くのに最適な火加減です。

その火加減が簡単に実践できるのが鉄弓です。セラミック加工の金網と組み合わせれば、遠赤外線効果でよりおいしく焼けます。鉄弓が手に入らなければ、レンガやブロックに串を渡して代用しましょう。魚とガスコンロが10～15㎝離れるくらいの高さがベストです。

姿焼きは化粧塩をして、ひれの焦げつきを防ぎます。化粧塩とは、全身にしっかり塩をまぶすこと。焼き上がると白く結晶し美しく見えます。また、おどり串を打つと、皮が膨らんだりせず仕上がりがきれいです。とくに、魚焼きグリルで焼く場合は焦げやすいので、串を打って網に触れる面積を減らしましょう。

NITSUKE

かれいの煮つけ

フライパンで作れば、簡単&楽ちん!

かれいの煮つけ

材料（2人分）

かれい…2尾（300g）
しょうが…1かけ
たけのこの水煮…50g
Ⓐ砂糖…大さじ3
　酒…1/2カップ（100cc）
　濃口醤油、みりん
　…各大さじ3・1/3

POINT

調味料が煮立ったら魚を入れる

落とし蓋は水につける

魚はひっくり返さない

01 たけのこの水煮を5cmの長さに切り、5mm厚さにする。白いアクが気になれば、流水で洗い、余分な水分をふき取る。

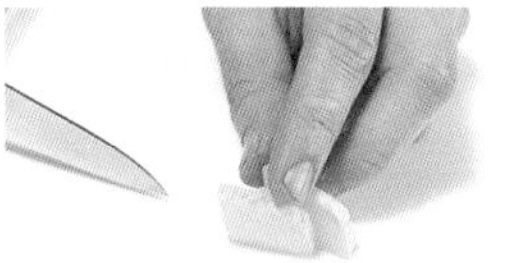

02 しょうがは皮をむいて、包丁で2等分にカットする。

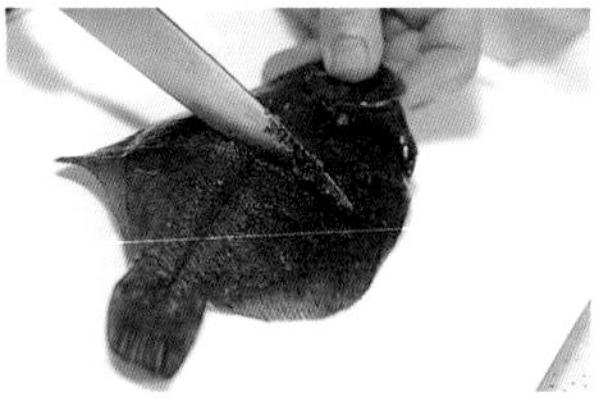

03 P68を参照し、かれいのうろこ、えら、内臓を取り除き、水で洗う。ふきんで水気をふき取る。

04 尾を持ったまま、かれいをまな板に移す。※身を持って運ぶと身割れしやすいので、尾か頭部をつまんで運ぶこと。

05 かれいは、表に盛る面に骨に到達する手前まで包丁を入れ、ななめに十字の切り目を入れる。

06 Ⓐをフライパンに注いで強火にかけ、ブクブクと沸騰させる。

07 沸騰したら火を弱めて中火にし、切り目を入れた面を上にしてかれいを入れ、たけのこの水煮としょうがを散らす。

08 木の落とし蓋はうまみを吸収してしまうので使う前に水につけておく。その蓋で、落とし蓋をして5分煮る。

09 アルミはくで落とし蓋をする場合は、放射状に8つ折りし、鍋の半径に合わせて外側を切り、頂点を少し切り落とす。

10 5分たち、煮汁が半分になったら、落とし蓋を外す。煮汁を回しかけながら3分ほど煮詰める。あれば木の芽を飾る。

金目の煮つけ

材料（2人分）

金目鯛…2切れ（240g）
Ⓑ酒…大さじ4
　みりん…大さじ3・1/3
　濃口醤油…大さじ1・2/3
※魚焼きグリルで焼き目をつけたねぎや、木の芽を添えてもよい

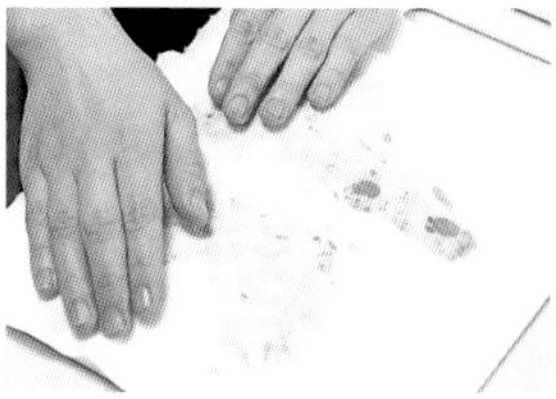

01 金目鯛の切り身をまな板の上に置き、上からペーパータオルをかぶせる。

02 その上から80℃くらいの湯をたっぷりとかけて臭みを取る。※熱湯だと身が反るので避ける。

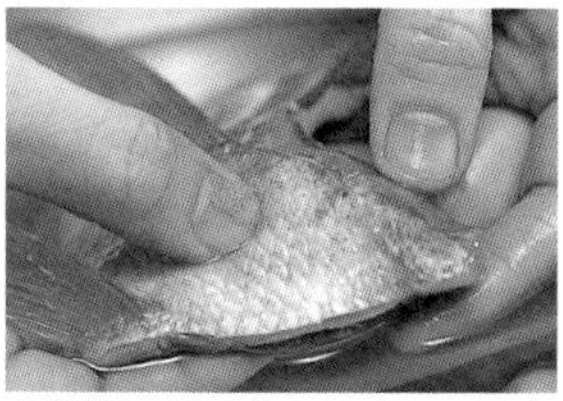

03 金目鯛の切り身を氷水につけながら、指先をこすりつけるように動かし、うろこを取る。

04 水分をしっかりふき取ったら、味が染みやすいよう、ななめに十字の切り目を入れる。

05 フライパンにⒷを沸騰させる。切り目を入れた面を上にして金目鯛を入れ、煮汁をかける。

06 落とし蓋をし、弱火にする。5分したら蓋を取り、煮汁をかけながら、とろっとするまで煮る。

和食のコツとポイント 7

絶対マスターしたい魚の下処理

うろこ、内臓、えらを取って洗う、が基本の流れ

三枚におろす

1頭、内臓を取り水洗いする。腹びれのすぐ上に切り込みを入れ、中骨が刃先に当たっている状態で尾に向かって包丁を動かす(写真上)。裏返して、同様に今度は頭の方向に動かす

2尾に刃を向けて中骨と身の間に包丁を入れ、頭の方向に回転し、尾を左手で押さえ、動かす(写真下)。中骨をはがし、片方の身もはがす

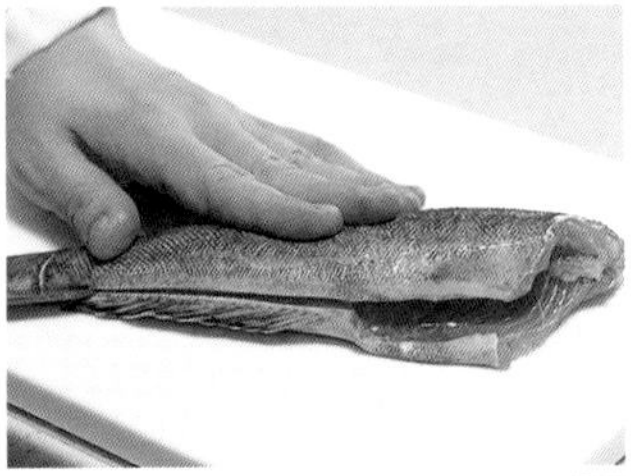

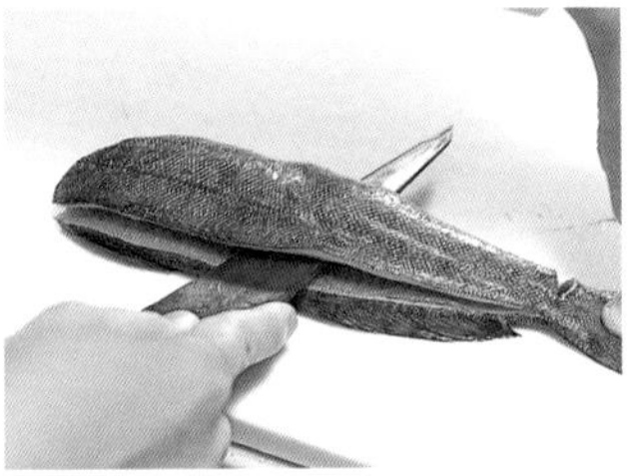

基本の下処理

1左手で頭を押さえて包丁を立てうろこを取る。背びれの近くは包丁の切っ先で、腹びれ付近は刃元で取る(写真上)

2盛りつける面の裏側に切り目を入れ、内臓を取り出す(写真下)。えら蓋を開き、つけ根に切り目を入れてえらを取る。ボウルに水をはり、腹部の穴に指を入れ、残った内臓や血などの汚れをかき出す

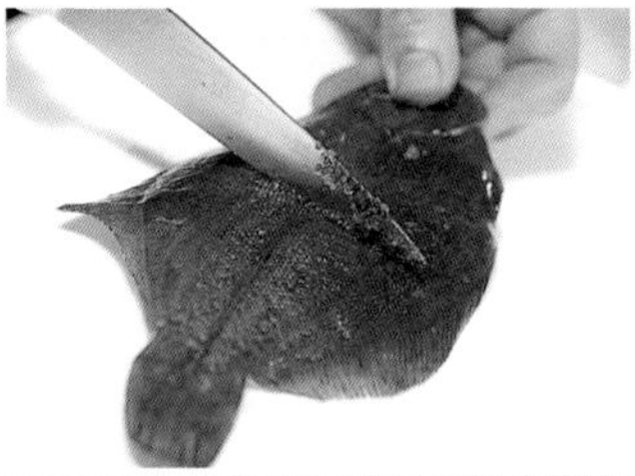

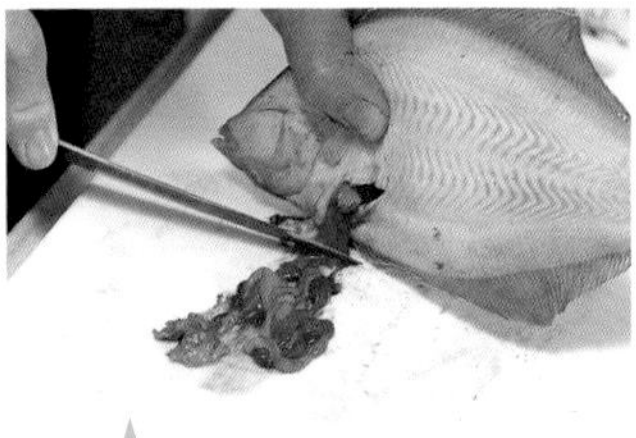

魚の部位

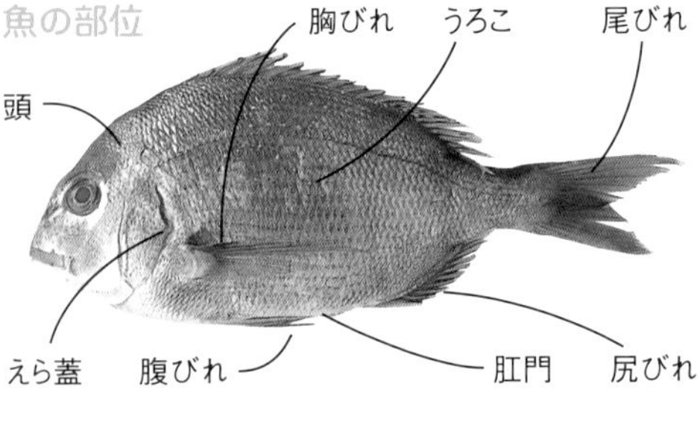

魚の下処理はこんな方法も

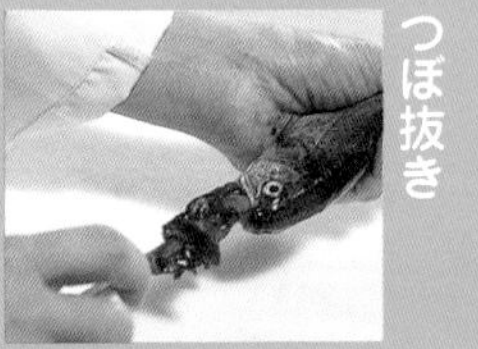

えらをはさむように割り箸を差し込み、ねじって抜く

包丁の先端で腹を切り、内臓と血合いを取り出す

鮮度を逃さないよう手早く処理するのがミソ

魚の下処理は、鮮度が落ちないうちに手早く済ませることが第一です。魚をさばくときは、重量感のある出刃包丁を使うと中骨や頭部もたたき切れて便利。基本は、うろこ、えら、内臓を取ることですが、魚の種類や盛りつけ方によって方法が少し変わります。

あじには、尾の近くにぜいごという硬いうろこが、かつおには、頭部や腹びれ付近に硬いうろこがあるので、それぞれそぐようにして切り取ります。また、頭の大きな魚のうろこを取るときは、えらに左手をかけながら作業すると安定します。

姿焼きの場合は、内臓を取ったあとが見えないよう裏面に包丁を入れて取ります。小さな魚なら口から箸を入れるつぼ抜きという方法をとります。切り身で使う場合は、大きく腹を開いて、内臓を取り出します。

BURIDAIKON

ぶり大根

なにはともあれ、ぶりの下処理をきっちりと

ぶり大根

材料（2人分）
ぶりのあら…300g
大根…1/3本（300g）
ごぼう…1本（150g）
しょうが…1かけ
酒…2/5カップ（80cc）
米のとぎ汁、水…各適量
砂糖…大さじ4
濃口醤油…大さじ2・1/4
ねぎ…1/4本（25g）

POINT

ぶりの下処理をきちんと

やわらかくなってから調味

01 大根は1〜2cmの厚さの半月切りにし、煮くずれを防ぐため、角を薄くそいで、面取りする。

02 大根がじゅうぶんに浸るくらいの米のとぎ汁を用意し、鍋に注ぐ。

03 鍋を強火にかけ、湯気が上がって温まったら大根を入れる。やわらかくなるまで中火で10分煮る。

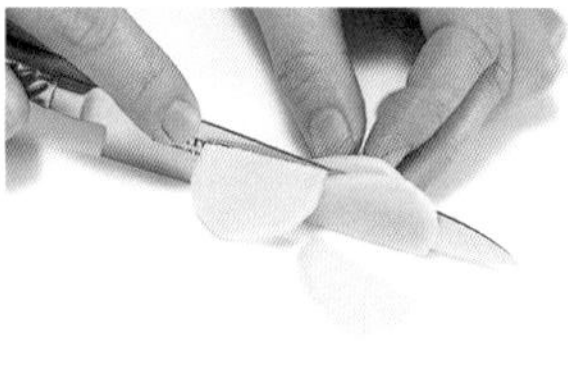

04 しょうがは皮をむき、5mm厚さにスライスする。

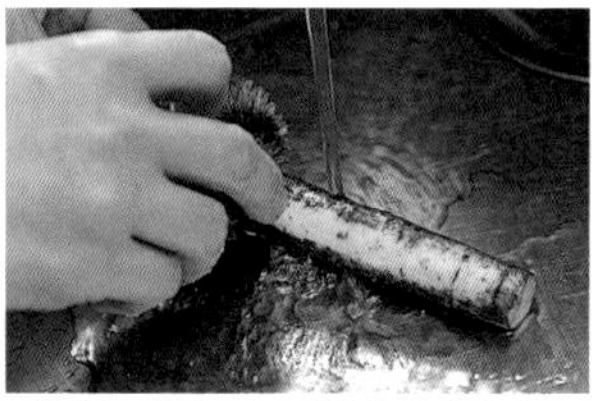

05 ごぼうが泥つきの場合はたわしでこすりながら洗って、表面の汚れをきれいに落とす。

06 洗ったごぼうは、6cmほどの長さにカットする。さらに縦に切って棒状にし、酢水にさらしてアクを抜く。

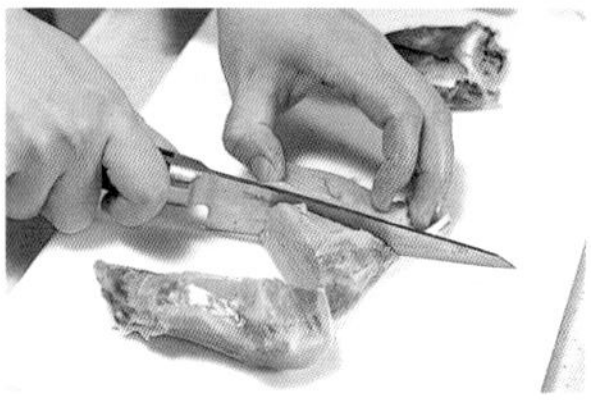

07 ぶりのあらはだいたい同じ大きさになるよう、4〜5cmほどの大きさにカットする。

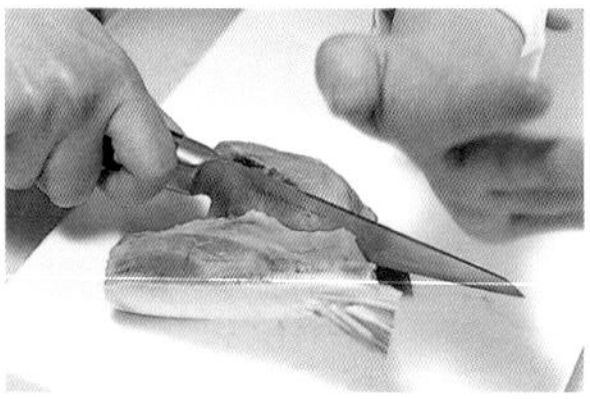

08 骨があって硬い部分は、包丁の背を片手で押さえながら、叩き割るようにして切る。

09 鍋にたっぷりの湯を沸かして、切ったぶりのあらを入れて臭みを取る。

10 5秒ほどゆで、全体が白くなったらすぐに冷水にとる。※ゆですぎるとうまみが逃げてしまう。

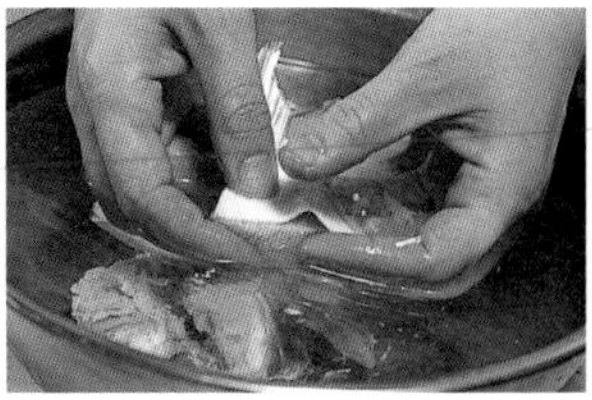

11 水に浸したまま、指でぶりのあらのうろこを取る。※湯通しすることで、血合い、臭み、余分な脂を取り除くことができる。

12 キッチンペーパーなどを重ねたバットにぶりのあらを取り出し、しっかり水気をふき取る。

13 大根に竹串を刺して、スッと通るほどやわらかくなったら水にとる。軽くゆすいで、米のとぎ汁を洗い落とし、水気をきる。

14 別の鍋を用意し、湯通ししたぶりのあら、しょうが、ごぼうを入れる。

15 続いて酒と、具材が浸るほどの水を注ぎ入れ、沸騰するまで強火にかける。

16 沸騰したら中火にし、お玉でアクをすくう。すくったアクは水をはったボウルに吹き落とし、お玉に残った煮汁は鍋に戻す。

17 鍋に砂糖と濃口醤油を加えて10分ほど煮込む。

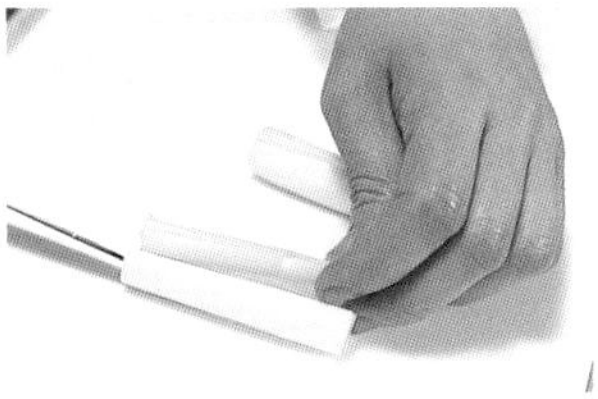

18 ねぎは、縦にスッと切り目を入れて、内側の緑色の芯部分を取り出す。

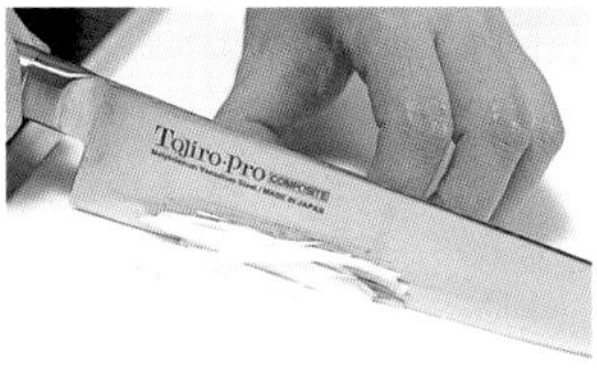

19 外側の白い部分を広げ、縦に1～2mm幅に細く切り、水にさらして白髪ねぎを作る。

20 ぶりのあらとごぼうに煮汁の味がしっかり染みたら、下ゆでした大根を加える。

21 落とし蓋をする（木蓋の場合はあらかじめ水に浸しておく）。水分量をみながら、約20分そのまま煮込む。

22 20分しても水分が多ければ蓋を取ってしばらく火にかける。器に盛り、水気をきった白髪ねぎをのせ、あれば木の芽を飾る。

MISTAKE

できたぶり大根に生臭さが残ってしまった

ぶりのあらをいきなり煮込むと、臭みやえぐみが出てしまいます。横着しないで下処理はきちんと！

そのままだとできあがりはイマイチ

時間どおり煮込んでも味がしっかりつかない

少ない煮汁で具材に味つけする料理は、味が染みにくいので、必ず落とし蓋をします。

蓋をしないと水分もとんでしまう

和食のコツとポイント 8

これをしないとおいしさ半減“アク抜き・臭み抜き”

いやな味や臭いを取り去っておいしさだけを残す処理

塩をふる

食品に塩をふると浸透圧で水分が出るため、調理前の魚には塩をふり、水分とともに臭みを取り除く

調理中に出るアク

調理中に出たアクはお玉ですくう。火が強すぎるとアクが煮汁に散ってしまい、弱すぎるとアクが出ない

水にさらす

野菜は水に10分前後浸してアクを抜く。長い時間水につけると、香りが抜けてしまうので注意すること

酢は酸化を抑えて変色を防止する。ごぼうやれんこんは、水でもいいが、酢水に浸すときれいに仕上がる

湯通しする（霜降り）

肉や魚の表面の余分な脂や臭みを取るため熱湯に数秒落とす方法。表面が霜が降りたようになるので霜降りという

身が反らないよう、平らなものの上にのせ、キッチンペーパーをかぶせて、80℃くらいの湯をかける方法もある

アクの抜き方は食材、調理法によりさまざま

アクとは食品に含まれる、えぐみや苦み、渋みのこと。アクや臭みが強い食材は、調理前に下処理をします。アクや臭みを抜く方法は、「水にさらす」「ゆでる」「塩をふる」の3種類があり、食材によって異なります。

魚は、塩をふるか熱湯に落として、臭みを取り除きます。とくに、煮物にする場合は煮汁に臭みが移ってしまうので、必ず下処理をしましょう。

野菜のアクは、水や酢水にさらして抜きます。また、たけのこは米ぬかを加えてゆでます。これは、たけのこのえぐみ成分が米ぬかに含まれるカルシウムと結合して中和されるため。また木灰《きばい》には、酸性を中和する炭酸カリウムが含まれていて、渋みを抜き、やわらかくする効果があります。わらびをはじめ山菜類は、木灰を加えてゆでて、水にさらします。

MIZUTAKI

鶏の水炊き

大勢集まっても安心な、冬の定番・鍋料理

鶏の水炊き

材料（2人分）

丸鶏…1羽（1.5kg）
ねぎ…2本（200g）
春雨…20g
木綿豆腐…1丁（300g）
小松菜…2株（80g）
白菜…4枚（200g）
米…大さじ4
昆布…5cm幅15cm長さ
水…2リットル
あさつき…1束（30g）
大根、赤唐辛子…各適量

つくねの材料

鶏ひき肉…100g
鶏なんこつ…20g
ねぎ…3cm
しょうが…1/5かけ
Ⓐ酒…小さじ1
　白味噌…小さじ1
※丸鶏の代わりに市販の鶏ガラスープ3カップ（600cc）と鶏肉を使用しても可

POINT

丸鶏のさばき方を覚えよう

01 昆布は表面をふきんなどでさっとふき、ひと晩水に浸してだしを取る。

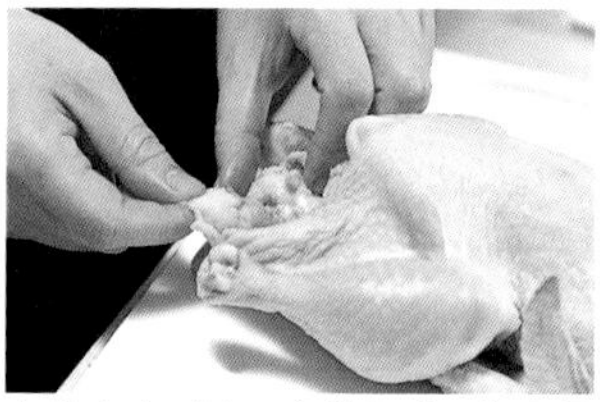

02 丸鶏をさばく。余分な毛や脂を掃除して背中を上にして置き、尻の先についたクリーム色の脂を指でつまんで切り取る。

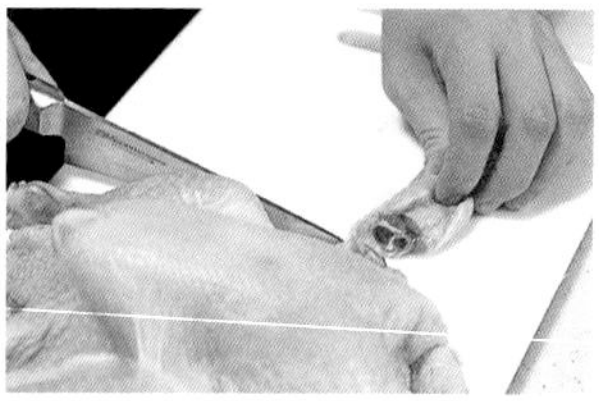

03 手羽の先端を切り落とし、手羽中も切り落とす。さらに逆も同様にする。先端はだしに、手羽中は具に使う。

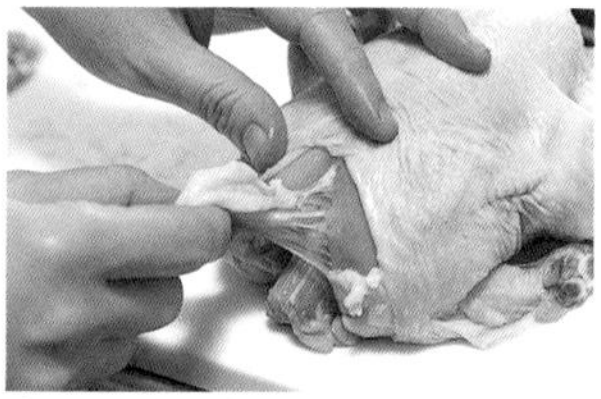

04 丸鶏の首の皮に、1本縦に切り目を入れる。皮をめくって、内側についた白い脂を手でちぎり、鎖骨にあたるV字の骨を取る。

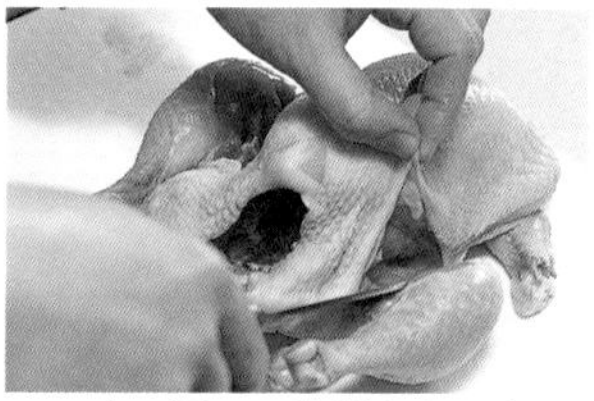

05 ひっくり返して腹側を上にする。両側のもものつけ根のたるみをつまみ、包丁で切り目を入れる。

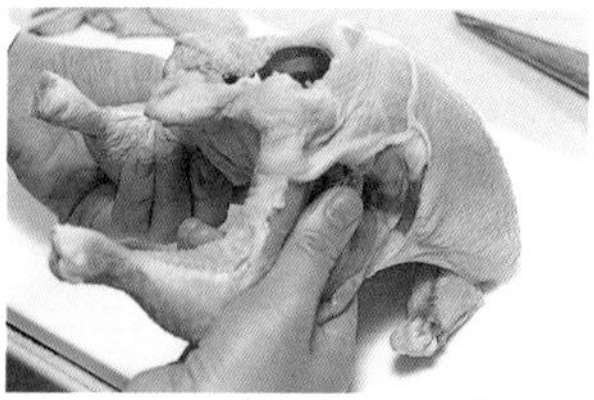

06 両もものつけ根の切り目に指を入れて、両足を背中にくっつけるように、後ろに根元から折り曲げる。

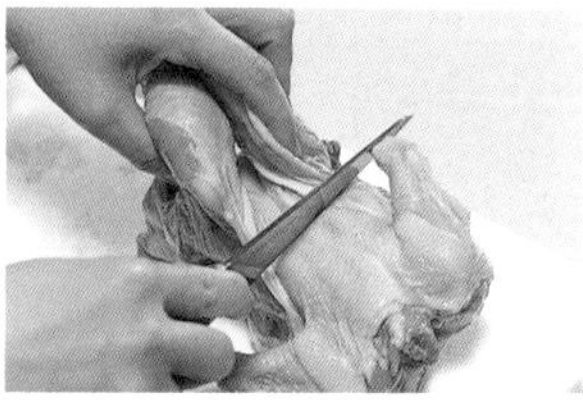

07 両ももを片手で押さえながら、片手で包丁を持ち、背中側の一番くびれたウエストあたりに、横方向の切り目を入れる。

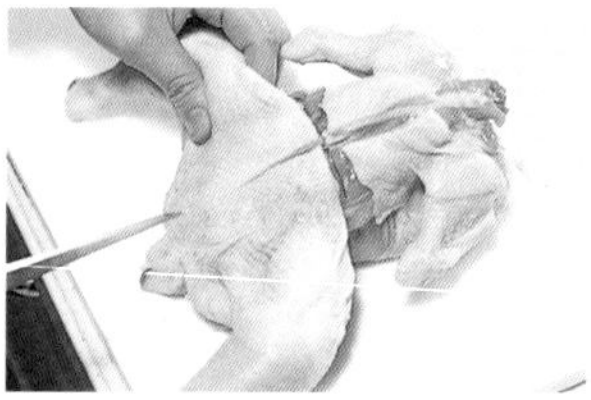

08 両ももを押さえていた手を放す。縦方向にも切り目を入れ、背中の切り目を十字にする。

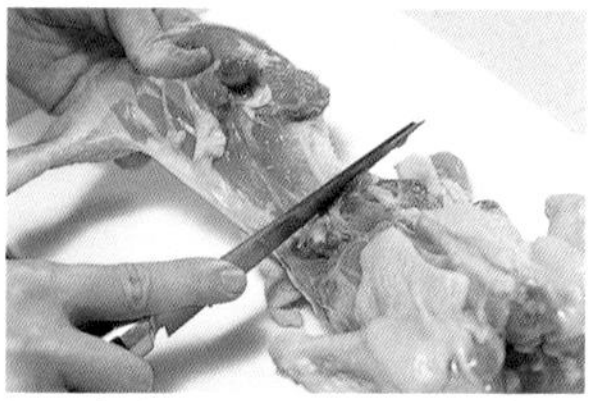

09 腰の肉をおこし、もものつけ根の骨とその骨が入る穴の間の筋を包丁で切り、引っ張りながらももをはがす。

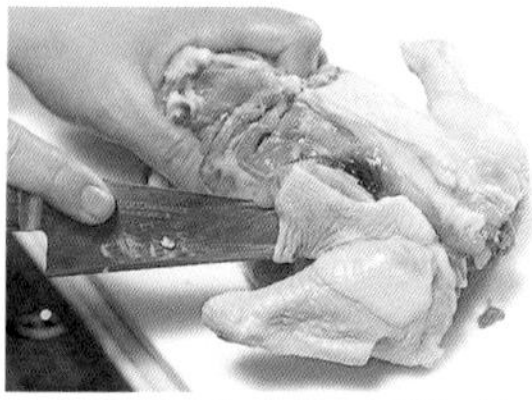

10 もう片側のもも肉も同様に取る。続いて左右の肩甲骨のつけ根に包丁を入れる。

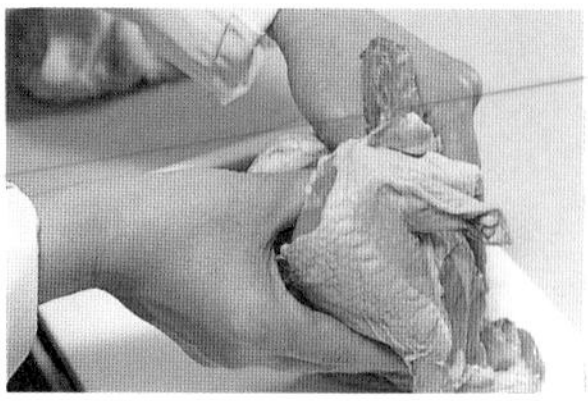

11 首から背骨と身との間に両親指を押し込みながら、両手を左右に開いて胸側と背中側に分ける。

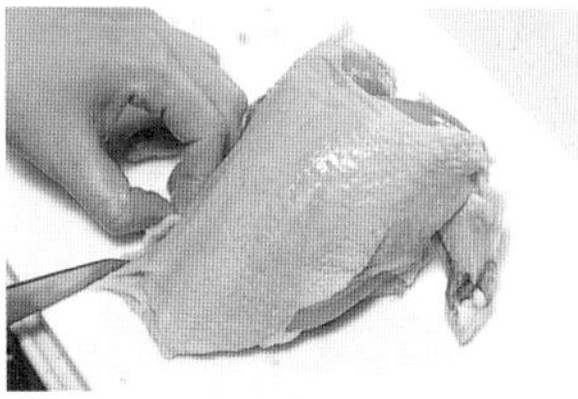

12 肉からはみ出た余分な脂を取り除く。内側にある内臓や白い脂も取り除く。

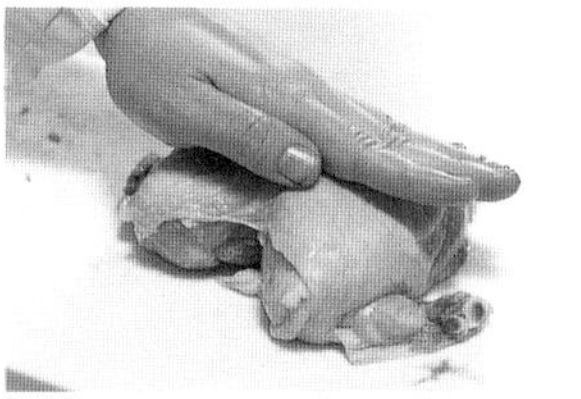

13 内側の軟骨に切り込みを入れ、切りやすいよう胸側を手で押し潰す。

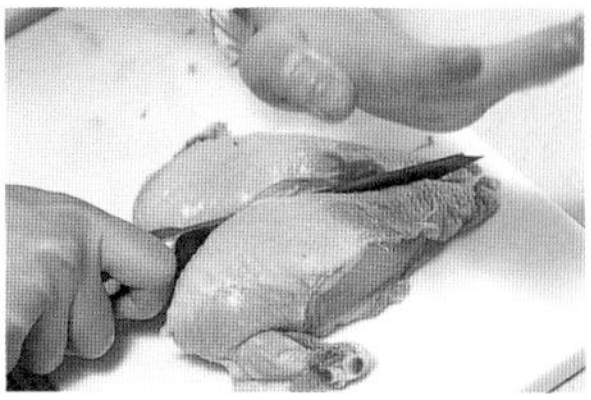

14 押し潰した胸側は、胸骨に沿って縦に包丁を入れ、縦半分に切る。※包丁の背を押しながら入れると切りやすい。

15 胴体をさらにぶつ切りにする。はじめに落としたもも肉も、食べやすい大きさにカットする。

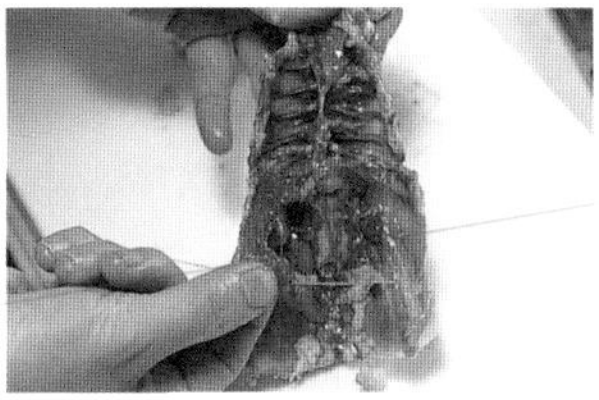

16 11ではがした骨(ガラ)を使ってスープを取るため、内側についた内臓を指でつまんで取り除く。

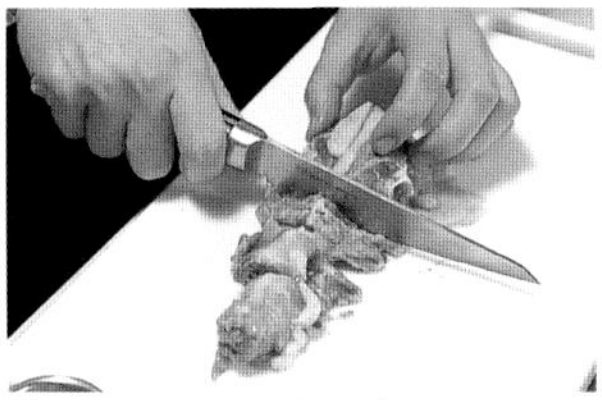

17 骨についている血や水分をふきんでふき取る。手首のスナップをきかせて、4～5cm角のぶつ切りにする。

18 昆布とつけ汁を鍋に入れ、火にかける。沸騰直前に昆布を抜き、ガラ、手羽の先端を入れる。アクを取りながら強火で約1時間火を通す。

19 味がじゅうぶんに出たら、こしながら別の鍋に注ぎ、さばいた鶏肉、米を加える。アクを取りながらさらに25分間煮る。

20 つくねを作る。ボウルに鶏ひき肉、Ⓐ、みじん切りにしたねぎ、しょうが、鶏なんこつを入れ、練る。

21 白菜を塩ゆでする。しんなりしたら小松菜を軸から加える。白菜、小松菜の順に盆ざるに取り、冷ます。小松菜は軸を切り落とす。

22 巻きすに白菜2枚を広げて置き、中心に小松菜を置いて巻いて絞る。形が整ったら巻きすから外し、ひと口大に切る。もう1本作る。

23 木綿豆腐はひと口大に切り、ねぎはななめ切りにする。春雨は水に浸して、戻ったら水気をきる。

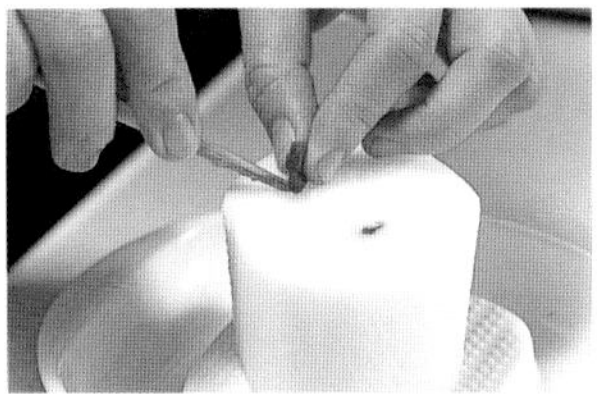

24 もみじおろしを作る。大根に菜箸で穴を開け、赤唐辛子を詰めておろし、水気をきる。小口切りにしたあさつきとともに薬味にする。

25 鶏肉を鍋から土鍋に移す。スープもこして注ぐ。つくねはスプーンで形整し鍋に落とす。ほかの具も煮ながら、ポン酢などでいただく。

和食のコツとポイント 9

鍋具材の下ごしらえとつけだれ

日本の冬の醍醐味、鍋料理にも決まりごとがあります

にんじん

短冊切りや輪切りに。梅型にする場合はクッキー型を使うと簡単。花びらを区切るように切り込みを入れ、ねじり梅にしてもよい

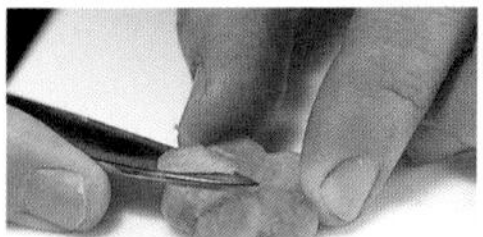

えび

背わたを竹串で取り、殻をむく。尾は残してもいい。尾を取る場合は根元を持って引っ張り、殻だけを取る

大根

厚めのいちょう切りや半月切り、輪切りに。大きくカットした場合は米のとぎ汁で下ゆでし、アクを抜く

しいたけ

軸を落とす。かさに放射状に切り込みを入れて、飾り切りすると味が染みやすいうえ、仕上がりがきれい

ごまだれ

材料　白ごまペースト20g／酢小さじ2／濃口醤油、だし汁各大さじ2

作り方　白ごまペーストをだし汁でときのばし、なめらかになったら濃口醤油、酢を混ぜる

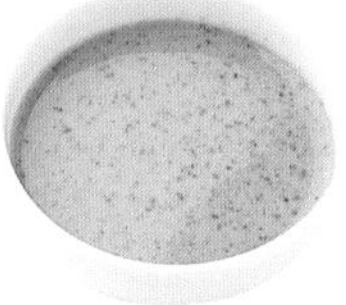

味噌だれ

材料　白味噌、だし汁各大さじ2／砂糖、みりん、酒各大さじ1

作り方　白味噌と砂糖を混ぜ合わせる。続いて、酒、みりん、だし汁を加えてとき混ぜる

ポン酢

材料　濃口醤油大さじ4／みりん、酢各大さじ1/2／すだちの絞り汁大さじ1

作り方　ボウルに濃口醤油とすだちの搾り汁を混ぜ、みりん、酢を加え、混ぜ合わせる

冬の食卓に欠かせない鍋料理はアレンジ無限

鍋料理は、すき焼きや土手鍋のように味がついたものと、水炊きや湯豆腐のようにたれと薬味で食べるものとの2種類があります。どちらも調理法はシンプルですが、3つのコツをおさえるだけでよりおいしくなります。

ひとつめは、材料の組み合わせ。野菜や魚はなるべく旬のものを使います。クセのある魚には、春菊やねぎといった香りの強い野菜を合わせて臭みを消しましょう。ちなみに、水気を多く含んだ野菜は下ゆでしておくと、余分な水分が出ません。

ふたつめは火加減。静かにグツグツしている状態を保ちましょう。アクをこまめに取り除いて、煮汁の濁りを防ぎます。

3つめは順番。魚介やかたまり肉を最初に入れると、だしが出ておいしくなります。野菜は、煮え具合が同じになるよう、火の通りにくいものから煮ます。

TAMAGOYAKI

卵焼き

半熟状態でクルクル巻けばふわふわに！

関東風厚焼き卵

関東風厚焼き卵

材料（2人分）

卵…4個
Ⓐみりん…大さじ1
　酒…大さじ2
　砂糖…大さじ3
　濃口醤油…小さじ1
　塩…少々
大根（大根おろし用）、
サラダ油…各適量

だし巻き卵

材料（2人分）

卵…3個
Ⓑみりん、薄口醤油
　…各小さじ1
　塩…少々
　だし汁…大さじ4
大根（大根おろし用）、
サラダ油…各適量

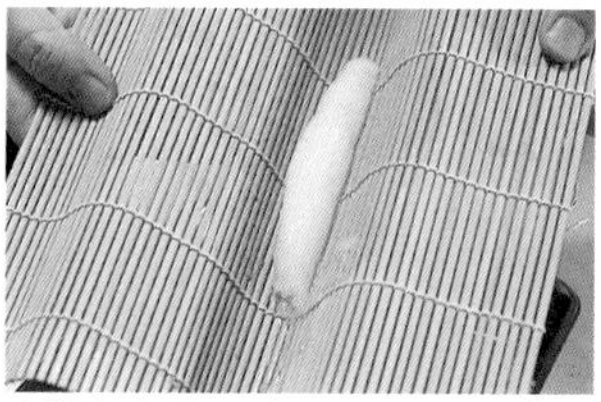

01 大根をおろしがねでおろし、巻きすにのせて、両側から押さえるようにして、ほどよく水気をきる。

02 ボウルに卵を割る。※1個ずつ別の器に試し割りすると、1個傷んだ卵があっても、すべてやり直さなくて済む。

03 卵にⒶを加える。白身と黄身が完全に混ざるよう、菜箸でよくとく。目の細かいざるでこす。

04 卵焼き器を熱し、目地まで油がなじむようサラダ油を含ませたペーパータオルで、全体に油をぬる。

05 卵液を一滴落としみて“ジュッ”と音がしたら、1/4ほど（お玉ひとすくい分）の量の卵液を流し入れる。

06 終始中火で焼く。プクプクと泡が出たら菜箸で潰しながら、そのまま半熟状に火を通す。

07 菜箸で四隅を切り、奥から手前へと3つに折りたたむように卵を返す。卵焼き器の角を使って形を整える。

08 たたんだ卵をすべらすようにして奥へ移動させる。空いた場所にペーパータオルで油をなじませる。

09 05と同量の卵液を入れる。中心が高温になるのでときどき鍋の場所をずらし鍋底を均一の温度にする。

POINT

油はペーパーでなじませる

3回に分けて焼く

MISTAKE

卵を巻いていると卵液が横から流れ出す

温度が低すぎるとなかなか卵が固まらず、横から卵液が垂れ出してしまいます。温めた卵焼き器に、卵液を少量落としてみて、“ジュッ”といったら卵液を流しましょう。

火加減は中火。強すぎてもダメ

箸で持ったらくずれてしまった

奥から手前に返すとき、毎回同じ箇所を箸で持つと、どうしてもくずれやすくなります。できるだけ違う箇所を持つよう意識してください。力の入れすぎにも気をつけて。

鍋を動かしながら、勢いをつける

できあがりの形がぺしゃんこになった

巻きすで整えるときれいに仕上がりますが、ゆるく巻いたり、上からぎゅっと押さえてしまってはだいなし。巻きすを卵にしっかり巻きつけ、横から押さえるようにします。

巻きすと卵に隙間がないように

だし巻き卵

01 ボウルに、関東風卵焼きと同じように卵を割り入れる。Ⓑを加える。

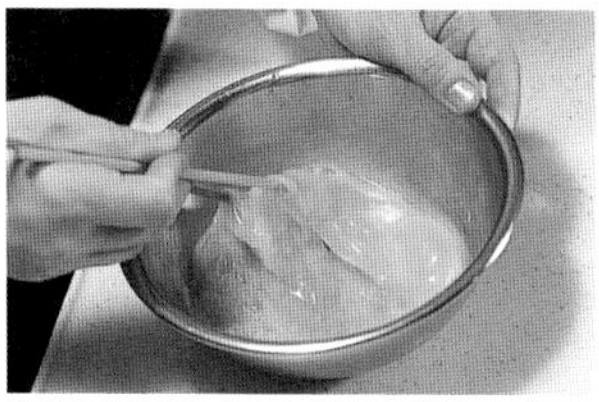

02 菜箸の間を少し離して持ち、なるべく泡立てないよう、切るようにして混ぜ合わせる。

03 目の細かいざるをボウルに重ね、卵液を流し込み、こす。

04 関東風厚焼き卵と同じ手順で焼く。焼き目をつけないように仕上げ、形を整えて大根おろしを添える。

10 卵液を卵焼き器全体に広げる。最初に焼いた卵を箸で持ち上げ、その下にも流し込み、半熟まで火を通す。

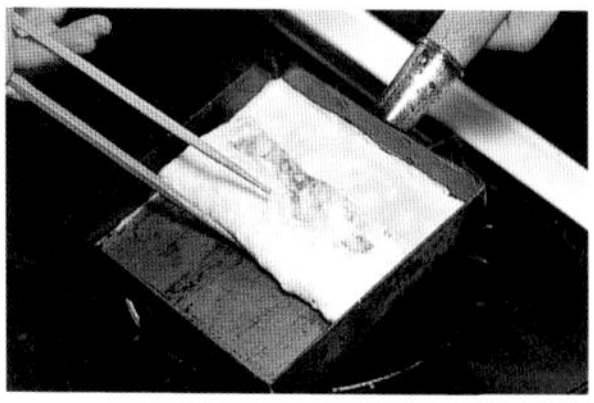

11 一度目に焼いた卵に巻きつけるよう、奥から手前にたたむ。※半熟の状態で巻くと、食べたときにふわふわの口当たりに。

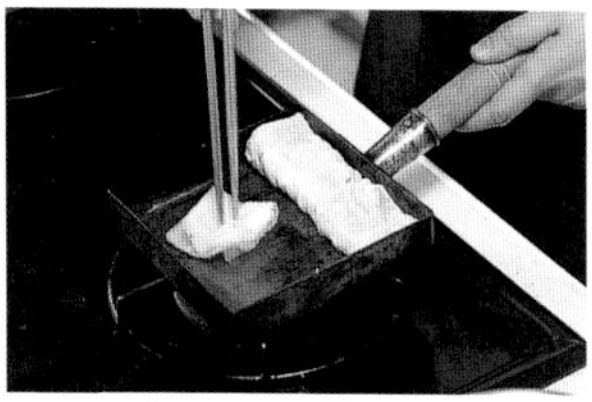

12 09～11をあと2回繰り返す。※火が強すぎると焦げ目がつきすぎてしまうので注意を。

13 卵の表面に焼き目がこんがりついたら、広げた巻きすの上にのせる。

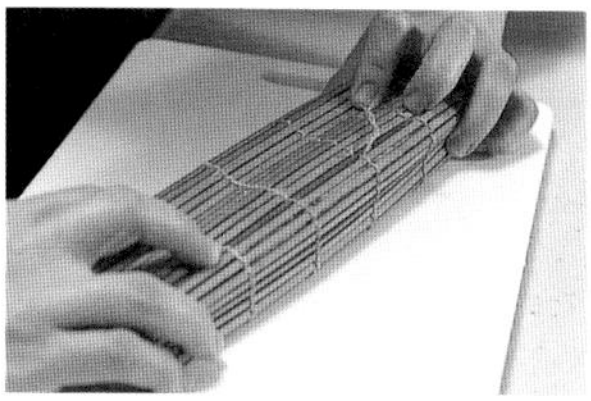

14 ぴったりと巻き、人差し指と中指で上部を平らに押さえつつ、残りの指でサイドを押さえ、形を整える。大根おろしを添える。

和食のコツとポイント ⑩

料理をおいしく見せる、薄焼き卵

料理は味だけでなく、見た目の華やかさも大切です

錦糸卵

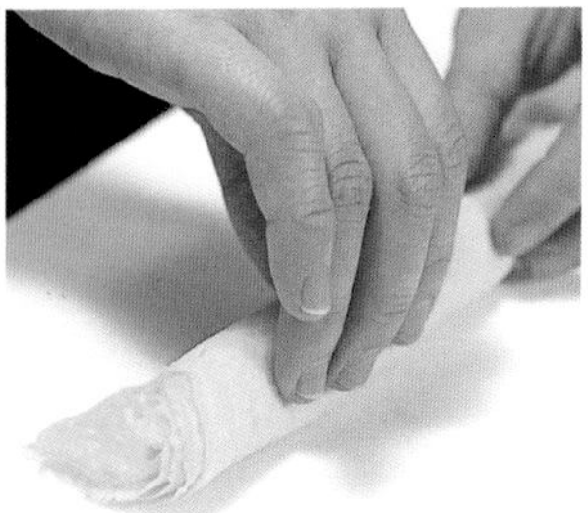

①薄焼き卵が手で触れるくらいに冷めたら、まな板に1枚ずつ移し、端からクルクルと巻く

②巻いた向きに対して直角にカットする。1〜2mm幅に細く切り、切り終わったものは手でほぐす

薄焼き卵

①ボウルに卵を割り入れる。卵白部分にかかるように塩をふり、菜箸でよくときほぐす

こすときれいな黄色に

②卵液をざるに流し入れ、こす。一度こすと、白身と黄味がきれいに混ざり合ってなめらかになり、まだら模様にならない

③キッチンペーパーを使って、サラダ油をフライパン全体になじませる

④卵液を少し落としみて、“ジュッ”といったら、卵液を流し入れ、薄く全体に広げる。弱火にかけ、表面が乾いたら裏返す

盆ざるに置いてヨレを防止

⑤裏返して5秒置いたら、取り出す。裏返した盆ざるや皿にのせて冷ます

錦糸卵は料理に彩りを与えてくれます

焼いた卵を細く長くカットして錦糸に見立てた錦糸卵は、色みが渋い和食に明るさを与えてくれます。鮮やかな錦糸卵を作るには、薄焼き卵を美しく仕上げなければなりません。

　薄焼き卵は、均等に薄く、ムラのない仕上がりが理想的です。コツは、とき卵をこすことと、焦げやすくなるのでみりんや砂糖を加えないこと。もし、裏返すのが難しければ、卵の下に菜箸を1本差し込んで卵を持ち上げ、両手でつまんで返してみてください。破れてしまって返せなければ、フライパンをぬれぶきんの上に置いて、熱を取ってから返しましょう。多少やぶれても家庭料理なら、あまり気にする必要もありません。

　また、薄焼き卵は細く刻んで錦糸卵にするほか、寿司飯を包んで茶巾寿司にするなど、切らずに使うこともあります。

KANBUTSU 3

乾物3種

戻し時間さえ守れば難しいことはありません

ひじきの煮物

切り干し大根の煮物

高野豆腐の煮物

切り干し大根の煮物

切り干し大根の煮物

材料（2人分）

- 切り干し大根…30g
- 干ししいたけ…2個
- にんじん…1/3本（50g）
- 油揚げ…1/2枚（12g）
- Ⓐだし汁
  - …1・1/2カップ（300cc）
  - みりん、砂糖…各大さじ1
  - 濃口醤油…大さじ1・1/2
- サラダ油…大さじ1/2

01 干ししいたけは軸を下にして水に浸し、半日置く。

02 干ししいたけが戻ったら、ぎゅっと絞り、軸を落として5mm幅の短冊切りにする。

03 切り干し大根はたっぷりの水に10分浸して戻す。

04 切り干し大根が戻ったら、ざるにあけ、両手でぎゅっと絞り、余分な水分をきる。

05 油揚げは油抜きのため10秒ゆで、ざるにあげる。粗熱が取れたら、水分を取り、5mm幅の短冊切りにする。

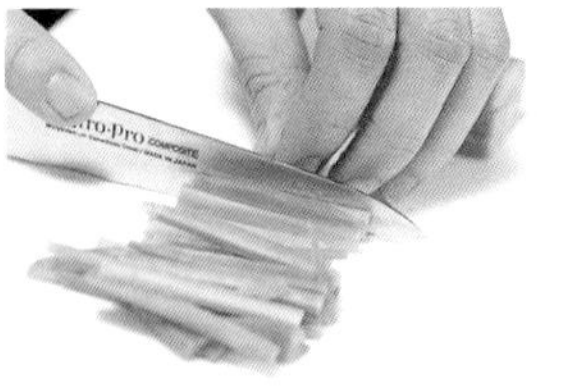

06 にんじんも5mm幅の短冊切りにする。

07 鍋にサラダ油を熱し、切り干し大根、にんじん、しいたけを中火で炒める。油分が少なくなったら具を端に寄せ、油（分量外）を足す。

08 にんじんが透き通って、具材全体に火が通ったら、油揚げを加えて炒め合わせる。Ⓐを注いで、沸騰するまで強火で煮る。

09 沸騰したら弱火にし、お玉でアクをすくい、煮汁が1/5の量になるまで約15分煮る。

ひじきの煮物

材料（2人分）

- 長ひじきまたは芽ひじき（乾燥）…15g
- 鶏むね肉…1/4枚（60g）
- 油揚げ…1枚（25g）
- にんじん…1/15本（10g）
- 絹さや…7枚（14g）
- サラダ油…大さじ1/2
- Ⓑ酒、みりん…各大さじ1/2
- Ⓒ濃口醤油、砂糖
  - …各大さじ1・1/2
  - だし汁…1/2カップ（100cc）

POINT

乾物ごとに戻す時間が変わるので注意

ひじきの煮物

01 ひじきは軽く洗ったあと、ひたひたの水に30分間浸して戻す。

02 ひじきが戻ったらざるにあげる。流水をかけながら、左右にふるようにして洗い、汚れを落とし、ぎゅっと絞る。

03 絹さやの筋を取り、両端を切り落として飾り切りにする。2分ほど塩ゆでしてざるにとり、うちわなどであおいで冷ます。

04 油揚げを10秒ほどゆで、ざるにあげる。粗熱が取れたら水気を取り、5mm幅の短冊切りにする。

05 鍋にサラダ油を熱し、1cm角に切った鶏むね肉を中火で焼く。※鶏肉同士がくっつかないよう少し離して置く。

06 鶏むね肉に軽く焼き色がついたら、短冊切りにしたにんじんを加える。にんじんが透き通ったら油揚げを加える。

07 しんなりしてきたら、じゅうぶんに水気をきったひじきを加え、炒め合わせる。

08 ひじきの香りが出てきたら、Ⓑを加えて全体を大きく混ぜる。アルコールの香りがなくなるまで炒める。

09 Ⓒを加え、落とし蓋をして汁気がなくなるまで約15分煮詰める。皿に盛って絹さやを飾る。

One More Recipe

高野豆腐の煮物

材料（2人分）

高野豆腐…4枚（60g）
絹さや…12枚（24g）
削り節…2g
Ⓓだし汁…1･4/5カップ（360cc）
　砂糖…大さじ1･1/2
　みりん、薄口醤油…各大さじ1

作り方

①高野豆腐はバットに並べ、浮き上がるまでぬるま湯をバットの端から注ぎ、30分間置く。
②押し洗いし、両手のひらではさんで絞る。白濁した水が出なくなるまで押し洗いし、4等分にする。
③高野豆腐が底一面に収まる鍋を用意し、Ⓓを煮立てる。
④②を静かに並べ入れ、落とし蓋をして弱火で約10分煮る。
⑤10分したら裏返し、削り節を入れただしパックを入れ、落とし蓋をし、さらに20分煮る。
⑥高野豆腐の煮汁を別の鍋に少し取り、筋を取ってせん切りした絹さやを2分煮る。
⑦高野豆腐を盛りつけ、絹さやとあれば木の芽をのせる。

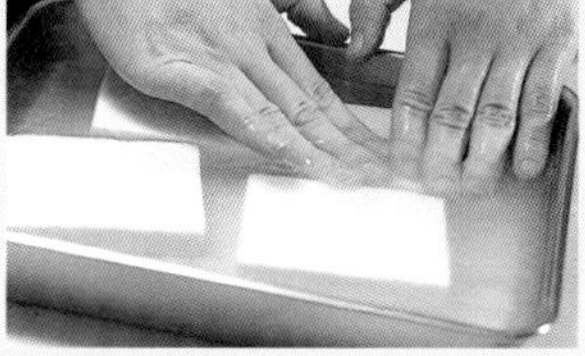

指で押して、水を吸わせて絞る

煮汁が濁らないよう、弱火で煮る

和食のコツとポイント 11

積極的に活用したい乾物

煮物はもちろん、炒め物やサラダなどアレンジ自在

干ししいたけ

水に約10時間つけて戻すと味、香りがよくなる。香信(こうしん)、冬菇(どんこ)、香菇(こうこ)がある

切り干し大根

水に30分浸して戻す。大根を乾燥させたもので食物繊維やカルシウムを豊富に含む

干しえび

水に半日浸して戻す。殻つきの場合は使う前に殻をむく。香りのよいだし汁がとれる

干しきくらげ

水かぬるま湯で約15分。枯れ木に群生するきのこを乾燥させたもの。戻すと約7倍に増える

高野豆腐

ぬるま湯に30分浸す。凍らせた豆腐を3週間程度熟成させたあと、乾燥させたもの

ひじき

約7倍に増えるのでたっぷりの水に30分浸す。茎は長ひじき、芽は芽ひじきと分ける

麩

水に20分浸して戻す。小麦粉に含まれるたんぱく質が原料。車麩、小町麩などがある

栄養バツグン&長もち 乾物はうれしいことだらけ

すぐに調理することができないためか、めんどうくさい、手がかかる…と敬遠されがちな乾物。ですが、戻し時間は、10分から長くて半日。水やぬるま湯に浸しておくだけなので、手間という手間もかからず、とても簡単です。

浸した水はだし汁として利用できる場合もあります。とくに干ししいたけ、干しえびを戻した水は、おいしいエキスがじゅうぶんに含まれているので料理にコクを出してくれます。

多くの乾物は日に当てて乾燥させるため、生の食品と比べて、食物繊維やミネラル分など大切な栄養素が豊富です。これは、太陽の光をたくさん浴びることによって、食品に含まれたミネラル、ビタミンといった栄養素が増加するため。そのうえ、保存性が高いので、常備しておくと重宝します。

GOMOKUMAME

五目豆

大豆と野菜を昆布だしでふっくら煮含めて

五目豆

材料（2人分）

大豆
…80g（水煮の場合は200g）
昆布…15cm角
にんじん…1/2本（80g）
ごぼう…1/2本（70g）
干ししいたけ…3個
こんにゃく…2/3枚（125g）
砂糖…大さじ2
Ⓐ酒、薄口醤油、みりん
…各大さじ2
酢…小さじ1/4

01 大豆を5倍の水にひと晩浸して戻す。大豆は戻ると膨れるので大きめの器を用意すること。

02 干ししいたけは軸を下にして半日水に浸して戻す。※軸を上にすると戻っても軸だけが硬いままなので注意する。

03 戻ったしいたけを手でぎゅっと握って絞り、軸を切り落とす。8mm角に切る。戻し汁はとっておく。

04 大豆は戻ったらざるにあげて水気をきる。戻し汁は捨てずにとっておく。

05 昆布は固く絞ったふきんなどでさっと表面をふき、キッチンバサミで5mm角にカットする。

06 大豆の戻し汁1カップにカットした昆布を入れ、30分浸す。※水煮の大豆を使用する場合は水に30分浸す。

07 泥つきごぼうの場合は、たわしで洗って、表面の汚れや泥を落とす。

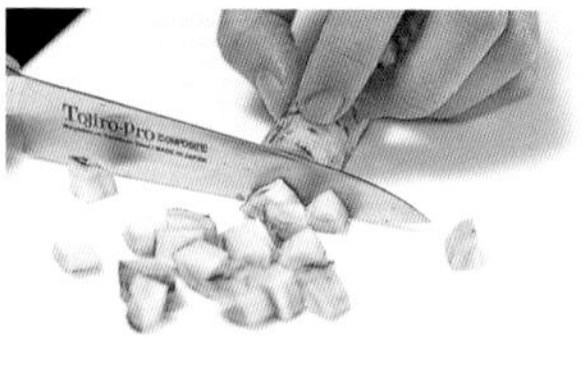

08 洗ったごぼうは8mm角のあられ切りにし、酢水にさらしてアクを抜く。

09 にんじんは8mm幅の切り目を入れ、8mm角にカットする。

10 こんにゃくも8mm角に切る。具材はなるべく大きさをそろえて切るようにする。

POINT

**大豆は
大きめの器で戻す**

**香りのある調味料は
煮込んでから加える**

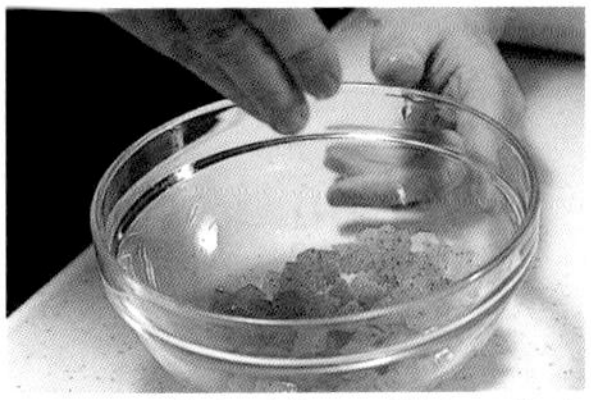

11 こんにゃくをボウルに移し、塩を全体にまぶし、10分置いて臭みを出す。水で洗い流す。

12 湯を沸かしてこんにゃくを1分ほどゆで、ざるにあげる。※アク抜き済みのこんにゃくの場合は11、12を省く。

13 鍋を用意し、昆布をつけ汁ごと注ぎ入れる。

14 続いて、大豆、しいたけ、こんにゃく、ごぼう、にんじんも加える。

15 しいたけの戻し汁をひたひたになるまで加える。

16 強火にかけて、沸騰したら中火にする。お玉でアクをすくい、水をはったボウルにアクを吹いて落とす。

17 中火のまま蓋をしないで、具材がやわらかくなるまで40分ほど煮る。

18 途中で水気がなくなり、具材が煮汁から出ていたら、水やだし汁、残りの戻し汁を加える。

19 40分たって具材がやわらかくなったら砂糖を加えて混ぜる。※水煮の大豆を使う場合は、砂糖を加える直前に鍋に入れる。

20 2～3分後Ⓐを加え、鍋底から具材を混ぜて、5分煮る。煮汁が全体に染みたらできあがり。

MISTAKE

大豆を戻したら器からあふれた

乾燥した大豆は水に浸して戻すと約2.5倍の大きさになります。小さい器に入れて戻すと、容器からあふれだし、均一に戻りません。水の量が少なすぎても戻り方にばらつきがでるので注意。大きめの器とたっぷりの水で戻すことが鉄則です。また、戻すには最低5時間かかります。完全に戻っていない豆を使うと何時間煮てもやわらかくならないので、時間がないときは水煮のものを使いましょう。

あふれるうえ戻り具合にもばらつきが

できあがりに風味が少なく豆に味がなじまない

煮込みはじめてすぐに調味料を入れてしまったのではありませんか？　具材と調味料を同時に入れるのは間違いです。豆が硬いうちに調味料を加えると豆がぎゅっとしまり、やわらかく煮えません。長い間煮込むと味が染みるような気がしますが、豆がやわらかくなってから調味料を加えた方が味がよく染みます。五目豆の場合は、はじめはだし汁と戻し汁で具材を煮込み、火を通してから調味料を加えます。

香りのある調味料は最後に加える

和食

和食のコツとポイント 12

種類と扱い方を知って豆と仲良しに

煮物のほか、あんこやきな粉の原料にもなる優良食材

大豆

一般に大豆と呼ばれるのは黄大豆のこと。味噌、醤油、納豆と加工品も多い

青大豆

大豆の一種で色が緑色。きな粉の原料。青豆、浸し豆と呼ばれることもある

黒豆

黒い大豆のことで、煮豆はおせち料理でおなじみ。京都の丹波黒豆が最高級品

小豆

日本には赤小豆と白小豆があるが、小豆というと赤小豆を指すことがほとんど

白花豆

本来はいんげん豆の仲間ではないが、扱い方はいんげん豆類とほぼ同じ

金時豆

いんげん豆の中で赤紫色のものを金時豆と呼ぶ。代表的な品種は大正金時

うずら豆

いんげん豆の一種。うずらの卵のような模様が特徴。甘納豆、煮豆に使われる

健康食品として注目される豆を手軽に

日本人にとって、もっとも身近な豆といえば大豆です。「畑の肉」と呼ばれ、長く日本人の重要なたんぱく源となってきました。大豆加工品を挙げてみても、豆腐、醤油、味噌と和食には欠かせないものばかり。動物性たんぱく質に比べてカロリーが低く、カルシウムやビタミンBが豊富なため、現在では、健康食品として見直されています。大豆というと黄色い豆を想像しますが、厳密にいうとこれは黄大豆。青大豆や黒豆も大豆に含まれます。大豆以外の代表的な豆類にはいんげん豆、小豆などがあります。

大豆は水にひと晩浸して戻しますが、小豆は洗ったあとゆでて戻します。また、いんげん豆類は皮が硬いため、ひと晩水に浸してさらにゆでます。最近では、すぐに使える水煮缶もあるので、時間のないときはこちらを利用してもいいでしょう。

KOBACHI 3

小鉢3種

メインにはならないけど、不可欠な一品

ほうれん草の
おひたし

きんぴらごぼう

菊花和え

きんぴらごぼう

きんぴらごぼう

材料（2人分）

ごぼう…1/2本（70g）
にんじん…1/15本（10g）
豚ロース肉…15g
赤唐辛子…1/4本
サラダ油…大さじ1/2
ごま油…小さじ1
Ⓐみりん…大さじ1/4
　酒、濃口醤油、砂糖
　…各大さじ1/2

01 赤唐辛子は種を取り、10分ほど水に浸す。※水に浸さないと輪切りにしたとき割れてしまう。

02 赤唐辛子がやわらかくなったら、約2mm幅の輪切りにする。

03 ごぼうは泥つきの場合たわしで洗う。細切りにし、切ったはしから酢水にさらしてアクを抜く。

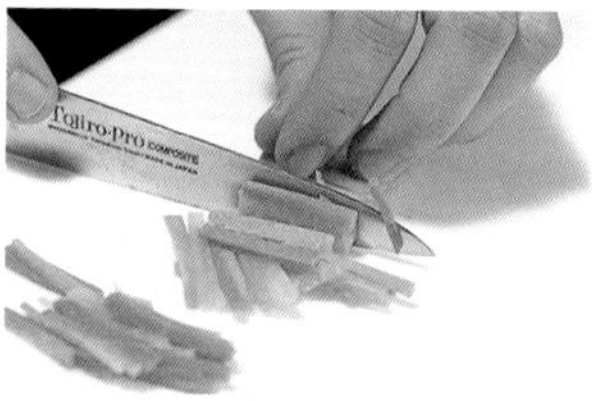

04 にんじんは細切りにする。なるべくごぼうと大きさを合わせるようにする。

05 豚ロース肉は5mm幅に切り、棒状に切る。

06 鍋を温め、手をかざして熱いようならサラダ油を入れ、ごぼうとにんじんを炒める。透き通ったら豚ロース肉を加えて炒める。

07 鍋底が焦げてきた場合は、少量の水を足す。7〜8分炒め、全体に油が回ってしんなりしたらⒶを加えて混ぜる。

08 続いて赤唐辛子も加え、大きく炒め合わせる。

09 仕上げに、香りづけのごま油を垂らす。皿に盛り、好みで白ごまをふる。

菊花和え

材料（2人分）

菊の花…2輪（20g）
春菊…1束（80g）
しめじ、えのき
…各1/2パック（各50g）
酒…大さじ1
Ⓑだし汁…大さじ2
　薄口醤油、砂糖
　…各大さじ1
　酢…大さじ3
ゆず…1個（皮少々）
削り節…3g

POINT

青菜はあおいで冷ます

菊花和え

01 湯を沸かして酢少々（分量外）を落とす。ほぐした菊の花びらを5秒ほどさっとゆで、氷水にとり、手で絞る。

02 春菊は塩ゆでする。軸の方から湯に入れ、しんなりしたら全体を潜らせ、盆ざるに広げる。うちわなどであおいで冷ます。

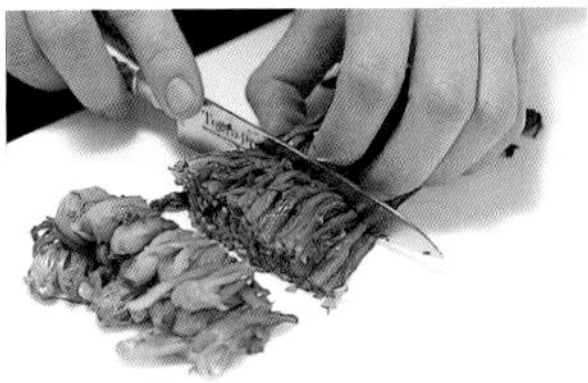

03 春菊を絞り、じゅうぶんに水気をきる。まな板にのせ、縦に切り目を入れて株を分け、3cm長さにカットする。

04 しめじは石づきを落として手で小房に分ける。食べやすいよう、長いものは半分ほどの長さに切る。

05 えのきは軸を切り落とし、竹串2本を使ってほぐし、半分の長さに切る。

06 鍋に酒としめじ、えのきを入れて火にかけて、酒煎りする。しんなりしたら取り出し、バットに広げて冷ます。

07 P92を参考に、Ⓑと削り節で土佐酢を作る。

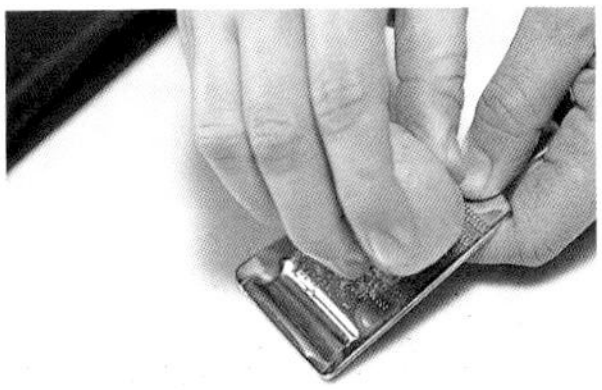

08 ゆずの皮をすりおろす。※白い部分が見えるまでけずると苦みが出るので、広範囲に薄くすりおろす。

09 菊の花、えのき、しめじ、春菊を土佐酢で和え、08を散らす。変色するので盛る直前に和えること。

ONE MORE RECIPE

ほうれん草のおひたし

材料（2人分）

ほうれん草…1/2束（100g）

Ⓒ濃口醤油、だし汁
…各大さじ1
酒…大さじ1/2

削り節…小さじ1/5

作り方

❶ほうれん草は調理前に水につけておき、シャキッとさせる。

❷ほうれん草をふり洗いして砂を落とし、たっぷりの湯で塩ゆでする。熱湯に軸をつけゆっくり10秒数え、全体を落とす。

❸1分ほどして、軸を2本の指で押さえてみて、やわらかくなったら盆ざるにあげる。すぐにうちわであおいで冷ます。

❹Ⓒを混ぜ、たれを作る。

❺❸が完全に冷めたら巻きすで包み、上から下に全体をぎゅっと押さえて水気をきる。

❻軸に切り目を入れて株を分け、3cm長さにカットする。皿に盛り、削り節と❹をかける。

ほうれん草はまず軸からゆでる

巻きすを使うと絞りやすい

和食のコツとポイント⑬

レパートリーが広がる合わせ酢いろいろ

二杯酢と三杯酢だけでも覚えておいて損はなし

二杯酢

材料　酢1/2カップ（100cc）／みりん小さじ2／濃口醤油大さじ2

作り方　ボウルに、酢、みりん、濃口醤油を合わせる。魚介類を和えて酢の物にしても、焼き魚にかけてさっぱり食べてもいい

三杯酢

材料　酢大さじ3／だし汁大さじ2／砂糖、濃口醤油各大さじ1

作り方　ボウルに、酢、だし汁、砂糖、濃口醤油を混ぜ合わせる。ところてんのたれ、酢の物に。とろみをつければ中華風のあんにも使える

甘酢

材料　酢大さじ6／砂糖大さじ3／塩小さじ1/6

作り方　ボウルに、酢、砂糖、塩を混ぜ合わせる。塩をまぶした大根とにんじんと和えてなますに、もやしの塩ゆでを和えてもおいしい

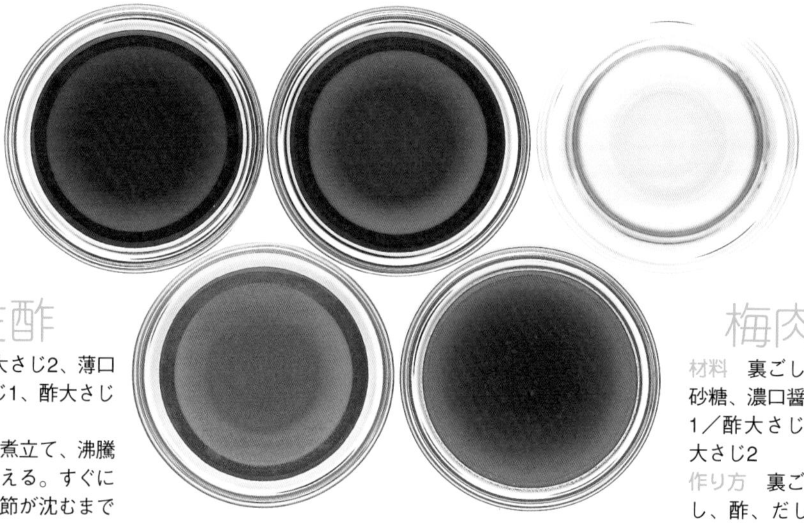

土佐酢

材料　Ⓐ{だし汁大さじ2、薄口醤油・砂糖各大さじ1、酢大さじ3}／削り節3g

作り方　Ⓐを鍋で煮立て、沸騰したら削り節を加える。すぐに火を止めて、削り節が沈むまでしばらく置き、ざるでこす。菊花和えの調味料として使うほか、揚げ魚ともよく合う

梅肉酢

材料　裏ごしした梅干し、砂糖、濃口醤油各大さじ1／酢大さじ3／だし汁大さじ2

作り方　裏ごしした梅干し、酢、だし汁、砂糖、濃口醤油を混ぜ合わせる。白身魚の刺身のつけだれなどに

あともう一品…というとき覚えておくと便利

合わせ酢を覚えておくと、あと一品足りないというときにとても助かります。とくに、三杯酢と二杯酢は基本です。三杯酢に裏ごしした梅干しを加えて梅肉酢に、削り節を加えて土佐酢にと応用がきき、合わせる料理によって醤油の量を調節することもできます。

もともと、二杯酢は酢と濃口醤油を、三杯酢は酢、濃口醤油、砂糖を1対1の割合で合わせることからこの名前が付きました。ですが、そのままだと味が濃すぎるので、だし汁やほかの調味料をプラスして、味をまろやかにするのです。

きゅうりを二杯酢や三杯酢で和えれば、酢の物ができますが、ひと手間かけて酢洗いすると、なじみがよくなります。酢洗いとは、食材に酢をかけたり、同量の水と合わせた酢にくぐらせる下処理のことです。

AEMONO 3

和え物3種

すり鉢、すりこぎの使い方はここでマスター

五目白和え

五目白和え

材料（2人分）

木綿豆腐…1/3丁（100g）
生しいたけ…1個（15g）
にんじん…1/8本（20g）
こんにゃく…1/5枚（40g）
銀杏…6個（9g）
絹さや…6枚（12g）
白ごま…大さじ1
Ⓐだし汁
　…1・1/4カップ（250cc）
　薄口醤油、砂糖
　…各小さじ1
Ⓑ薄口醤油…小さじ1
　塩…少々
　砂糖…大さじ1・1/2

01 木綿豆腐はキッチンペーパーに包み、まな板などで重しをして、20〜30分間（重量が2/3になるまで）置いて、水気をきる。

02 銀杏は、尖った部分を金づちで叩き殻をむく。鍋に入れ、ひたひたの湯を注ぎ、お玉の裏でクルクルと転がし、薄皮をむく。

03 絹さやは筋を取り、3〜4mmの幅に、生しいたけは軸を落として4〜5mm幅に、にんじんは3〜4mmの幅の短冊切りにする。

04 こんにゃくは短冊切りにして塩をふる。水分が出たら洗い、30秒ほどゆで、盆ざるにあげる。※アク抜き済みの場合は切るのみ。

05 鍋にⒶ、にんじん、生しいたけ、銀杏、こんにゃくを入れ、中火で約3分煮る。野菜に火が通ったら、絹さやを加えて煮る。

06 約2分して、絹さやがやわらかくなったら具材をすべてざるにあげる。水分をきりながら、うちわなどであおいで冷ます。

07 白ごまを煎り、すり鉢でする。木綿豆腐をくずしながらすり鉢に加え、すり合わす。

08 すり鉢にⒷを加えてすりこぎで混ぜる。よく混ざったらざるにあげた具材を加え、ゴムべらで和える。

いんげんのごま和え

材料（2人分）

いんげん…大16本（100g）
白ごま…1/2カップ
Ⓒ濃口醤油…大さじ2
　砂糖、みりん、だし汁
　…各大さじ1

POINT

すり鉢とすりこぎの使い方を完璧に

いんげんのごま和え

01 いんげんは4分塩ゆでする。切って食べてみて、歯ごたえがほくほくしていれば盆ざるにあげ、あおいで冷ます。ななめに2等分する。

02 別の鍋に白ごまを入れて強火にかける。鍋が熱くなったら弱めの中火にして、鍋を回しながらじっくり煎り、香ばしくする。

03 白ごまをすり鉢に移し、する。すり鉢の下に絞ったぬれぶきんを置くとすべりにくくなる。

04 ごまの香りが出たら、Ⓒを入れて、すりこぎで混ぜる。いんげんを加え、和える。

ONE MORE RECIPE

酢味噌和え

材料（2人分）

わけぎ…1/2束（50g）
ゆでだこ…1/3本（60g）
はまぐり…6個
塩蔵わかめ…30g
粉がらし…小さじ1/3
湯…小さじ1/6程度
Ⓓ白味噌…大さじ1
　砂糖…大さじ1/2
Ⓔ酢、みりん…各大さじ1

作り方

❶わけぎは2等分にして軸から10秒ほどゆでる。盆ざるに広げてあおぎ、冷めたら、先端を切って包丁の背でしごき、ぬめりを出す。3cmの長さに切る。
❷はまぐりはラップをして電子レンジで1分30秒加熱し、口が開いたら身をはずす。
❸ゆでだこは、5〜7mmの幅に薄切りにする。
❹塩蔵わかめは水でふり洗いし、水気をきり2〜3cmに切る。
❺粉がらしは湯でとき、逆さにしてしばらく置き、辛みを出す。Ⓓとすり鉢に入れ、すりこぎで混ぜる。
❻Ⓔを加えて混ぜ、❶〜❹を加えて和える。

わけぎは軸からゆでる

盛りつけ直前に和えること

MISTAKE

ゆでた具が水っぽくてうまく和えられない

いんげんをゆでたあとすぐに冷ますと色が鮮やかに。ただし、冷水に落とすと水っぽくなり、うまく和えられません。いんげんに限らず、ゆでた野菜はざるなどに広げてあおいで冷ましょう。また、少ない量の湯でゆでると、均等に火が通らず、アクがまわり茶色っぽくなってしまいます。

水に落とさずにあおいで冷ます

ゆでる湯はたっぷりの量を用意

すりこぎでするときなんだかすりづらい

ごまをするにはコツが必要です。すりこぎを両手で握ってしまうと、先端が鉢の中で滑ってすれません。片方の手のひらをすりこぎの上に当てるようにし、ここを支点として回すように動かすと、力を入れなくても均等にすれます。また、鉢の下にぬれぶきんを敷くと安定します。

強く握るとムダな力が入ってしまう

和食のコツとポイント 14

野菜をゆでる理由を覚えておきましょう

食材ごとにゆで方も変わるので正しく下処理を

塩を加えてゆでる
→ 緑色の野菜は、塩ゆですると色がより鮮やかになる

米を加えてゆでる
→ えぐみを取り、変色を防止する。とぎ汁でゆでてもよい

酢を加えてゆでる
→ 切り口が変色しやすい野菜やカリフラワーを白くする

水からゆでるもの

ごぼう、れんこん、さつまいもなど、中まで火が通るのに時間がかかる根菜類は、必ず水からゆでる

均等に火を通すには…

葉野菜は、まず軸に十字に切り目を入れる。軸だけ先に湯につけて、ゆっくり10秒数えたら、全体を湯に沈め、ムラなくゆでる

湯からゆでるもの

ほうれん草や白菜、キャベツなど、火がすぐに通る葉野菜は、沸かした湯に落としてさっとゆで、手早く冷ます

クセやアクを抜くのに下ゆでは欠かせません

野菜の下ゆでには、ふたつの意味があります。ひとつは、アクを抜くため。たとえばほうれん草には、えぐみのもととなるシュウ酸が含まれていますが、ゆがくことによって、シュウ酸を追い出すことができます。

もうひとつは、ゆでることで色を鮮やかにしたり、やわらかくしたりするため。ただし、ゆですぎると、野菜のうまみや栄養素を逃がしてしまいます。

野菜のゆで方は「土より下の野菜は水から、土より上の野菜は湯から」が原則。土の中で育つ根菜を湯からゆでると、中まで火が通ったころには外側が煮くずれてしまいます。そのため、水からじっくり火にかけ、外部と内部に均等に火を通します。逆に、やわらかい野菜や葉野菜を熱湯でゆでるのは、水からゆでると火が通りすぎたり、変色したりするためです。

TAKIKOMIGOHAN

きのこの炊き込みごはん

おこげを作るなら仕上げの段階で強火に！

きのこの炊き込みごはん

材料（2人分）
鶏もも肉…1/6枚（40g）
しめじ、まいたけ
…各1/4パック（20g）
にんじん…1/10本（15g）
油揚げ…1/2枚（12g）
米…1カップ（200cc）
だし汁…約1カップ（約200cc）
Ⓐだし汁…1/2カップ（100cc）
　濃口醤油、酒、みりん
　…各大さじ1
　塩…小さじ1/4
みつ葉…1/4束（4g）

01 米は洗って10分水に浸けたらざるにあげる。そのまま30分置いて、必要な水分を米に吸わせ、余分な水気をきる（P30参照）。

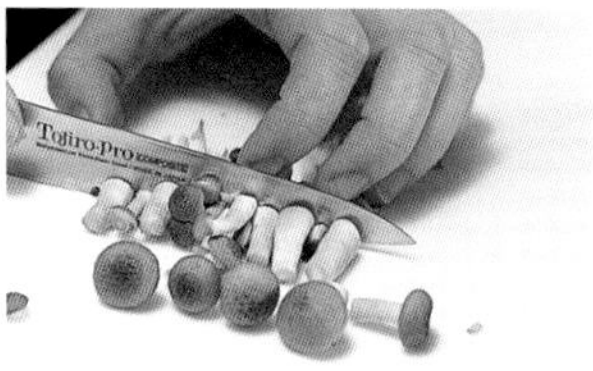

02 しめじは石づきを落として手で小房に分け、2〜3cmの長さの食べやすい大きさに切る。

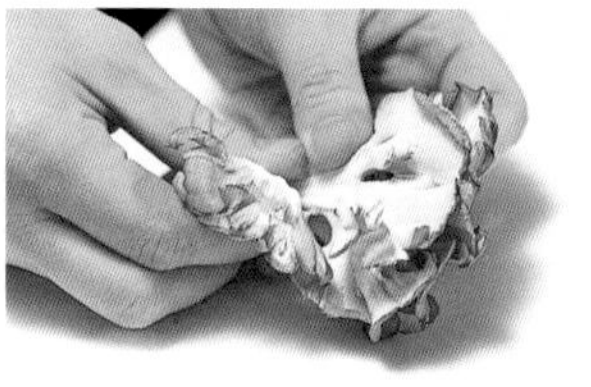

03 まいたけも食べやすいよう、手で小房に分ける。

04 にんじんは2〜3mmの厚さの輪切りにする。3枚重ねて、端から切り、2〜3mmの幅の細切りにする。

05 湯を沸かして、油揚げを10秒ほどさっとゆでる。引き上げ、盆ざるにあげて冷ます。

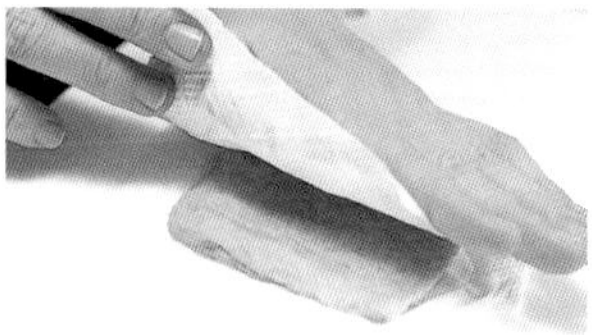

06 油揚げの粗熱がとれたら、クッキングペーパーなどで軽く包んで、手でポンポンと軽くたたき、水気をよく取る。

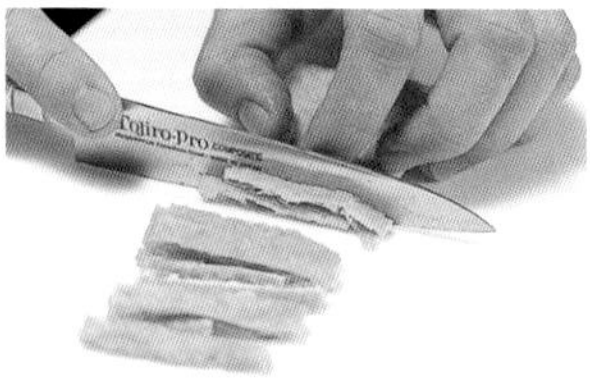

07 油揚げを5mm幅、5cm長さの短冊切りにする。

08 鶏もも肉は、できあがりが脂っこくなるので、皮をはがす。食感が悪くなるので筋も包丁で取り除く。

09 鶏もも肉を1cm角ほどの大きさのぶつ切りにする。

10 米と具材がきちんと入る鍋を用意する。鍋に、Ⓐを入れて中火にかける。

POINT

煮汁と洗い米を同量に

炊き上がったら少し蒸らす

11 すぐに細切りにしたにんじんを加えて、やわらかくなるまで3分ほど煮る。

12 にんじんを1本食べてみて、やわらかければ、鶏もも肉をほぐしながら加える。

13 鶏もも肉の色がうっすら変わり、軽く火が通ったら、しめじとまいたけ、油揚げを加える。

14 しめじ、まいたけ、油揚げに火が通るまで中火のまま、約2分煮る。

15 軽量カップの上にざるを置く。鍋を火から下ろし、ざるに鍋の中身を注ぎ、具と煮汁に分ける。

16 分けた煮汁に、だし汁をつぎ足して、洗い米と同量にする。※200ccの米は、洗うと水分を吸収し、約1.2倍の240ccになる。

17 分けた具材はもとの鍋に戻し入れる。水気をきった米も入れる。

18 続いて、16で調節した煮汁を、米と具材の入った鍋に注ぎ入れる。

19 木べらを使って鍋の中をぐるっとひと混ぜして、具材と米、煮汁をなじませる。

20 鍋に蓋をして、強火にかける。湯気が上がって沸騰したら弱火にして、10分間加熱する。

21 10分したら火を止め、みつ葉を散らし、5〜10分蒸らす。※おこげを作る場合は、火を止める直前に30秒間強火にする。

22 蓋を開け、鍋底から全体をざっくりと混ぜ合わせたらできあがり。

MISTAKE

炊き上がったご飯があまりおいしくない

米を炊く煮汁は洗い米と同じ量が必要。煮汁が少なければ硬く、多ければべちゃべちゃのご飯になってしまいます。煮汁がもし足りないようなら、だし汁や水で調節すればOK。また、炊いている途中で鍋蓋を取るとうまく炊き上がらないこともあります。

煮汁は洗い米と同量を用意

途中で蓋を開けるのは極力やめる

和食のコツとポイント⑮

炊き込みごはんはバリエーション無限大

合わせる食材と味つけ次第でいろいろ楽しめます

あっさり味＋コクが基本の組み合わせ

淡白な味わいの食材とコクのある食材は相性がいいので、一緒に炊いても失敗が少ない。たとえば、根菜やこんにゃくなどには、油揚げなどの油脂を使ったものや肉や魚を組み合わせるとよい

具材を加えるタイミング

炊きはじめ
しっかり火を通したい具材

沸騰したら
10分以内に火が通り、火を通しすぎると色や味が落ちるもの。湯気が勢いよく上がっていれば沸騰の証拠。具材を加えたらすぐに蓋をする

炊き上がり
蒸らすだけで火が通るもの

蒸らし上がり
香りのいい野菜や彩りのもの

味つけにも法則があります

いも、空豆など → 塩味

魚介類 → 酒味

こんなペアも相性よし！

親子コンビ

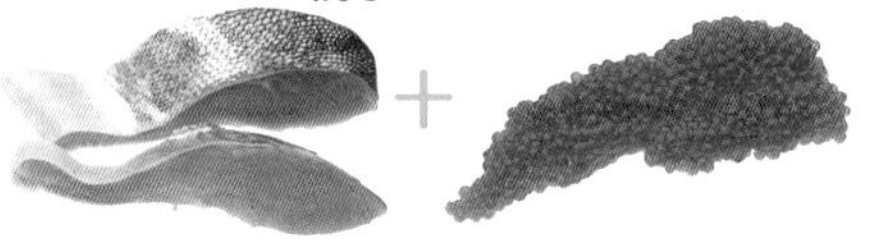

鮭といくら、鶏肉と卵といった親子の食材

魚介＋臭み消し

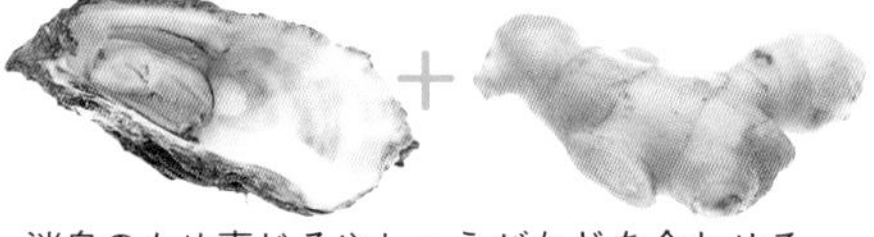

消臭のため青じそやしょうがなどを合わせる

味つけはもちろん 季節、食感も意識して

具材の組み合わせや味つけ次第で幾通りもの炊き込みごはんができます。味つけはみりん、醤油、だし汁が定番ですが、魚介類は酒をプラスして臭みを消します。魚介からおいしいだしが出るので、だし汁は加えなくても大丈夫。空豆やさつまいもといったほくほくした食感の食材は、醤油味より塩ベースにしたほうが、余分な水分が染み込まず、食感をいかせます。

具材の組み合わせはあっさり味の素材＋コクのある素材が基本です。さらに、歯ごたえのある食材を合わせて、食感にも工夫をしてみましょう。シャキシャキした絹さやと、うまみいっぱいの牛しぐれは、理想的な組み合わせのひとつです。

旬の食材を、気軽に取り入れられるのが炊き込みごはんの魅力。この法則を参考に、自由にアレンジしてください。

GYUDON & OYAKODON

牛丼&親子丼

時間がなくてもさっとできてお腹も満足！

牛丼

牛丼

材料（2人分）

牛ばら薄切り肉…160g
玉ねぎ…1/2個（125g）
しょうが…1/3かけ
にんにく…1/2かけ
Ⓐだし汁…1/2カップ（100cc）
　濃口醤油、酒…各大さじ2
　みりん…大さじ1/2
　砂糖…大さじ1
　昆布茶…小さじ1/5
万能ねぎ…2本（10g）
ごはん…400g
サラダ油…小さじ2

01 しょうがは、皮をむいてみじん切りにする。

02 にんにくはみじん切りにする。
※一度包丁の腹で潰すと、素早く細かくみじん切りできる。

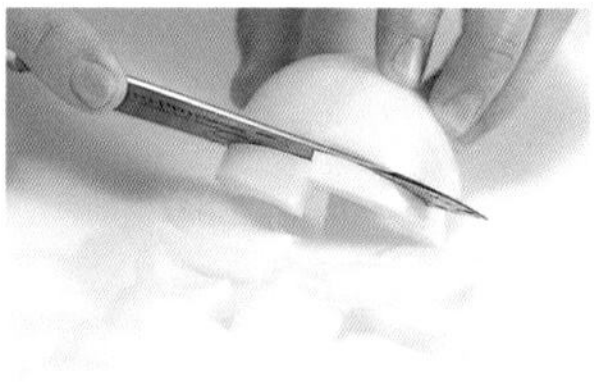

03 玉ねぎは芯を取り、外側をはがす。内側はくし型に切り、外側は長さを半分にし、さらに1～2cmの厚さにカットする。

04 牛ばら薄切り肉は4cm角にカットする。

05 Ⓐをボウルに合わせる。あらかじめ調味料を合わせておくと手早く調理できる。

06 フライパンにサラダ油を入れ、熱くならないうちににんにく、しょうがを加える。香りが出るまで中火でよく炒める。

07 香りが立ったら強火にし、牛ばら薄切り肉を入れて、菜箸でほぐしながら炒める。焼き色がついたら玉ねぎを加える。

08 玉ねぎがしんなりしたらⒶを注いで混ぜる。3分ほどして玉ねぎに火が通ったらごはんに盛り、ななめ切りにした万能ねぎをかける。

09 とろっと濃厚なつゆにしたい場合は、好みの濃度になるまでそのまま煮詰める。

親子丼

材料（2人分）

鶏もも肉…1/2枚（140g）
玉ねぎ…小1/2個（70g）
卵…3個
みつ葉…1/4束（4g）
Ⓑだし汁…1/2カップ（100cc）
　酒…大さじ2
　薄口醤油…大さじ2
　砂糖…大さじ1
ごはん…400g
サラダ油…小さじ1

POINT

鶏肉は余分な脂をふく

親子丼

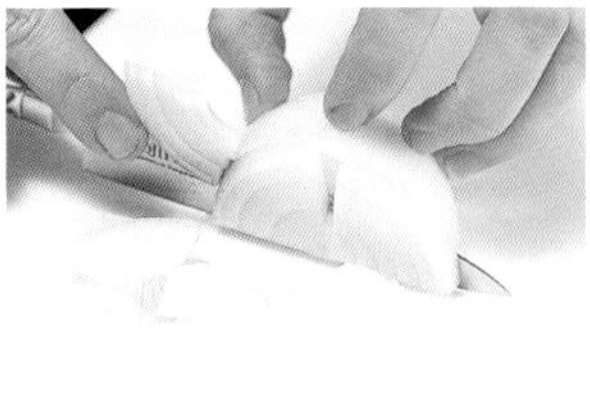

01 玉ねぎは芯を取り、長さを半分にカットして、5mmの幅にスライスする。

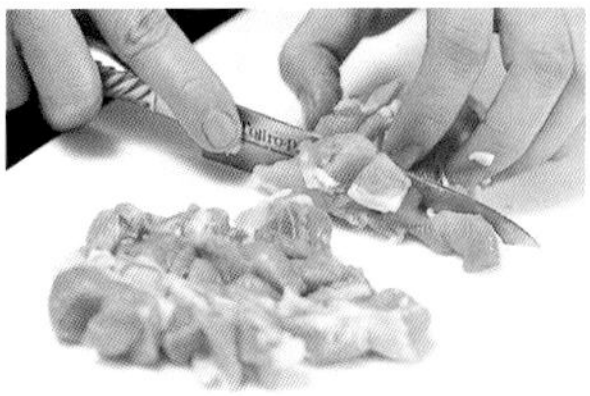

02 鶏もも肉は、裏返してみて身からはみ出した皮があれば取り除く。大きすぎると火が通りにくいので、1cm角に切る。

03 卵をボウルに割り入れ、菜箸で軽くとく。※ときすぎると卵にコシがなくなるので、混ぜすぎないようにする。

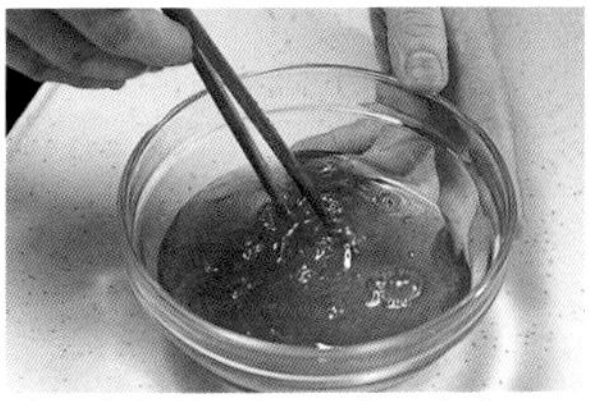

04 手早く調理できるよう、あらかじめⒷをボウルに合わせておく。

05 フライパンにサラダ油を入れ、熱くなったら鶏もも肉の皮目を下にして入れ、じっくりと弱火で焼き、余分な脂を出す。

06 鶏もも肉から出てきた脂はクッキングペーパーなどでしっかりふき取ると皮がパリっとして、ぶよぶよした感触がなくなる。

07 鶏もも肉から脂が出なくなったら、Ⓑと玉ねぎを加え、中火にして煮る。

08 鶏もも肉の色が変わって火が通ったら、とき卵を2/3程度注ぐ。※一度に全部注ぐと、とろとろに仕上がらないので注意する。

09 すぐに蓋をして、1分30秒ほど火を通す。

10 蓋を取り、卵に火が通っていたら4cm長さに切ったみつ葉を散らし、残りのとき卵を回しかける。

11 火を止めて再び蓋をし、15秒ほど蒸らす。へらを使ってごはんの上に盛りつける。

MISTAKE

親子丼の卵がとろとろになりません

卵を流し入れたら、蓋をしないと表面の卵に火が通りにくくなり、余分に火にかけてしまいます。また、とき卵の注ぎ方にも気をつけて。最初に2/3の量を加え、火が通ったら残りを加えて蒸らすようにすると、ふわふわとろとろの親子丼になります。

卵を注いだら蓋をしないとダメ

卵を一度に入れるのは失敗のモト

和食のコツとポイント ⑯

和食の万能選手めんつゆの作り方

だしがきいてるめんつゆはいろんな和食にマッチします

焼きうどんに

にんにく、しょうが、チャーシュー、好みの野菜や海鮮を炒め、うどんを加える。めんつゆ、塩、胡椒で調味

きんぴらに

豚こま切れ肉、れんこん、赤唐辛子、桜えびをごま油で炒め、めんつゆを少しずつ加えながら炒める

照り焼きに

フライパンにサラダ油を熱してぶりを焼く。めんつゆを加え、照りが出るまで煮からめる

しぐれ煮に

しょうがのせん切り、ささがきにしたごぼうを炒める。牛切り落とし肉を加え、めんつゆで煮からめる

材料

みりん1/2カップ(100cc)／Ⓐ{だし汁1･1/2カップ(300cc)、濃口醤油1/2カップ(100cc)、砂糖大さじ1}／削り節5g

作り方

みりんを煮きり、Ⓐを加えて沸騰したら削り節を入れる。再沸騰したら火を止め、しばらくしたらこす

めんつゆひとつで煮物、丼ものと大助かり

上のめんつゆは、ざるそばのつけつゆにするとちょうどいい濃さ。温かいそばのかけつゆとして使うときは、2倍の水で薄めてください。保存は冷蔵で2～3日、冷凍で2～3週間です。

自家製めんつゆは、だしがしっかりきいていて、かつおの風味が口いっぱいに広がります。そばのつけつゆだけでなく、焼いたもち、おひたし、冷奴にかけたり、湯豆腐や鍋物のつけだれにしたりと醤油やポン酢と同じ感覚で活用できます。

調味料の代わりに、和食の煮汁や丼のたれとして使うこともできます。あらかじめ調味料にだし汁が合わさっているので、だしをとる手間が省けます。そのうえ、めんつゆさえ上手にできれば、味つけの失敗もありません。そばを食べた日は、残っためんつゆを煮物に丼におおいに使いましょう。

CHIRASHI-ZUSHI

ちらし寿司

色とりどりの具材を散らしてにぎやかに

ちらし寿司

材料（2人分）

うなぎの蒲焼き…1/2尾
ゆでだこ…1/4本（40g）
えび…4尾（60g）
絹さや…10枚（20g）
いくら…大さじ2
煎りごま…大さじ1
のり…適量
卵…2個

寿司飯の材料

米…2カップ
昆布…5cm幅8cm長さ
Ⓐ塩…6g
　砂糖…20g
　酢…大さじ2・2/3

酢ばすの材料

れんこん…1/4節（40g）
Ⓑ酢…大さじ3
　砂糖…大さじ2/3
　塩…小さじ1/4

鯛のおぼろの材料

鯛…1切れ（100g）
塩…1g小さじ1/6
Ⓒ酒…大さじ3
　砂糖…大さじ2

しいたけの甘煮の材料

干ししいたけ…4個
Ⓓ砂糖…大さじ1・1/2
　薄口醤油…大さじ1/2

01 米はといで10分水に浸けたらざるにあげ、そのまま30分置いて、余分な水気をきり、必要な水分を吸収させる。（P30参照）

02 干ししいたけは軸を下にして水に半日浸す。※軸を上にして浸すと、半日たっても軸が硬いままなので注意すること。

03 寿司酢を作る。Ⓐを合わせ、昆布を入れる。昆布が2倍にふくらむまでそのまま30分置く。※昆布が浸らなければ半分に折る。

04 酢ばすを作る。れんこんはさっとゆでて水にとり、皮をむく。※れんこんは一度ゆでると皮がむきやすくなる。

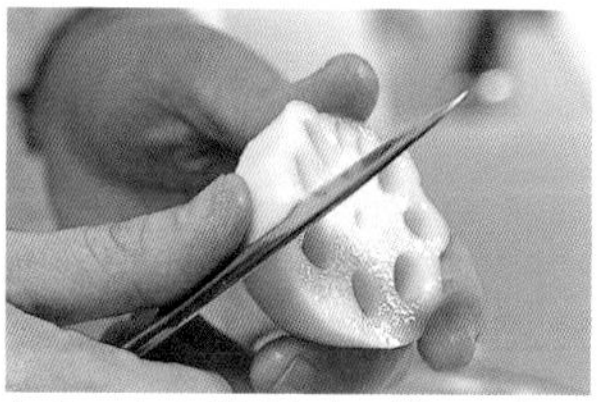

05 れんこんの側面を穴に沿って切り取り、花型にする。縦半分に切り、3〜4mm幅にスライスし、酢水にさらす。

06 鍋にⒷを入れて中火にかけ、湯気が上がってきて温かくなったらスライスしたれんこんを入れ、2〜3分ゆでて、そのまま冷ます。

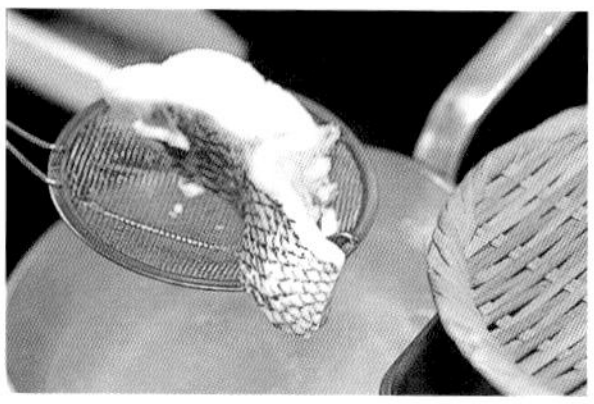

07 鯛のおぼろを作る。湯を沸かして鯛を約5分ゆでる。身がチリッとして火が通ったら取り出し、ざるにのせて粗熱を取る。

08 鯛の皮をはがし、大きな骨をつまんで抜く。手で身を細かくほぐし、小さな骨があればほぐしながら取り除く。

09 Ⓒとともに鯛を鍋に入れ、中火にかける。木べらで軽く混ぜながら、塩をふる。塩は鯛の塩分をみて調節する。

10 焦げつかないよう鍋を火から下ろしたり、火を弱めたりして、鯛がぽそぽそになるまで約5分混ぜる。

11 しいたけの甘煮を作る。しいたけはぎゅっと絞って、Ⓓとともに鍋に入れ戻し汁をひたひたになるまで加え、中火にかける。

12 約20分蓋をして煮込む。しいたけが完全に煮汁を吸ったらOK。

13 しいたけを取り出し、3～4mmの幅にスライスする。半量はごはんにまぶすため、さらに細く刻む。

14 絹さやは種が並んでいる方の筋を取り、塩ゆでする。10秒ほどゆでて、色が変わったら盆ざるに取って、あおいで冷ます。

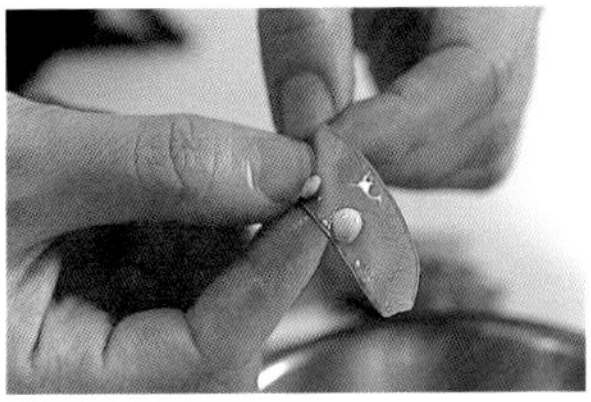

15 絹さやの粗熱が取れたら細切りにする。※開いて中の種を取り除いてから切ると食感がよくなる。

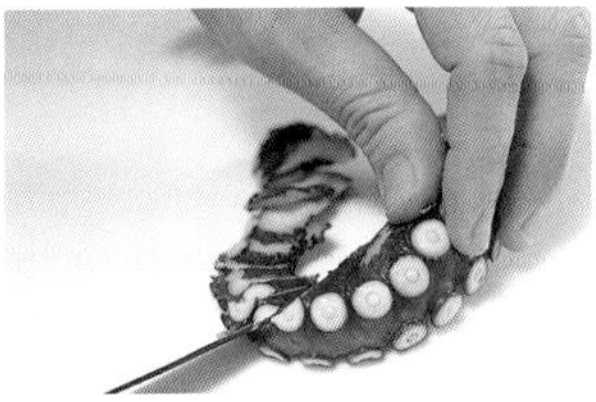

16 ゆでだこは、包丁をななめに入れて、ギザギザと波打つように動かし、そぎ切りにする。

17 えびは背わたを取り、丸まるまで塩ゆでしてざるにあげる。冷めたら殻をむく。尾はつけ根を持って殻だけを取るようにする。

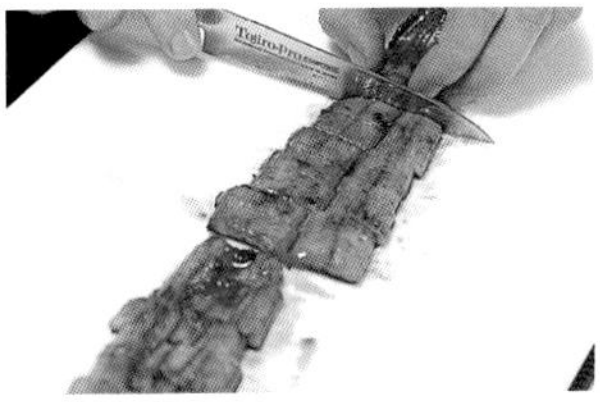

18 うなぎの蒲焼きは1cm幅に切る。半量はごはんにまぶすため、さらに細く刻む。

19 P80を参考に、卵を使って錦糸卵を作る。

20 ごはんを炊く。洗い米と同量の水を鍋に入れて蓋をし、強火にかける。沸騰したら弱火にし、10分加熱し、火を止めて10分蒸らす。

21 寿司飯を作る。ごはんが炊けたら大きめのボウルに入れる。先ほど作った寿司酢から昆布を取り、注ぐ。

22 ごはんをうちわであおぎながらさらっとするまで切るように混ぜる。

23 寿司飯に煎りごまと鯛のおぼろ、細く刻んだうなぎの蒲焼きとしいたけの甘煮を入れ、練らないように混ぜる。

24 ざっくり混ざったら、皿に盛り、3mmほどの幅に刻んだのりを全面に散らす。

25 金糸卵を散らし、いくら、酢ばす、ゆでだこ、えび、絹さや、残りのうなぎの蒲焼きとしいたけの甘煮、あれば木の芽を散らす。

和食のコツとポイント 17

酢を上手に使い分けてレベルアップ！

酢にはまろやかな穀物酢と香りがよい果実酢があります

1 米のみで作られたものは純米酢と呼ぶ 2 米や玄米をねかせて熟成発酵させた酢。褐色が特徴 3 泡盛を蒸留した際に出るもろみが原料 4 りんご果汁が主原料の酢 5 果実酢の一種。イタリア、モデナ地方の特産で煮詰めたぶどうが原料 6 赤ワインから作られ、ポリフェノールも含有 7 ドレッシングや白いソースなどに 8 シェリー酒を酢酸発酵させたもの

原料が多彩なお酢は使い道もいろいろ

酢には、醸造酢と合成酢があり、現在流通している食酢の99%が醸造酢です。さらに、醸造酢は原料によって、穀物酢と果実酢に分けられます。穀物酢の中でも、もっともポピュラーなのが米酢。1リットルに対して40g以上の米を使ったものを指し、和食全般に使います。

果実酢は、果汁が主原料の食酢です。果汁を酢酸発酵させたもので、りんご酢やぶどう酢が代表的です。ワインを酢酸発酵させたワインビネガーはぶどう酢に含まれます。ちなみに、バルサミコ酢やシェリービネガーもワインビネガーの一種。一般のワインビネガーと違って熟成させるため、酸味がまろやかで、熟成期間が長いものほど高級とされています。果実酢は、芳醇な香りをもつものが多いので、ドレッシングやソースに使って風味よく仕上げます。

UDON

うどん

足で踏んでコシを出す、なかなか楽しい作業です

関東風うどん

関西風うどん

関西風うどん

関西風うどん

材料（2人分）

中力粉…150g、塩…7g
とき卵…大さじ1
水…約1/3カップ（65cc）
油揚げ…1枚（25g）
万能ねぎ…3本（15g）
Ⓐだし汁…1/2カップ（100cc）
　砂糖…大さじ2
　濃口醤油…大さじ1
Ⓑみりん、薄口醤油
　…各大さじ2
　だし汁…3カップ（600cc）
削り節…5g

関東風うどん

材料（2人分）

中力粉…150g、塩…7g
水…約1/3カップ（70cc）
卵…2個
かまぼこ…1/5切れ（30g）
ほうれん草…1/6束（30g）
ねぎ…1/4本（25g）
Ⓒみりん、濃口醤油
　…各1/4カップ（50cc）
　砂糖…大さじ1
　だし汁…3カップ（600cc）
削り節…3g

01 生地を作る。塩を水でとかし、中力粉を入れたボウルにとき卵とともに入れ、フォークで混ぜる。

02 生地が合わさったら、台の上に取り出し、手でこねる。1/6ずつ回転させながらこね、なめらかになったら厚手のビニール袋に入れる。

03 床に布を敷き、ビニール袋をのせ、上に布をかぶせて足で踏む。

04 踏みながら、かかとを中心に体を回転させ、生地を外に広げるように丸く伸ばす。

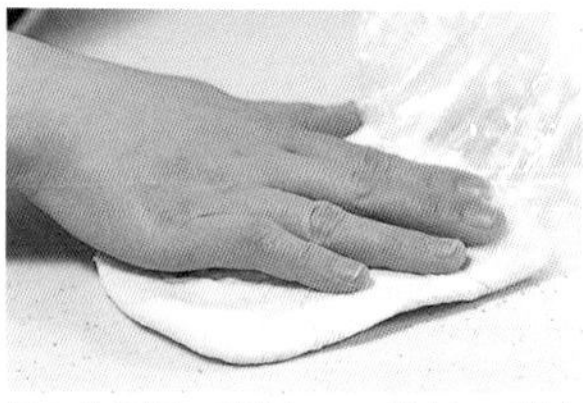

05 約2分両足で踏んで、生地に弾力が出ればビニール袋から取り出す。生地が袋にはりついていたら打ち粉をする。

06 上下を折り、両サイドも折って重ねる。再びビニール袋に入れ、同じように2〜3分足踏みし、1時間ほど生地をねかせる。

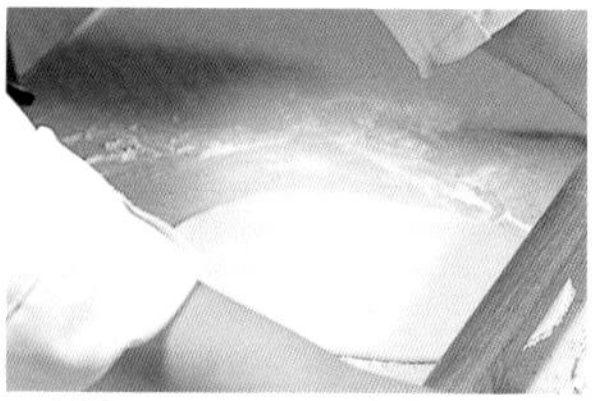

07 1時間ねかせたら、生地をビニール袋から取り出す。たっぷりの打ち粉（分量外）をし、左右に均等の力を加えて麺棒を転がす。

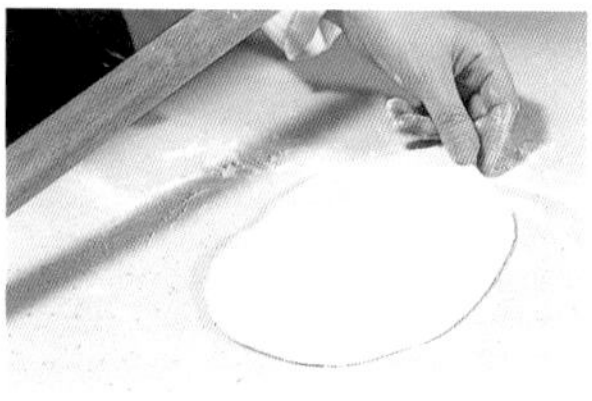

08 縦の楕円形に生地を伸ばしたら、90˚角度を変えて麺棒を転がし、2〜3mm厚さの長方形にする。

09 手前と奥の生地を中央で合わせ4つ折にする。打ち粉をしたまな板にのせ4mm幅に切り、ラップをかけておく。

10 関西風うどんつゆを作る。鍋にⒷを入れ、中火にかける。ひと煮たちしたら削り節を加え、再沸騰したらアクを取り、火を止める。

11 10分して削り節が沈んだら、ざるでこす。※沈んでから上澄みを静かにこすと透き通ったつゆができる。

12 鍋にⒶを沸騰させ、湯通しして三角に切った油揚げを入れる。再沸騰したら裏返して落し蓋をし、約10分煮る。

13 たっぷりの湯を沸騰させ、09でカットした生地を約3分ゆでる。強火にかけ、再沸騰したら水気をきる。

14 冷水でしめ湯にくぐらせ水気をきり、器に盛り、つゆをかける。12と万能ねぎの小口切りをのせる。

関東風うどん

01 塩を水でとき、中力粉を入れたボウルに加え、フォークで混ぜ、粉と水分を合わせる。

02 手でこねてなめらかになれば、厚手のビニール袋に入れ、関西風と同じ要領で足踏みして1時間ねかせ、6mm幅に切る。

03 関東風うどんつゆを作る。関西風のうどんつゆと同様、Ⓒを煮立て、削り節を入れ、沸騰したら10分ほど置いてこす。

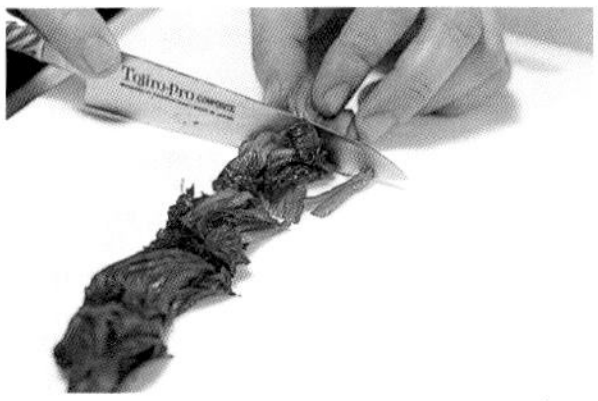

04 ほうれん草は塩ゆでする。盆ざるにあげて冷まし、水気を絞って5cmの長さに切る。

05 かまぼこは、厚みを2等分にカットし、さらに厚みを半分にする。そのとき、包丁をギザギザと動かし、切り目を波状にする。

06 ポーチドエッグを作る。03で作ったつゆを沸かし、卵を割り落とし、3分ほどゆでる。ゆでたつゆはこしてあとでうどんにかける。

07 うどんを3分ゆで、冷水でしめ、湯をくぐらせ器に盛り、つゆをかける。06、ほうれん草、ねぎの小口切り、かまぼこをのせる。

MISTAKE

生地をねかせていたら乾燥してしまった

生地はしばらくねかせて、グルテン(粉に含まれているたんぱく質＝弾力)を落ち着かせます。生地を休ませるときは、ビニール袋に入れて乾燥を防ぎましょう。

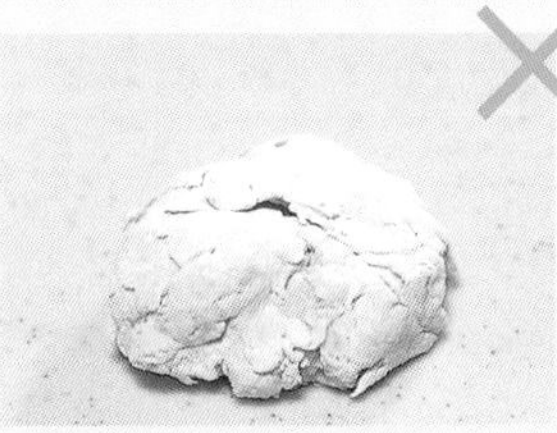

生地は覆わないとカラカラに！

和食のコツとポイント ⑱

西と東ではうどんつゆがこんなに違う

おなじうどんなのにつゆや麺は別モノなのです

関西風うどんつゆ

関東風うどんつゆ

関西風	関東風
薄口醤油 大さじ2	濃口醤油 大さじ$3\frac{1}{3}$
みりん 大さじ2	みりん 大さじ$3\frac{1}{3}$
だし汁 3カップ	だし汁 3カップ
削り節 5g	砂糖大さじ1、削り節 3g

処変われば麺も変わる いろんなつゆで味わって

うどんは、各地に郷土色豊かな麺があります。有名どころでは、コシが強い香川県の讃岐うどん、弾力のある秋田県の稲庭うどん、麺が平らな愛知県名古屋市のきしめん、のどごしのよい富山県氷見市の氷見うどんなどです。うどんは打ちたてだと、しこしこと食感がいいので、家庭で手打ちするのもおすすめです。

かけつゆもさまざまで、関東と関西を比べても色がまったく違います。これは、だしをベースに、関東風は濃口醤油で、関西風は薄口醤油で仕上げるため。また、味噌味で煮込むと味噌煮込みうどんができますし、水気をきった麺に生醤油やつけつゆをかけるとぶっかけうどん、土鍋で具材と一緒に煮ると鍋焼きうどんになります。せっかく作った手打ちうどんを、いろんなバリエーションで楽しむのもいいでしょう。

MISO SHIRU 3

味噌汁3種

具や味噌は種類いろいろ。毎日でも飽きない

しじみの赤だし汁

しじみの赤だし汁

材料（2人分）

しじみ…100g
水…1・1/2カップ（300cc）
昆布…5cm角
赤味噌…小さじ2
酒…大さじ1
万能ねぎ…2本（10g）

豚汁

材料（2人分）

豚ばら肉…60g
大根…1/30本（30g）
にんじん、ごぼう
…各1/5本（各30g）
れんこん…1/5節（30g）
さといも…1/2個（30g）
こんにゃく…1/8枚（25g）
だし汁…2カップ（400cc）
合わせ味噌…大さじ2
万能ねぎ…2本（10g）
ごま油…大さじ1/2

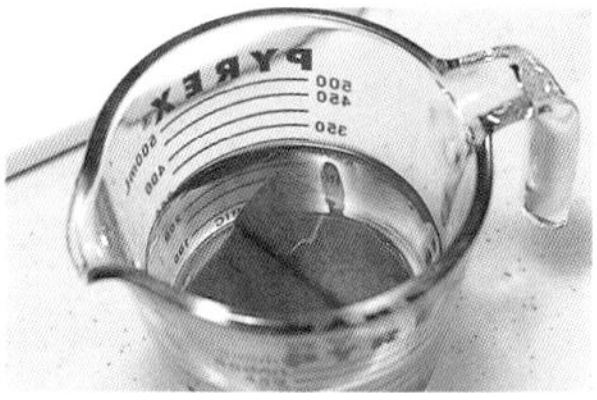

01 ふきんで昆布の表面のほこりを軽くふく。表面についた白い粉はうまみ成分なのでふきとらない。水に浸して30分以上置く。

02 しじみは、真水に浸して、2時間ほど冷暗所に置き、砂をはかせる。

03 しじみの水気をきり、塩をまぶす。両手でしじみをすくい、貝同士をこすり合わせて汚れやぬめりを落とし、水洗いする。

04 万能ねぎは2～3mmの小口切りにする。

05 昆布を浸した汁ごと鍋に入れて、中火にかける。

06 沸騰直前になったら昆布を取り出し、しじみと酒を加える。※沸騰後も昆布を入れておくとえぐみがでてしまう。

07 しじみの口が開いてきたら、アクをすくい取る。アクを取る前にひと混ぜして、貝殻の内側についたアクも浮かせる。

08 鍋にざるを重ね、ざるの中に赤味噌を落とし、泡立て器で混ぜて赤味噌をとく。器に盛り、小口切りにした万能ねぎを散らす。

POINT

味噌をとくタイミングに注意して

豚汁

01 こんにゃくは手でひと口大にちぎり、塩をまぶして約10分置く。水分が出てきたら水洗いする。

02 沸騰した湯にこんにゃくを入れて、30秒したら盆ざるにあげる。※アク抜き済みのこんにゃくの場合は01、02を省き、手でちぎる。

03 にんじん、大根、れんこんは3mm厚さのいちょう切り、豚ばら肉は2cm幅に切る。れんこんは大量の場合酢水にさらす。

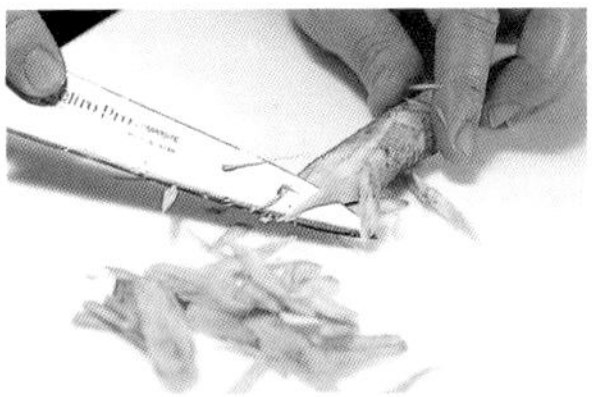

04 ごぼうは泥つきの場合たわしでこすって洗う。厚めのささがきにし、切ったはしから酢水にさらす。

05 さといもは皮をむいて5mm厚さのいちょう切りにする。水をはったボウルにつけながら表面を指で洗い、ぬめりを落とす。

06 鍋にごま油を熱し、豚ばら肉を1枚ずつ入れる。片面が焼けたら裏返し、にんじん、大根、れんこん、ごぼうを加える。

07 鍋底がうっすら色づいてくれば鍋底をこそげるように混ぜる。※じっくり炒めると野菜のうまみが出ておいしくなる。

08 しんなりしたら、さといもとこんにゃくも加える。軽く火が通ったらだし汁を注ぎ、強火にして沸騰させる。

09 沸騰したら中火にし、アクをすくって10分煮る。合わせ味噌をとき、器に盛り、万能ねぎの小口切りを散らす。

ONE MORE RECIPE

なめことほうれん草の味噌汁

材料（2人分）

なめこ…1/3パック（30g）
絹ごし豆腐…1/6丁（50g）
ほうれん草…1/20束（10g）
田舎味噌…大さじ2
だし汁…1・1/4カップ（250cc）

作り方

①ほうれん草は3cmの長さにざく切りにする。
②絹ごし豆腐は厚みを1cm幅に切り、さらに縦横に1cm幅でカットし、1cm角にする。
③湯を沸かしてなめこを落とす。ひと煮立ちしたら、なめこを冷水にとり、水気をしっかりきり、ぬめりを取る。
④鍋にだし汁を注ぐ。強火にかけ、ブクブクしてきたら中火にする。
⑤鍋にざるを重ねて、田舎味噌を落とし、泡立て器でとく。
⑥絹ごし豆腐、なめこ、ほうれん草を加え、ひと煮立ちしたら器に盛る。

ざるを重ねるとときやすい

火の通りのよい具材は最後

和食のコツとポイント 19

日本列島味噌事情

味噌は、原料、味、色合いと、地域色豊かな調味料

信州味噌

米味噌もしくは、麦味噌。色が淡く、辛口なのが特徴

越後味噌

米味噌。淡色に近く、味噌の中に米の粒が見える

仙台味噌

米味噌。赤色が濃く、塩分が12～13%と辛口

江戸甘味噌

米味噌。塩分が比較的低く、上品な甘みがある

八丁味噌

豆味噌。愛知県岡崎市の名物。辛みが強くて硬い

九州麦味噌

麦の芳香が豊かで、甘口。淡色のものがほとんど

関西白味噌

米味噌。甘口で、魚や肉の漬け床としても活躍

気候・風習によって各地で発展した味噌

味噌の分類は、原料である麹菌の種類で、米味噌、豆味噌、麦味噌に分けられます。さらに、色で赤味噌、淡色味噌、白味噌、味で辛口、甘口に分類されます。

味噌は大豆、塩、麹から作られ、麹の種類、塩分の量、配合比率、熟成期間によって味や色に違いが出ます。米どころは米味噌、関西は白味噌…と、食文化や風土に根ざした味噌が各地にあるのも特徴です。

味に深みが増すため、異なる種類の味噌を合わせることもあります。このように2種類以上の味噌をブレンドしたものを合わせ味噌といいます。たとえば味噌汁には、白味噌と赤味噌を合わせたふくさ味噌が定番。合わせる割合は、1対1が基本ですが、夏は赤味噌を多く使ってさっぱりと、冬は白味噌を多く使って濃厚にと季節ごとに割合を調節するのも大切です。

第4章
洋食

洋食の心得

ハーブやスパイスを使って風味よく仕上げましょう

洋食にはハーブやスパイスが欠かせません。これらはスープに風味を移し、食材の臭みを消す役割があります。洋食に基礎となるだし汁作りにはもちろん、スープや煮込みには必ず加えます。ハーブ類は難しく考えがちですが、好きな香りのものを手軽に使ってみてください。

ビーフシチューやロールキャベツなど、長時間煮込む料理は、アルミ鍋よりも厚くて密閉性の高いホーロー鍋が火の通りがよく向いています。また、ホーロー鍋のほか、寸胴鍋もあれば、容量が大きく中身が空気にふれにくいので、骨付き肉を煮込んだり、パスタをゆでたりといろいろ使えます。場所をとるようなら高さが直径の3分の2ほどの半寸胴鍋でもいいでしょう。

また、ちょっとした小道具を揃えておくと料理が格段にうまくできます。たとえば、切った具材をまとめたり移動したりするときに、手を使うとどうしてももれがあり、きれいにできません。カードがあれば、そうしたことがうまくいきます。ゴムべらもいろいろ使えて便利な道具です。

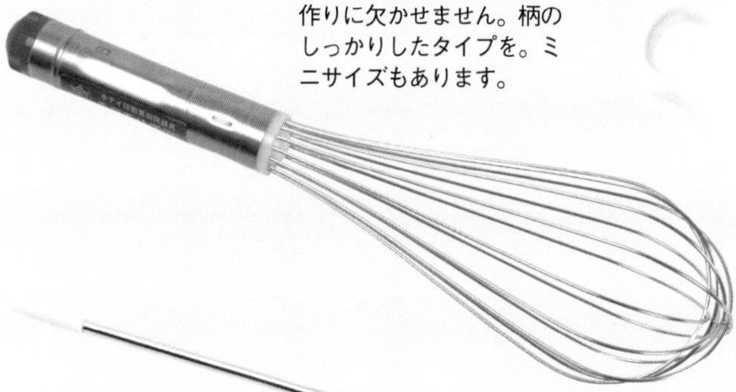

泡立て器

ドレッシング作りやソース作りに欠かせません。柄のしっかりしたタイプを。ミニサイズもあります。

ホーロー鍋

長時間煮込む料理は重量感のあるホーロー鍋で。直径20～23cmくらいの大きさがベスト

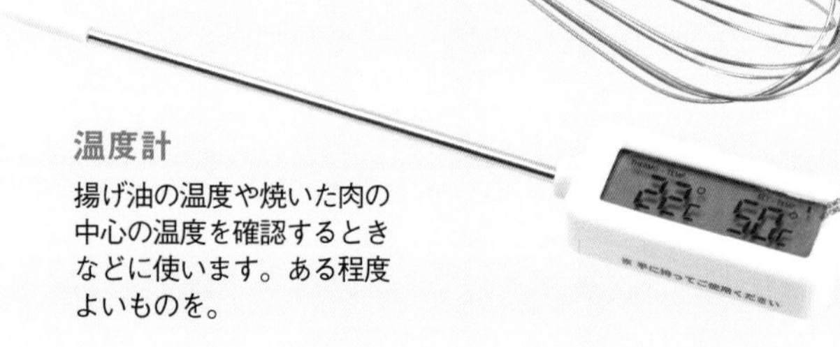

温度計

揚げ油の温度や焼いた肉の中心の温度を確認するときなどに使います。ある程度よいものを。

カード

切った具材をまとめて運んだりするときに便利です。ハンバーグなどの分割にも使えます。

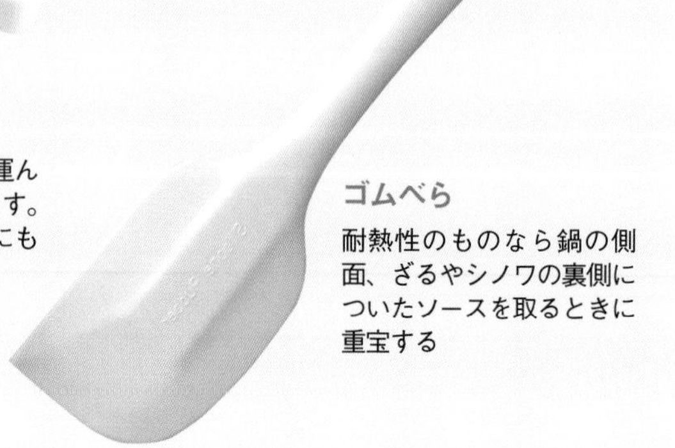

ゴムべら

耐熱性のものなら鍋の側面、ざるやシノワの裏側についたソースを取るときに重宝する

BEEF CURRY

ビーフカレー

香味野菜のうまみを含んだスパイシーなカレー

ビーフカレー

材料（4人分）

牛肉（肩肉またはばら肉）
…500g
玉ねぎ…小2・1/2個（500g）
にんじん…1/3本（50g）
セロリ…1/4本（25g）
カレー粉（P122参照）…約20g
ビーフブイヨン…1リットル
しょうが、にんにく…各1/2かけ
サラダ油…大さじ1・1/2
バター…小さじ1
塩、胡椒…各適量
薄力粉…30g

チャツネの材料

りんご、マンゴー
…各1個（各300g）
レーズン…15g
スライスアーモンド…大さじ1
チリパウダー…小さじ1/4
しょうが
…少々（すりおろし小さじ1/4）
にんにく…1/2かけ
水…1/4カップ（50cc）
塩、胡椒…各適量

01 牛肉は食べやすい大きさに切る。大きさは好みだが3～4cm角が適当。バットに入れて塩、胡椒をふり、手でよくもみこむ。

02 フライパンを中火にかけ、サラダ油大さじ1/2とバターを熱す。バターから泡が出なくなり、茶色く色づいたら牛肉を入れる。

03 強火にして、牛肉に焼き色をつける。一面一面ていねいに焼く。※表面を焼くと煮込んだときにうまみが逃げず、くずれにくくなる。

04 別の鍋でビーフブイヨンを沸騰させ、焼き色がついた牛肉を入れる。※フライパンを傾けながら入れると余分な脂がきれる。

05 強火にかけ、再沸騰したらアクを取り弱火にする。ときどきアクを取りながら約2時間半煮込む。

06 煮込んでいる間にチャツネを作る。りんごは皮をむいて芯を取り、1cm角に切る。

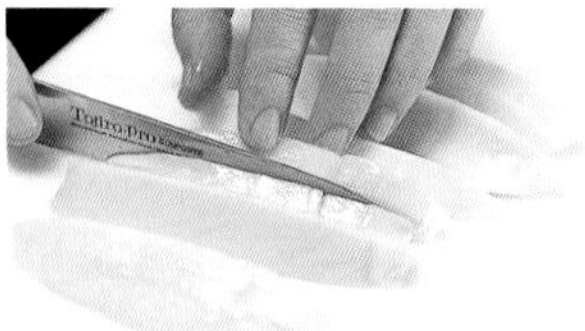

07 マンゴーは縦に3等分にして、皮をむき、1cm角に切る。中央の種がある部分は、種から実をそぐようにして切る。

08 鍋にりんご、マンゴー、すりおろしたにんにくとしょうが、レーズン、チリパウダーを入れ、スライスアーモンドを砕きながら加える。

09 続いて水を注いで、鍋を弱火にかけ、塩と胡椒をふる。※辛くしたい場合は、チリパウダーと胡椒を強めにふる。

10 ゴムべらで軽くかき混ぜて鍋の中身をなじませ、蓋をする。水分がなくなるまで約10分煮込む。

POINT

**香味野菜は
強火で15分炒める**

11 玉ねぎ、にんじんはみじん切りに、セロリは筋を取ってみじん切りにする。

12 フライパンにサラダ油大さじ1を熱する。油が温まったら玉ねぎのみじん切りを入れ、強火で炒める。

13 玉ねぎが透き通ってきたら、にんじんとセロリを加える。※1か所に固めると水分がとびにくいので野菜を広げて炒める。

14 底全体に焼き色がついたら混ぜる。それをくり返しながら水分がとんであめ色になるまで約15分炒める。

15 弱火にして、薄力粉を加えて混ぜる。パサパサしているようならサラダ油を大さじ1(分量外)加える。

16 カレー粉をフライパンに加えて粉っぽさがなくなるまで炒める。ようすをみてサラダ油を加える。

17 指定時間煮た牛肉のゆで汁をルウのフライパンに少量ずつ加えてときのばしながら、炒めた野菜ごと煮汁を牛肉を煮た鍋に戻し入れる。

18 チャツネを、大さじ3ほど鍋に加えて軽く混ぜる。

19 鍋を中火にかけ、ときどき混ぜながら約30分煮込む。仕上げにしょうがとにんにくのすりおろしを加える。

20 味をみて辛さが足りなければカイエンヌペッパーやこしょう、甘みが足りなければはちみつで調える。

MISTAKE

野菜の水分がいつまでたってもとびません

野菜を1か所に固めるとなかなか水分がとばないので大きく広げて炒めます。また、底の深い鍋を使うと、水分が蒸発しにくいので時間がかかります。炒めている最中に、休みなく中身をかき混ぜていると、どんどん水分が出てびしょびしょになってしまうのでやめましょう。

フライパンで炒めるのが理想的

ひとつの場所に固めるのはNG

炒めているうちに香味野菜が焦げてしまう

香味野菜は強火で15分炒めますが、あまりにも焦げるようなら火加減はようすをみて、少し弱めてみましょう。そのとき、フライパンの縁についた香味野菜をきちんと混ぜ込みながら炒めないと、そこから全体に焦げが広がる場合も。混ぜるときは表面だけでなく底から混ぜます。

底からしっかりと混ぜる

洋食のコツとポイント❶

複雑な味わいを生み出すスパイス

何百種類ものスパイス。辛くするだけじゃないんです

オールスパイス
シナモン、クローブ、ナツメグを合わせたような香り。シチューに

カルダモン
強い香りと辛さが特徴。カレー、ソースのほか、チャイやコーヒーにも

クローブ
独特の芳香をもつ。殺菌、消臭、消炎効果がある。煮込み料理に

ナツメグ
ほろ苦さと甘い香りをあわせもつ。ハンバーグ、ホワイトソースに

ターメリック
うこんのこと。香りは弱い。たくあんやカレーの色づけに使う

レシピで使ったカレー粉はコレ
コリアンダー9g／ターメリック2g／クミン3g／クローブ、カルダモン、シナモン各1g／ナツメグ、メース、カイエンヌペッパー各0.5g／ガラムマサラ1.5g（20g分）

クミン
カレーの香りはクミンによるもの。カレー、パン、クッキーに

カイエンヌペッパー
唐辛子を粉末にしたもの。ピリッと強烈な辛さが欲しいときに

コリアンダー
レモンのようなさわやかな香り。ピクルス、魚介のマリネに

ひとふりで味が変わる魔法の粉・スパイス

　スパイシー（刺激的）の語源がスパイスであるように、スパイスには〝辛くするもの〟というイメージがあります。しかし、臭みを消したり、香りや色をつけたりと、辛みづけ以外にもさまざまなはたらきがあります。たとえば、クローブは消臭に作用し、クミンは香り、カイエンヌペッパーは辛み、ターメリックは色づけに使われます。

　スパイスをふんだんに使う代表的な料理はなんといってもカレーです。レシピで使ったカレー粉を作っておけば複雑な味わいのカレーが簡単に作れます。配合や組み合わせをアレンジしてもいいでしょう。もし、スパイスを集めるのが大変なら、市販のカレー粉にコリアンダーとクミンをプラスするだけでもOK。風味が豊かになり、本格的な味に近づきます。

HAMBURG STEAK

ハンバーグ

ジュワ〜ッと染み出る肉汁の秘密を教えます

ハンバーグ

材料（2人分）

牛豚合びき肉…200g
玉ねぎ…1/8個（30g）
ドライパン粉…大さじ2（生パン粉の場合は大さじ3）
牛乳…大さじ2
とき卵…1/4個分
塩、胡椒、バター…各適量
ナツメグ…小さじ1/8
サラダ油…小さじ1

きのこのデミグラスソースの材料

ベーコン（ブロック）…30g
しめじ…1/4パック（20g）
赤ワイン…大さじ1・1/3
デミグラスソース（缶）…2/5カップ（80cc）
ビーフブイヨン…1/4カップ（50cc）
バター…大さじ1/2
塩、胡椒…各適量

POINT

手でこねるのはNG

必ず味見をする

空気をしっかり抜く

01 玉ねぎはみじん切りにする。※細かくしすぎると食感がなくなってしまうので、少し粗くみじん切りにする。

02 フライパンを強火にかけ、バター大さじ1・1/3を落とす。バターから泡が出なくなり、はしばみ色になるまで熱する。

03 みじん切りにした玉ねぎを入れる。玉ねぎがバターを吸って香りが立つまで、強火で10秒ほど炒める。

04 炒めた玉ねぎをボウルにあけ、氷水で冷やす。※こうすると、玉ねぎに水分がジュワーとあふれ、シャキッとした食感が残る。

05 ドライパン粉はあらかじめ牛乳に浸しておく。※生パン粉を使う場合は、直前に混ぜてもOK。

06 炒めた玉ねぎのボウルに牛豚合びき肉、合わせた牛乳とドライパン粉、とき卵、塩、胡椒を加える。

07 ナツメグを加える。※パウダーを使ってもよいが、ホールをひいて加えるとより風味がよくなる。

08 ボウルの中身を塩がとけるまでゴムべらで混ぜ合わせる。

09 玉ねぎを炒めたフライパンを中火にかける。タネを少量落として焼き、味をみる。味が足りなければタネに塩、胡椒などを足す。

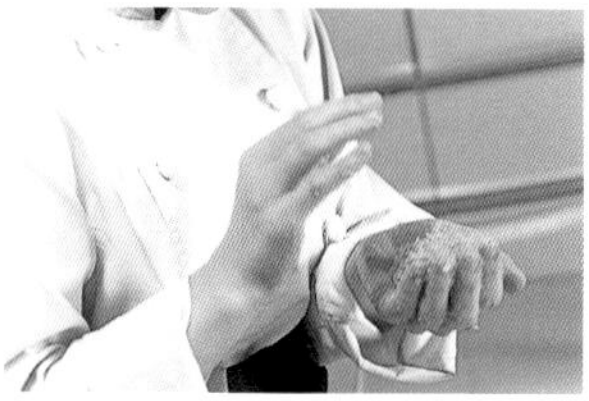

10 手にサラダ油（分量外）をつけ、タネを2等分にし、小判型に整える。しっかりと空気を抜く。

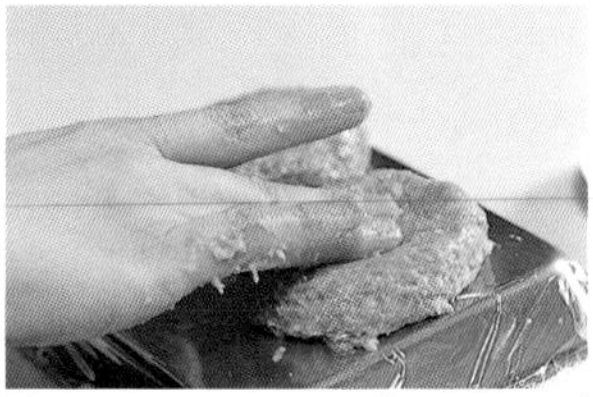

11 端をもってみて、くずれなければ空気が抜けた証拠。真ん中にくぼみをつけて、中央まで均等に火が通るようにする。

12 裏返したバットなどにラップを敷いて、その上に形を整えたタネを置くとフライパンに入れるときにラク。

13 フライパンにサラダ油とバター小さじ1を入れる。中火にかけ、バターが茶色くなったら、タネを入れ、弱火で焼く。

14 4分ほどして、ハンバーグの底に茶色く焼き色がついているようなら裏返して片面も焼く。

15 裏返すときは、フライパンの側面を使って、左手を添えるようにするとうまく返せる。

16 さらに4分ほど焼く。肉汁があふれ、ジュワーという音が聞こえてきたら竹串を刺して、透明の肉汁が出れば完成。

17 きのこのデミグラスソースを作る。フライパンにバターを熱し、茶色く色づいたらマッチ棒大に切ったベーコンを中火で炒める。

18 ベーコンから脂がにじんでいい香りがしてきたら、小房に分けたしめじを入れる。焼き色がついたら赤ワインを加える。

19 赤ワインのアルコールの香りがとんだら、ビーフブイヨンとデミグラスソースを加え、とろみがでるまで混ぜながら炒める。

20 塩と胡椒をふる。ブクブクしてフライパンの底が見えるほどに煮詰まったらハンバーグに添える。

MISTAKE

ぱさぱさとしてしまい、ジューシーさが足りない

玉ねぎは、炒めすぎると水分がとんで、みずみずしさが半減してしまいます。約10秒強火で炒め、バターのうまみと香りを移します。また、手でタネをこねるとひき肉が潰れてしまううえ、手の熱で脂がとけてしまうのでダメ。氷水などで冷やしながらゴムべらで混ぜます。

玉ねぎはしっかり炒める…は間違い

手でこねると肉汁がだいなし

焼いている途中でひびが入り見た目がイマイチ

ひびが入ってしまうのは、空気が抜ききれていないことが原因です。小判型に整えたあと、端を持ってみてください。割れてボトッと落ちてしまうようなら、空気の抜きが足りない証拠です。両手でポンポンとキャッチボールをして、タネの中の空気をしっかり抜くようにしましょう。

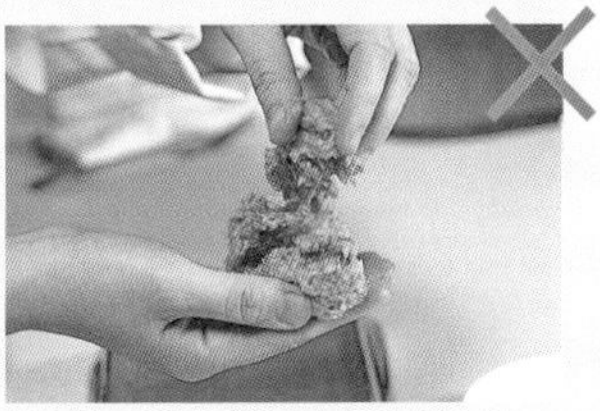

端を持ってくずれるならまだまだ

洋食のコツとポイント ②

これがないとはじまらない！ 油のはなし

油がなければ、炒め物も煮物も、ソテーも作れません

植物性の油

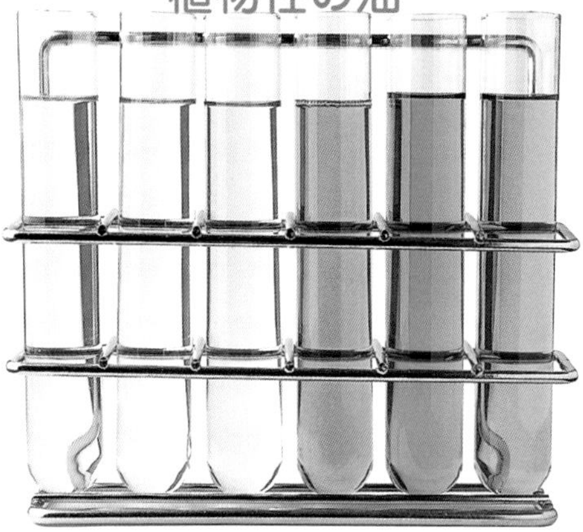

A　B　C　D　E　F

A コーン油
とうもろこしの胚芽が主原料。香りがよく酸化に強い。コーン油を含んだサラダ油を使うと揚げ物がカラッと揚がる

B べに花油
べに花の種子から作られる油で、サフラワー油とも呼ばれる。コレステロール値を下げる、リノール酸が多く含まれている

C 太白ごま油
ごまを焙煎せずに作る無色透明なごま油。独特の色や香りを、あえておさえてあるので、合わせる料理を選ばない

D 純正ごま油
焙煎したごまから搾取。香ばしく、中華料理や揚げ物の香りづけにも使われる。焙煎が深いものは濃口ごま油と呼ばれる

E グレープシードオイル
ぶどうの種子が原料。緑がかった色合いが特徴。マリネやドレッシングなどオリーブオイルと同じ感覚で使えばよい

F オリーブオイル
オリーブの果実から搾取。ヴァージンオリーブオイル、精製オリーブオイル、ピュアオリーブオイルに分けられる

動物性の油

バター
洋食全般、菓子など幅広く使われている

牛脂
すき焼きやステーキなど牛肉料理に

ラード
豚の脂肪を精製したもの。炒め物に

にんにくオイルとハーブオイル

にんにくオイルは、みじん切りにしたにんにくを、ハーブオイルは好みのハーブをオリーブオイルにつけるだけ。ストックしておくと、炒め物やパスタ、ドレッシングに重宝する。保存は冷蔵庫で3週間

油の選び方は味の好み、調理する食材にあり

油は、動物性のものと植物性のものがあります。植物性の油は香りが弱く、いろいろな料理に使えます。純正ごま油やピーナッツ油といった植物性の油の中でも香りの強いものは、仕上げに垂らしたり、ドレッシングに使ったりしましょう。

ちなみに、サラダ油は数種類の植物性の油を調合したもの。最近ではメーカー独自に開発した「脂肪がつきにくい」、「コレステロール値を下げる」とうたった油も注目されています。

ほとんどの料理は植物性の油で間に合いますが、濃厚な味つけにしたい場合は動物性の油が向いています。バターで調理すると、独特のコクや風味がプラスされます。ほかに、牛脂やラードがあり、それぞれ牛肉料理、豚肉料理によく合います。どれも、動物の脂肪が原料で、固形を熱でとかして使います。

BEEF STEW

ビーフシチュー

最後にこすと、なめらかで濃厚なソースに

ビーフシチュー

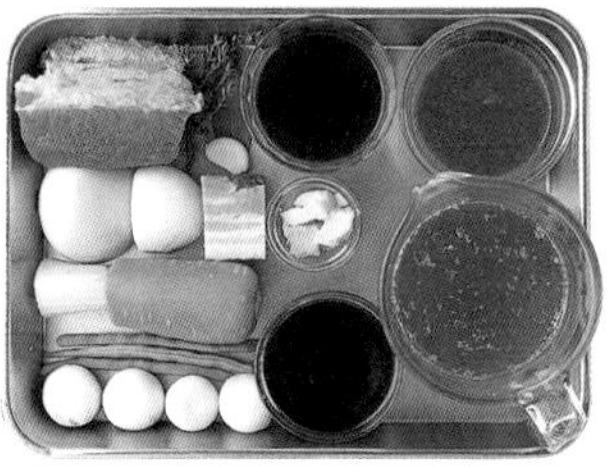

材料（2人分）

牛肉（肩肉またはばら肉）
…400g
ベーコン（ブロック）…50g
玉ねぎ…小1・1/4個（200g）
にんじん…1/2本（70g）
セロリ…1/5本（20g）
マッシュルーム…2個（14g）
いんげん…3本（15g）
小玉ねぎ…2個（40g）
にんにく…1/2かけ
ルウ（P158参照）、バター、塩、胡椒、グラニュー糖、水
…各適量
赤ワイン…1/2カップ（100cc）
フォンドボー（缶）…100g
トマトの水煮（缶）…75g
ビーフブイヨン
…2カップ（400cc）
サラダ油…小さじ1
タイム…1枝
ローリエ…1枚
※牛すね肉を使う場合の煮込み時間は4時間、外もも肉は3時間くらい

POINT

マリネした肉をふく

鍋蓋は重たいもので

01 玉ねぎ、セロリ、ベーコン、半量のにんじんは1cm角に切る。にんにくはまな板の端や包丁の腹などで潰す。

02 ボウルに3～4cm角に切った牛肉とカットした野菜とにんにくを入れて赤ワインを注ぎ、ゴムべらで混ぜる。

03 ぴったりラップして冷蔵庫に入れ、ひと晩マリネする。※マリネは金属製の容器はさけ、ガラス製のボウルかビニール袋などで。

04 ひと晩置いたら、冷蔵庫からボウルを取り出す。中身をざるに空けて水気をきり、牛肉を取り出す。マリネ液はとっておく。

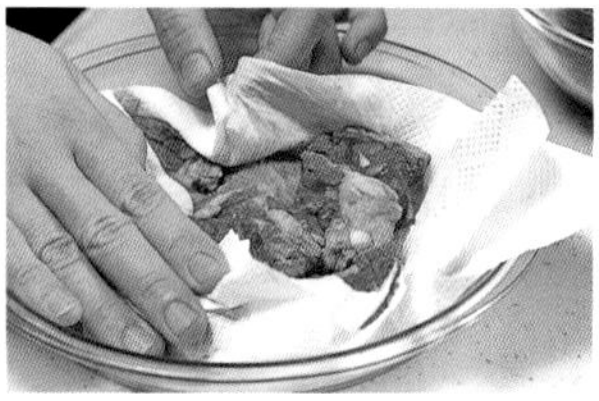

05 炒めている途中で水分が出てこないよう、牛肉の水気をよくふき取る。両面に塩、胡椒してよくもむ。

06 フライパンにサラダ油とバター小さじ1を熱し、牛肉を入れる。全面にしっかりと焼き目をつけ、取り出す。

07 煮込み用の鍋にバター小さじ1を熱し、泡がなくなりはしばみ色になったら、マリネして水気をきった野菜をソテーする。

08 茶色く焼き色がつくまで大きく広げて炒める。炒め足りないのに水分がなくなったら湯を加え底をこそげるように混ぜる。

09 マリネ液を小鍋に注いで強火にかける。沸騰したら火を弱めて1分ほど煮、クッキングペーパーを重ねたざるでこす。

10 野菜を炒めた鍋に、先ほど焼き目をつけた牛肉とこしたマリネ液を入れる。

MISTAKE

牛肉の表面にこんがりと、焼き色がつかない

牛肉は煮込む前に必ずフライパンで焼きましょう。表面に焼き色をつけることによって、煮込んだときに牛肉からうまみが流れ出すのを防いでくれます。焼き色をしっかりつけるには、フライパンの面を大きく使って焼くのがコツです。逆に、肉同士をくっつけて焼くと、ムレて焼き色がつきづらくなってしまうのでダメ。肉同士の間隔を開けて、なるべく動かさないように、焦げない程度の強火で焼きます。

肉同士をくっつけると焼きにくい

煮込んでいるうちに肉が焦げてしまった

牛肉を煮込むときに水分量が少ないと肉が焦げてしまいます。煮込んでいる間も、ときどき鍋をのぞいてみて、牛肉が汁につかっていないようなら水を足すようにしましょう。また、煮込みながらたびたび混ぜてしまってはいけません。やわらかくなったせっかくの牛肉がバラバラにほぐれ、コンビーフ状態になってしまいます。焦げないよう、底を木べらでこそげる程度にしましょう。

煮汁の量は要チェック！

11 続いてトマトの水煮とビーフブイヨン、フォンドボー、タイム、手で切り目を入れたローリエを入れる。

12 強火にかけ沸騰したらアクをとり、蓋をして弱火に。ときどき混ぜながら牛肉がやわらかくなるまで2時間半煮込む。

13 蓋は重みのあるものがベスト。煮込んでいる間も水分量が少なくなったら熱湯を足す。

14 小玉ねぎは十字の切り込みを入れる。いんげんは2等分、残りのにんじんは棒状に切り面取りする。マッシュルームは4〜6つ割りに。

15 小鍋にバター小さじ1とグラニュー糖を熱して小玉ねぎをソテーし、塩、胡椒、かぶるくらいの水を加えて10分ほど煮からめる。

16 いんげんとにんじんは塩ゆでにする。マッシュルームは、バター大さじ1/2で香ばしく炒め、塩、胡椒する。

17 牛肉を煮ている鍋をときどきのぞき、表面に浮いている脂をすくう。すくい取ったアクは水をはったボウルに吹き落とす。

18 指定時間煮て、牛肉がやわらかくなったら牛肉を取り出し、別の鍋に入れる。※乾燥を防ぐために蓋をする。

19 シチューにルウを加えて泡立て器で混ぜ、とろみがついたら、牛肉を入れた鍋にこしながら加える。

20 火にかけ、マッシュルームを加えて煮、皿に盛る。上に、小玉ねぎ、いんげんとにんじんを飾る。

洋食のコツとポイント ③

肉の部位を徹底研究 ～牛肉～

部位によって味わいはさまざま。上手に使い分けて

リブロース
肋骨の内側にある肉で、最高級部位のひとつ。脂肪が適度にのり、まろやか

サーロイン
背ロースのうち、もも寄りの部分。キメが細かくなめらかで筋が少ない

ヒレ肉
サーロインの内側の肉で、長さ50cmほどの棒状で取れる。もっともやわらかい

もも肉
内ももと外ももに分けられる。さらに、内ももの下部分をしんたまと呼ぶ

肩ロース
背中部分の肉で、肩側を肩ロース、肋骨の内側をリブロースと分ける。ローストや煮込みに

ばら肉
胸から腹にわたる部分で脂肪が多い。肩に近く、筋の多い部分を肩ばら、腹部をともばらと呼ぶ

すね肉
すね部分。運動量が多いため筋が多く硬い。長時間煮ると、とろっとした独特の食感が生まれる

部位ごとの性質をいかし いろんな料理に活躍

牛肉の特徴のひとつとして、部位ごとの味や性質の違いがあります。たとえば、もも肉の中でも、外ももはやわらかく、内ももは筋肉質。また、ばら肉の中でも肩ばらは繊維質で硬いためひき肉に、硬いけど濃厚な味わいのともばらは、カルビとして焼肉に使われます。

脂肪が多くやわらかい部位は、背ロース部分に集中しています。とくに、高級といわれているのは脂肪がじゅうぶんにのった、霜降り肉のリブロース、サーロイン、ヒレ肉です。ステーキをはじめ、肉が主役となる料理に使われます。また、ゼラチン質を多く含むすね肉は、煮込み料理に使うと、とろりとした持ち味をいかせます。

生後2～10か月の仔牛肉は、脂肪が少ない赤身肉で淡白な味わいです。成牛とは違い、中まできちんと火を通しましょう。

STUFFED CABBAGE

ロールキャベツ

きちんと隙間なく巻けば煮くずれの心配ナシ

ロールキャベツ

材料（2人分）

キャベツ…4枚（240g）
豚ひき肉…150g
玉ねぎ…1/8個（30g）
プラム（種なし）、
あんず（セミドライ）
…各2個（各30g）
ベーコン…2枚（30g）
ドライパン粉…大さじ3
牛乳、バター…各大さじ1
塩、胡椒…各適量
ローリエ…1枚
にんにくオイル（P126参照）
…大さじ1/2
玉ねぎ（ソース用）
…1/5個（50g）
赤ピーマン…大1/3個（50g）
トマトの水煮（缶）
…1/2カップ（100cc）
チキンブイヨン
…3/4カップ（150cc）

POINT

きっちりキャベツで包む

ぴったり納まる鍋を使う

01 キャベツは根元に切り目を入れて芯をくり抜き、水をはった大きめのボウルに入れて、1枚ずつはがす。全部で4枚はがす。

02 はがしたキャベツは耐熱容器に入れてラップをして電子レンジで2分加熱し、しんなりさせる。

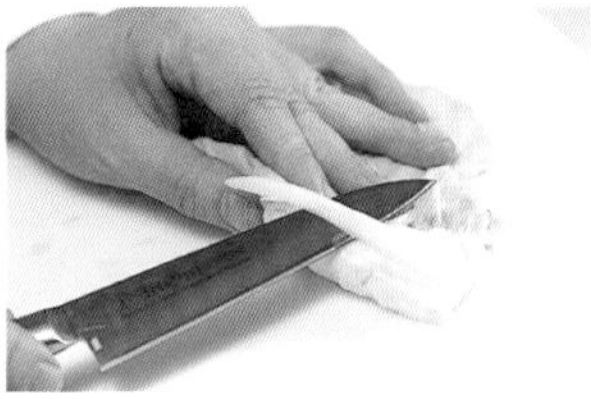

03 電子レンジで加熱したキャベツの葉から芯の硬い部分を包丁でそぐようにして取り除く。取った芯はみじん切りにする。

04 ロールキャベツ用の玉ねぎは、縦横に細かい切り込みを入れ、みじん切りにする。

05 ソース用の玉ねぎと赤ピーマンは5mmほどの厚さにカットする。

06 フライパンにバター大さじ1/2を熱する。泡がでなくなり、はしばみ色になったらみじん切りにした玉ねぎを広げて炒める。

07 玉ねぎがしんなりとしたら火を止め、ボウルに移す。

08 氷水で冷やしながら、玉ねぎに豚ひき肉とみじん切りにしたキャベツの芯を加える。

09 前もって合わせておいた牛乳とドライパン粉、塩、胡椒、あればナツメグを加えゴムべらで混ぜる。

10 タネを1/4取り分けて丸め、プラムを埋め込む。あんずと残りのプラムもひとつずつ埋め込む。

11 キャベツを広げて置いて、丸めたタネを1つずつのせる。手前はタネひとつ分ほど空けておく。

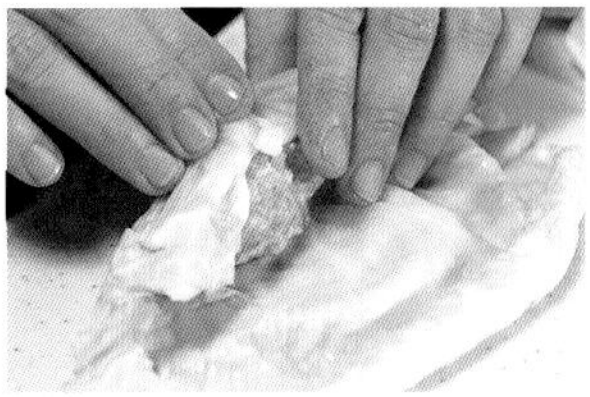

12 手前のキャベツをタネにかぶせ、手前から奥にひと折する。※折り目は指でぎゅっと押さえ、隙間のないようにする。

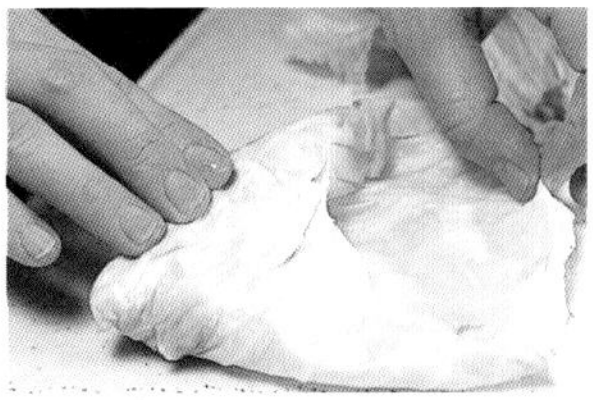

13 続いて右側のキャベツをタネにかぶせるようにして折る。※右下の角度が90°になるようにぴったりと折る。

14 そのまま、タネをキャベツで包む。手前から奥へとしっかり、クルクルと巻く。

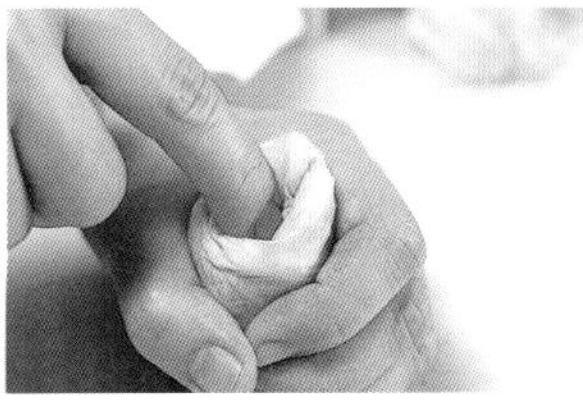

15 巻き終わったら左側に飛び出しているキャベツの葉を指で中に押し込み、形を整える。

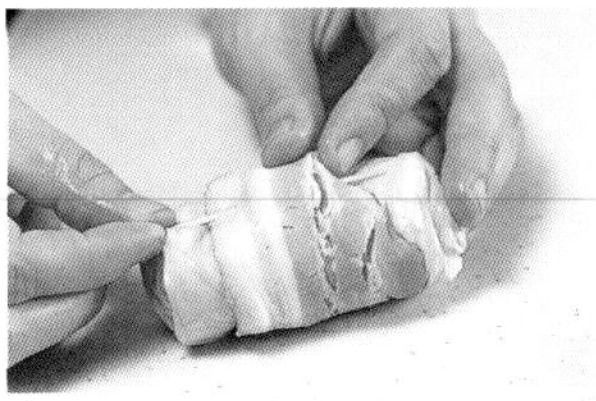

16 盛るときに区別がつくように、プラムを入れたものにベーコンを巻き、巻き終わりを楊枝でとめる。

17 4つのロールキャベツがぴったり入る鍋を用意する。鍋ににんにくオイルとバター大さじ1/2熱する。

18 バターがとけて、よい香りがしてきたら、ソース用の玉ねぎと赤ピーマンを中火でよく炒める。

19 トマトの水煮とチキンブイヨンを注ぎ、ロールキャベツを入れる。ベーコンを巻いたものは楊枝が下になるように入れる。

20 切れ目を入れたローリエを加え、ソース部分に塩、胡椒をふる。蓋をし、中火で50分ほど煮込む。

21 やわらかくなったらロールキャベツとローリエを取り出す。楊枝を抜いて、皿に盛りつける。

22 鍋に残ったソースは一度冷ましてミキサーにかける。なめらかになったら鍋に戻し温め、皿に盛ったロールキャベツにかける。

MISTAKE

煮くずれてしまうのはきちんと包まないから？

タネをキャベツで巻くときに、巻きが甘いと煮くずれの原因に。ぎゅっと巻くことが成功の秘訣です。また、煮る鍋が大きすぎるのも失敗のモト。隙間があると、煮ているときにロールキャベツが鍋の中で動いて、煮くずれてしまうことがあるのです。ぴったり入る大きさを選んでください。

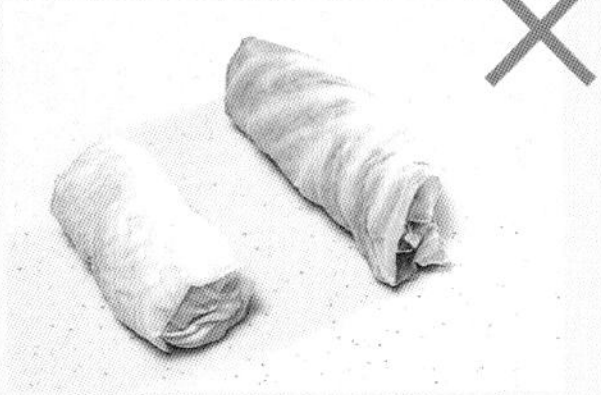

ゆるいと中身が飛び出すことも

隙間があるとキャベツが動いて×

洋食のコツとポイント ④

うまみがいっぱいのひき肉

和洋中を問わず活躍して、かたまり肉よりリーズナブル

豚ひき肉

筋が多くてキメが粗い外ももや、すね肉、肩などを使ったものが多い。脂肪の多いばら肉を使ったものは、濃厚な味わい。脂肪の融点が低いのでやわらかい

牛ひき肉

ネック、肩ばら、すね肉など、運動量が多くて脂肪が少ない赤身部位に、脂身を合わせてひいたもの。赤身と脂を8対2の割合で合わせたものがほとんど

合びき肉

異なる種類のひき肉を合わせたもので、牛ひき肉と豚ひき肉の組み合わせが一般的。合わせる牛と豚の割合、それぞれの部位によって味わいが変わる

鶏ひき肉

やや赤みがかったもも肉のひき肉と白っぽいむね肉を使ったひき肉がある。いずれも皮がついたままひいたものはコクがあり、皮を取り除いてひいたものは淡白

保存するなら…

ひき肉は傷みやすいが、冷凍なら2週間保存ができる。保存するときは、口がぴったり閉まるタイプの冷凍パックに平らに入れる。冷凍する前にパックの上から定規やへらを当て、適量分に区切っておくと、1回分ずつ取り出せて便利。解凍はチルド室で行うこと。調味したものなら冷凍で約1か月保存がきく

ひき肉は割合や部位で味や風味が違います

かたまり肉を細かくひいたひき肉は、運動に使われる筋肉質で筋張った硬い部位を、おいしく食べる工夫です。

牛ひき肉は濃厚、豚ひき肉は、やわらかくて甘みがあります。ですが、ひき肉にはさまざまな部位が使われるため、同じ種類でも微妙に味が違います。とくに鶏ひき肉が顕著で、皮なしならあっさりと上品、皮つきならこってりした味わいです。

合びき肉は、牛肉と豚肉を合わせることで、豚肉のまろやかさに牛肉のコクをプラスしたものです。牛の割合が多ければコクがあって濃厚な味に、豚の割合が多ければ甘みのある、あっさりとした味になります。ハンバーグには、牛7対豚3が理想的な割合といわれています。牛と豚の割合を工夫してみて、自分好みのブレンドを探すのもいいでしょう。

POT-AU-FEU

牛すね肉のポトフ

じっくりことこと、辛抱強さが成功のカギ

牛すね肉のポトフ

材料（4人分）

牛すね肉…800g
玉ねぎ…1個（250g）
にんじん…1本（150g）
セロリ…1本（100g）
ポロねぎ
…1/2本（100g）※縦割り
または、ねぎ1本（100g）
キャベツ…1/2個（400g）
じゃがいも…2個（200g）
かぶ…2個（120g）
ビーフブイヨン…2リットル
タイム…1/2枝
ローリエ…1枚
クローブ…1粒
パセリの茎、セロリ（ブーケガルニ用）…各少々
粗塩、胡椒、マスタード
…各適量

POINT

材料をたこ糸で縛る

まず肉だけを煮る

**あせらずじっくり
煮込む**

01 クローブは、盛りつける前に鍋から取り出すので、見つけやすいように、皮をむいた玉ねぎに刺しておく。

02 ポロねぎは軸をつけたまま縦に切り、1枚ずつめくりながら水をはったボウルの中で汚れを取る。ねぎを使う場合は2等分にする。

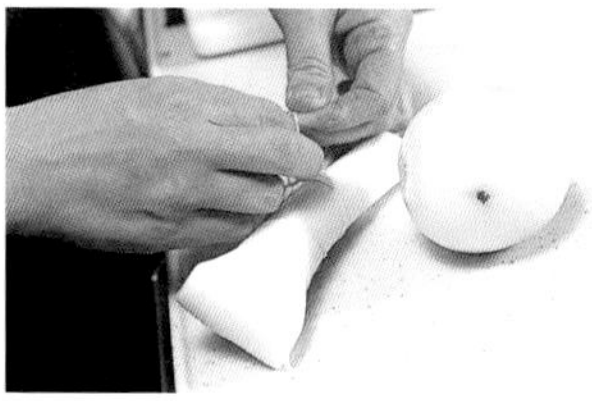

03 1枚はブーケガルニ用に取って別にしておく。残りはまとめて重ねて2つに折り、たこ糸を巻きつけてしっかり束ねる。

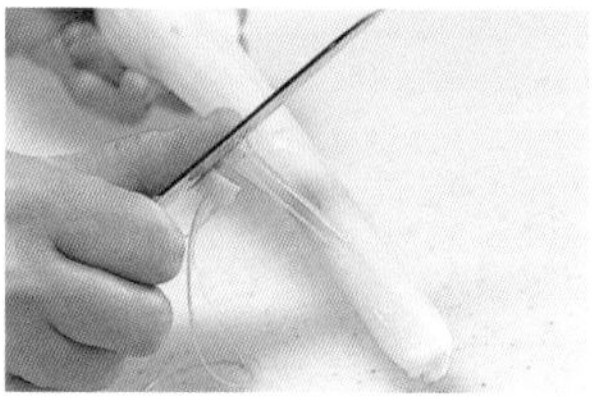

04 セロリの表面の硬い茎は筋と一緒に包丁で取り除いておく。

05 にんじんは皮をきれいにむく。

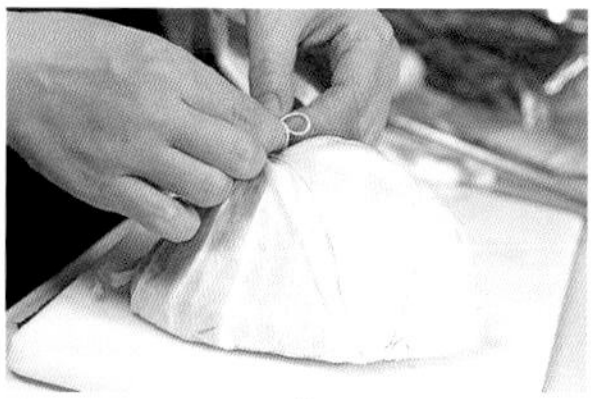

06 キャベツはたこ糸を3回ほど回してしっかりと縛り、葉をまとめる。

07 じゃがいもは、皮をむいておく。変色を防ぐため、水につけておく。

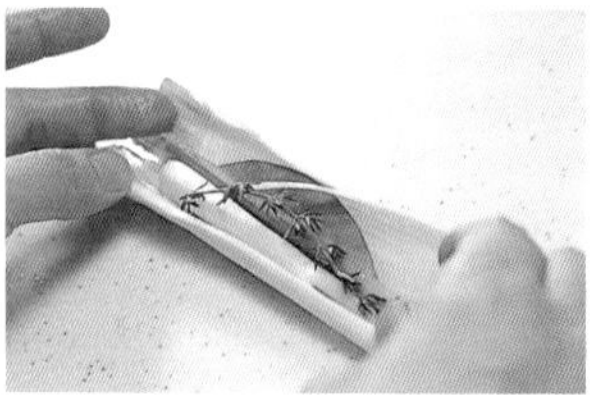

08 ブーケガルニを作る。取っておいたポロねぎまたはねぎで、ローリエとタイム、パセリの茎、セロリを包み、たこ糸でしっかり縛る。

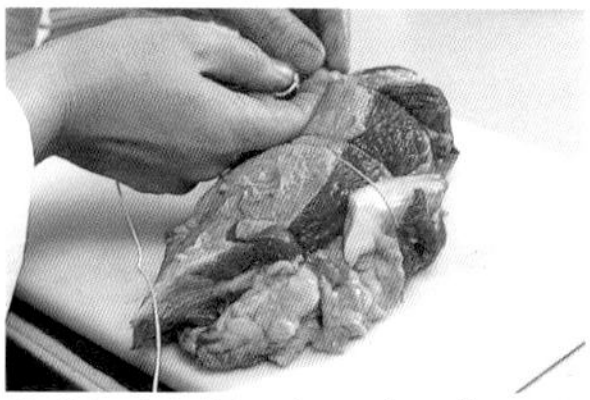

09 牛すね肉も鍋の中でばらばらにならないように、たこ糸をまきつけてしっかり縛る。

10 材料が煮汁に完全につかるくらいの深さの鍋を用意し、牛すね肉を入れ、ビーフブイヨンを注ぐ。

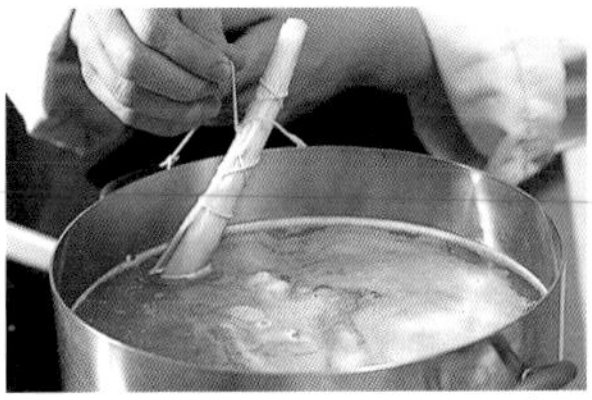

11 鍋にブーケガルニを入れ、薄味がつく程度に軽く粗塩、胡椒を加え強火にかける。※ブーケガルニの糸は、鍋の縁にくくりつけておく。

12 沸騰したら火を弱めて、水面がゆれる程度の火加減にし、アクをすくい取る。アクを取りながら3時間煮込む。

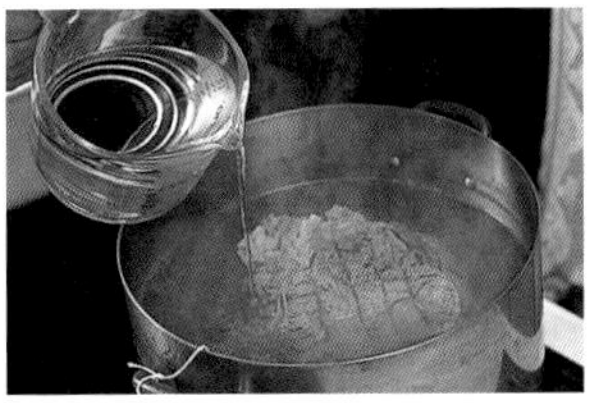

13 牛すね肉を煮ている間もときどき鍋をのぞいて、水分量をチェックする。牛すね肉が煮汁につかっていないようなら水を足す。

14 水にさらしたじゃがいもは水気をふき取り、縦に6つ割にする。煮くずれないように角を薄く切り取り、面取りする。

15 かぶは茎を2〜3cm残して縦に6つ割りにする。皮をむき、水につけて楊枝で茎の間の汚れを落とす。

16 別の鍋にじゃがいもとひたひたの水を入れて、竹串がスッと通るまで10分間ほどゆでる。

17 じゃがいもに火が通ったら取り出す。じゃがいもをゆでた鍋に塩を加えてかぶを入れ、3分ほどゆで、取り出す。

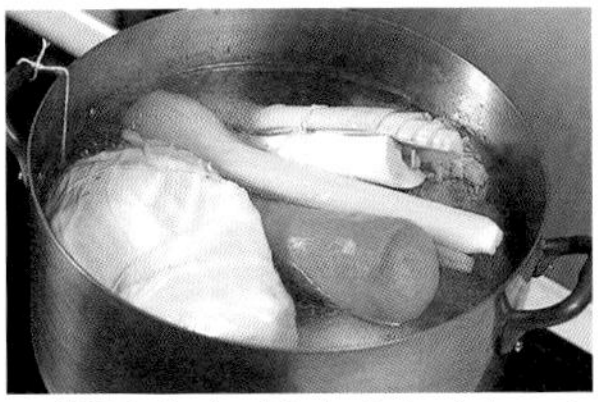

18 3時間たち肉がやわらかくなったら玉ねぎ、にんじん、セロリ、ポロねぎ、キャベツを鍋に入れて、さらに30分煮込む。

19 指定時間煮込んで、材料がやわらかくなったら、味をみて粗塩と胡椒をふり、味を調える。

20 具を取り出して、適当な大きさに切る。クローブを抜く。スープ、じゃがいも、かぶとともに皿に盛り、マスタードを添える。

MISTAKE

野菜がぐずぐずに煮くずれてしまった

野菜と肉を同時に入れてしまったのではありませんか？火の通る時間が異なるため、野菜と肉を同じ時間煮込むと、野菜がぐずぐずになってしまいます。一度に煮るのではなく牛肉に火が通ったあとに野菜を入れましょう。キャベツやポロねぎはたこ糸で縛ればバラバラにもなりません。また、野菜は時間がたつと皮が残った箇所だけ黒ずんでしまいます。できるだけ、きれいにむくようにしてください。

肉と一緒に野菜を入れるのは間違い

時間通り煮たのに中まで火が通っていない

具材がビーフブイヨンにきちんとつかる鍋を使いましょう。しっかり煮汁につかっていないと、中まで火が通りません。具材を煮込んでいる途中で水分が蒸発するので、水分量のチェックはマメに行なって、少なくなっていたら水を足してください。また、火が強すぎると煮くずれ、弱すぎると具材に火が通らずに、味が出ません。フツフツと静かに、水面がゆれるくらいの火加減が理想的です。

水面から肉が出ていると煮えにくい

洋食のコツとポイント 5

料理に紅茶に！ ハーブ活用のすすめ

さわやかな香りのハーブを積極的に取り入れましょう

チャービル

細かく刻んで、ドレッシングに合わせる。パセリと同じ感覚で使える

タイム

魚介類の臭み消しに使われることが多い。ハーブオイルにするのにも最適

ローズマリー

スッとした刺激的な風味。羊肉や鶏肉、豚肉の臭みを消し、香りをつける

セージ

すっきりと強い香味で、魚や豚肉、牛肉、レバーなどの臭み消しに向く

ローリエ

調理時間が長い煮込み料理やだしを取るときによく用いられる

煮込み料理の強い味方 ブーケガルニも覚えて

数種類のハーブを束ねたものをブーケガルニといい、煮込み料理の風味づけに使われます。束ねるのは、スープに香りが移ったらすぐに取り出せるようにするため。途中でほどけないよう、たこ糸でしっかり縛ります。束ねる代わりに、だしパックに入れてもいいでしょう。

ローリエ、タイム、パセリの茎をセロリではさんで束ねるのが代表的ですが、好みでほかのハーブを使っても問題ありません。

ハーブは、購入するとやや値がはるうえ、しなびるのも早く、使いきらないうちにダメにしてしまうケースも多いようです。けれども、自分で栽培すればいつでも摘みたてが使えて、傷む心配もありません。中でも、ミントやバジル、タイム、ローズマリー、パセリは、初心者でも比較的簡単に育てられるので気軽に挑戦できます。

BEEF STEAK

ステーキ

4段階の焼き加減で好みのものをチョイス

ステーキ

材料（2人分）

牛ヒレ肉…2切れ（300g）
いんげん…3本（15g）
かぶ…1個（80g）
にんじん…1/3本（50g）
カリフラワー…1/10株（40g）
バター、塩、胡椒…各適量
サラダ油…小さじ1
水…大さじ2

レモンバター醤油の材料

バター…大さじ3
レモン汁…大さじ2
濃口醤油…大さじ1
胡椒…適量

01 牛ヒレ肉は使う直前まで冷蔵庫に入れておく。筋を引っ張り、包丁でそぐように切り取り、硬い筋や脂を取る。

02 牛ヒレ肉を3cmの厚さに切る。ラップをし、30分ほど置いて室温に戻す。※ラップをしないと、乾燥、変色の原因に。

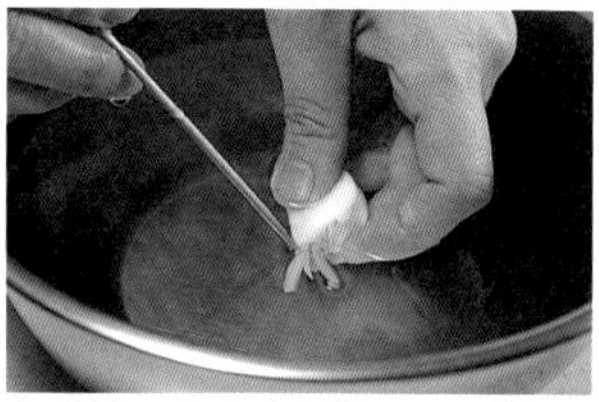

03 かぶはヘタを少し切って、縦に6等分にし、厚めに皮をむく。水につけながら竹串で茎の間の汚れを掃除する。

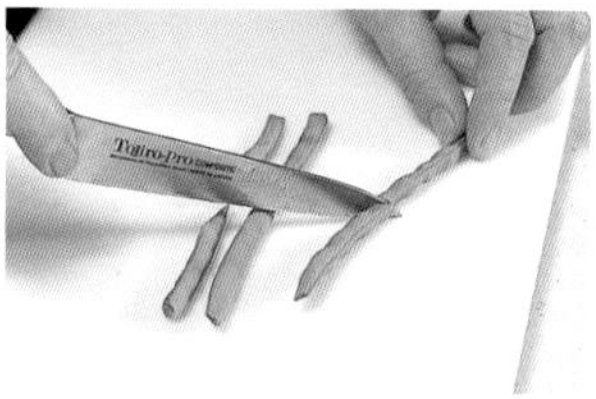

04 いんげんは筋を手で取って、半分に切る。※ななめに包丁を入れ、それぞれ同じ長さになるようにカットする。

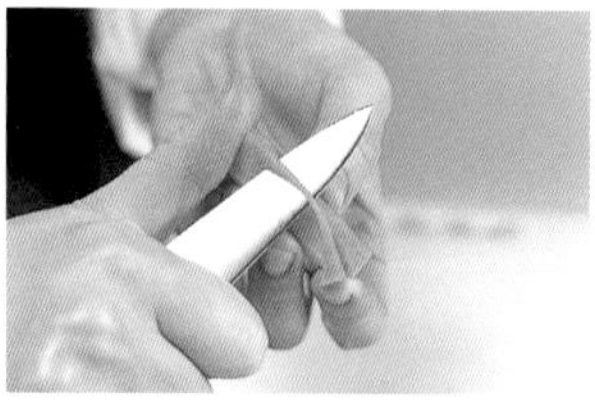

05 にんじんは4cmの長さにカットする。角を薄くそぎ切り取って面取りする。

06 カリフラワーは根元に切り目を入れ、根元から手で裂く。ゆでる前に水につけて軽く洗う。

07 野菜を塩ゆでする。にんじんは10分、そのほかは3分を目安に、火が通ったものから盆ざるに取り、あおいで冷ます。

08 牛ヒレ肉が室温に戻ったらラップをはずし、塩、胡椒をふって手でよくもみこむ。側面にもしっかりつける。

09 フライパンを強火にかけ、よく温める。手をかざしてみて熱いようなら、サラダ油とバター小さじ1を入れる。

10 バターの泡がなくなり、茶色くなったら、表になる面を下にして、牛ヒレ肉を入れる。

POINT

牛肉は室温に戻す

蓋をしないで焼く

**焼いたあとは
肉汁をきる**

11 3cm厚さの肉なら、レアは1分30秒、ミディアムレアは2分20秒、ミディアムは3分、ウエルダンは4分30秒したら裏返す。

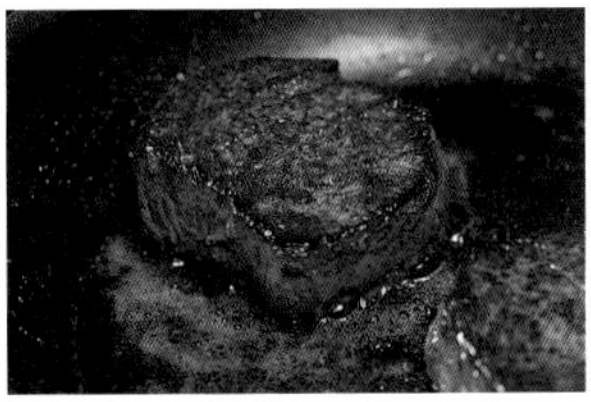

12 レアの場合は、裏返してさらに1分30秒ほど焼く。両面に焼き色はついているが側面がまだ赤く、血がにじんでいない状態。

13 ミディアムレアの場合は、裏返してさらに2分20秒ほど焼く。牛ヒレ肉の表面にうっすらと血がにじんでくるのが目安。

14 ミディアムの場合は、裏返してさらに3分焼く。牛ヒレ肉の側面にもほんのりと焼き色がつき、表面全体に血がにじむ。

15 ウエルダンの場合は裏返してさらに4分30秒。ペーパータオルで表面をふき、血がにじまなければOK。

16 焼いた牛ヒレ肉は網に並べ、両面を焼いた時間だけ置く。

17 鍋に水、塩、胡椒、バター大さじ1を入れて中火にかけ、バターがとけたら07の野菜を入れ、1分火にかけ、ステーキに添える。

18 レモンバター醤油を作る。レモン汁と濃口醤油、バターを鍋に入れて中火にかける。

19 鍋を前後にゆすり、泡立て器で混ぜる。沸騰しないように注意しながら、バターをとかす。胡椒をふりステーキにかける。

断面はこんな感じ

レア　ミディアムレア　ミディアム　ウェルダン

MISTAKE

肉汁にまみれて臭みがでてしまった

焼き上がったステーキは、網を重ねたバットにのせ、焼くのにかかった時間と同じだけ置いて、余分な肉汁や血を落とすようにしましょう。そのまま放置しておくと染み出した肉汁や血にまみれて生臭くなってしまいます。

焼けた肉から血が染み出してくる

火が通りにくいうえ表面が焦げる

蓋をするとムレてしまい、香ばしく焼けません。また、冷蔵庫から出した直後の牛肉を使うと、フライパンの温度が下がり、時間通り焼いても中心が生のまま。焼き色がつき、汚れがつきにくくなるので場所をずらして返します。

ステーキを焼くときは蓋はナシ

洋食のコツとポイント 6

仕上がりに差が出る肉の下処理

きちんと行なうと見た目や食感がグッとよくなります

レバーの下処理もマスターしよう

レバーは筋を取り、半分にカットし、血管を取り除く。ひと口大に切ったら、血合いや臭みを抜くため、氷水につける。手で軽くもみ、ふり洗いをする。臭みがある場合は、おろした玉ねぎをまぶしたり、牛乳に浸したりするとよい

切る

肉は繊維が長いので、断ち切るように直角に切ると食べやすい。細切りにするときは、ちぎれにくいので、繊維に沿って切るとよい

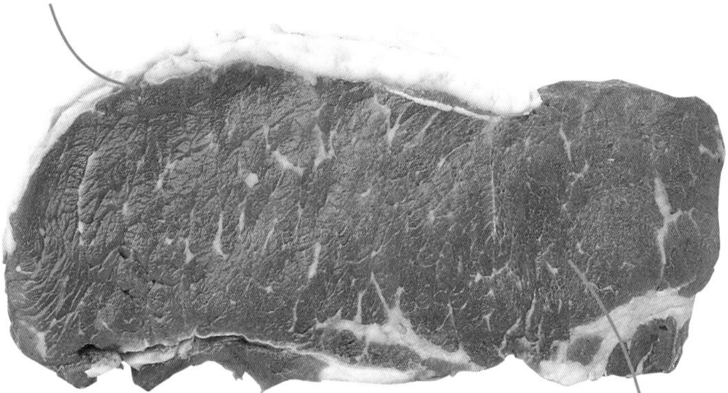

筋切り

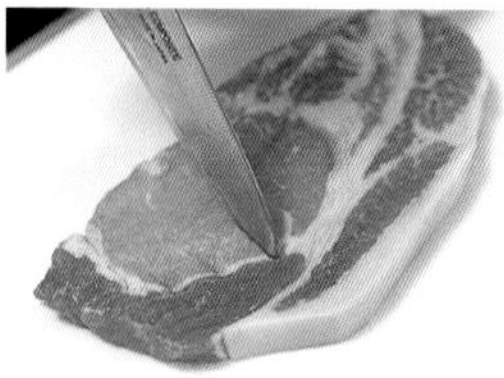

豚肉の場合は脂肪の白い部分と、赤身肉の間に、細かく切り目を入れる。切り目を入れることで筋が切れて、縮みを防ぐことができる

たたく

硬い肉質の部位をやわらかくする。たたく道具は、肉たたきや麺棒やビンなど。ふり下ろすのではなく、伸ばしたい方向にたたく

たたいたり筋を切ったり切り方も工夫が必要

肉は、下処理をきちんとすると何倍もおいしくなります。たとえば、筋ばって硬い肉は、たたくことによって歯ざわりがよくなります。ただし、脂肪がのったやわらかい部位は肉汁が出るのでたたきません。

豚肉は筋切りをして縮みを防ぎますが、鶏肉は皮目をフォークで刺し、無数の穴を開けます。鶏もも肉の場合は、さらに足の筋をカットします。

牛肉をステーキにする場合は、肉が冷たいとうまく焼けないので、必ず室温に戻します。牛肉のほか、鴨肉や羊肉も同様です。豚肉は、融点が低く室温だと脂肪がとけて下処理がしにくいので、調理直前まで冷蔵庫に入れておきます。余分な脂肪は下処理のときに取り除きます。

切り口から肉汁が出て鮮度が落ちるので、どの肉も調理直前に切るようにしましょう。

ROAST CHICKEN

ローストチキン

見た目もゴージャスな勝負メニュー

ローストチキン

材料（4人分）

丸鶏…1羽（1.2kg）
玉ねぎ…1/5個（50g）
にんじん…1/5個（30g）
セロリ…1/5本（20g）
にんにく…1かけ
白ワイン…大さじ3・1/3
チキンブイヨン
…1・1/2カップ（300cc）
サラダ油、塩、胡椒…各適量
バター…小さじ1

01 にんじん、玉ねぎは1cm角に、セロリは1cm角に切る。にんにくはまな板の端や包丁の腹などで潰す。

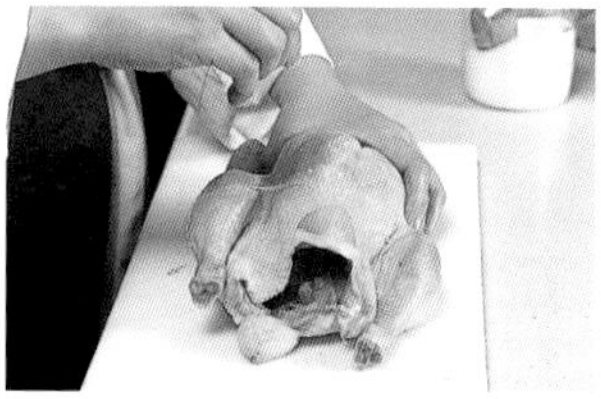

02 人間の左肩から右手の先くらいの長さのたこ糸を用意する。P146を参考に丸鶏の下処理をし、内側に塩、胡椒をふる。

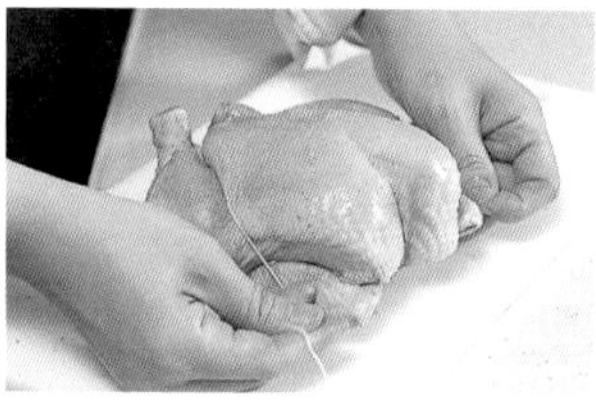

03 尻の下にたこ糸を入れ、上で交差し、もものつけ根にたこ糸を通す。手羽のつけ根までたこ糸を引っ張る。

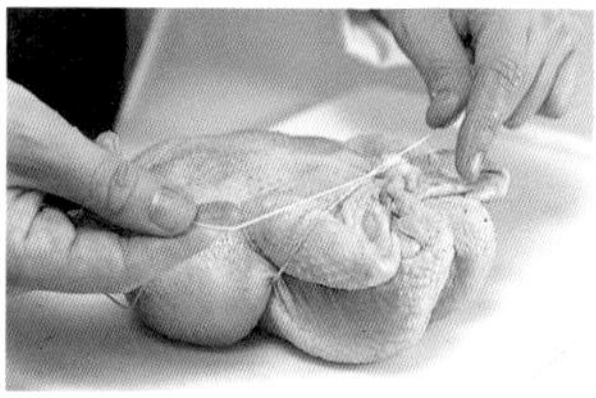

04 たこ糸を手羽のつけ根にひっかけながら丸鶏を裏返し、背中側でしっかり結ぶ。こうすると焼き上がっても足が広がらない。

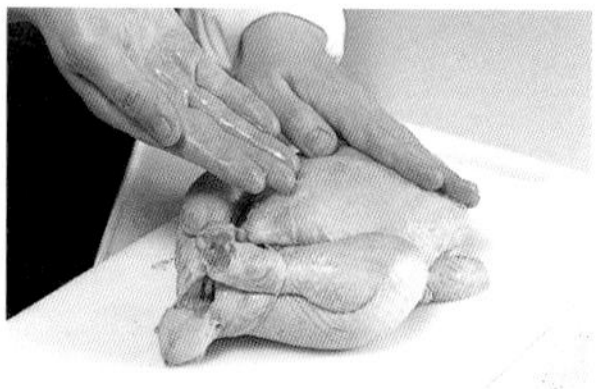

05 皮がはりつかないよう、また、塩と胡椒がつきやすいようまんべんなくサラダ油をぬり、塩、胡椒をふる。

06 フライパンにサラダ油小さじ1とバターを熱し、バターが色づけば側面などの焼きにくいところから丸鶏を焼く。

07 あとで火を通すので、ここでは表面に軽く焼き色をつける。※フライパンには鶏のうまみが残っているので洗わずに置いておく。

08 焼き色をつけた丸鶏にフォークを刺し、オーブンの天板にのせる。フライパンに残った油も一緒にのせる。

09 フォークを刺したまま丸鶏を動かし、天板全体に油を広げ、180℃のオーブンに入れて約45分間焼く。

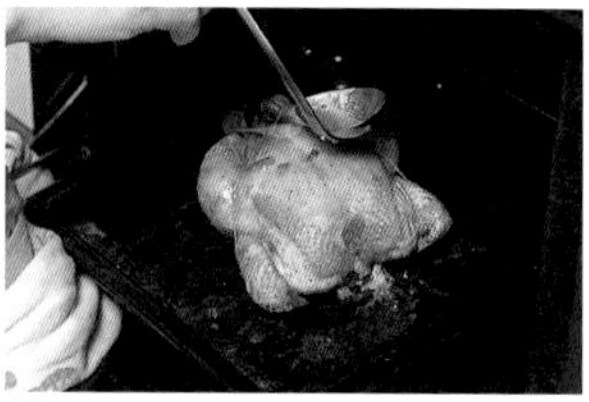

10 焼いている間も10分に一度、天板に落ちた油をお玉などですくって、丸鶏にかける。

POINT

フライパンでパリッと焼く

焼きながら油をかける

肉汁は捨てずにソースに使う

11 20分たったら丸鶏を端に寄せて、にんじん、セロリ、玉ねぎ、にんにくを天板に敷き詰める。

12 丸鶏をフォークで刺し、野菜の上にのせ、天板に落ちた油をお玉などですくって丸鶏にかけ、指定時間まで焼く。

13 丸鶏をフォークに刺して上に向け、鶏の肉汁を垂らし、出てきた肉汁の色をみる。肉汁が真っ赤な場合はもう数分焼く。

14 薄ピンクの肉汁が出た時点で丸鶏を取り出し、余熱で火を通す。天板に落ちた肉汁はとっておく。

15 07のフライパンに、天板の野菜を移して、焼き色がつくまで中火でソテーし、肉汁を加える。

16 白ワインを加えてアルコールの匂いをとばし、チキンブイヨンを加える。

17 強火にかけ、沸騰したらアクを取り、火を弱めて10分煮、煮詰まったらこす。※野菜は押さえてうまみをソースに移す。

18 焼き上がった丸鶏は、たこ糸をはずし両側の手羽先を落とす。手羽先の先端を切る。

19 もものつけ根にフォークを刺しながら包丁を入れて、左右のもも肉を切り落とす。

20 フォークで押さえながら胸骨にそって包丁を入れ、ねじるように鶏むね肉を骨からはがし、肩の関節を切り、むね肉をはずす。

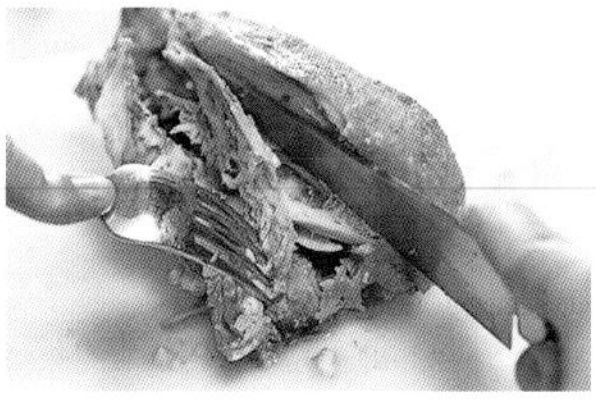

21 胸骨がついている片方も骨からそぐように切る。そいだ鶏肉はそれぞれ半分に切る。

22 切り分けたら、鶏むね肉と鶏もも肉をセットにして盛り、ソースを添える。

MISTAKE

内臓をきれいにしたくて水洗いしちゃった

魚などと違って肉はさばいた後も洗いません。うまみが逃げてしまううえ、ビショビショになってうまく焼けません。

洗うとおいしさが半減

ももの部分に縛ったあとがくっきり

たこ糸をグルグル巻くと、メインのもも肉やむね肉にキズがつき、美しくありません。

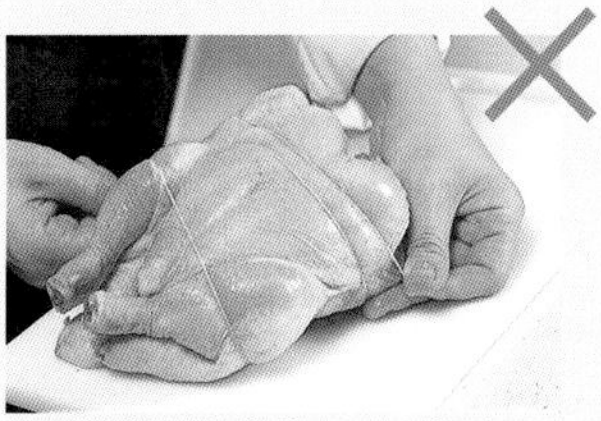

肉部分を避けて結ぶこと

洋食のコツとポイント⑦

ハレの日は丸鶏料理に挑戦！

迫力満点の丸鶏料理。下処理を覚えれば簡単です

1 まずはきれいに掃除します

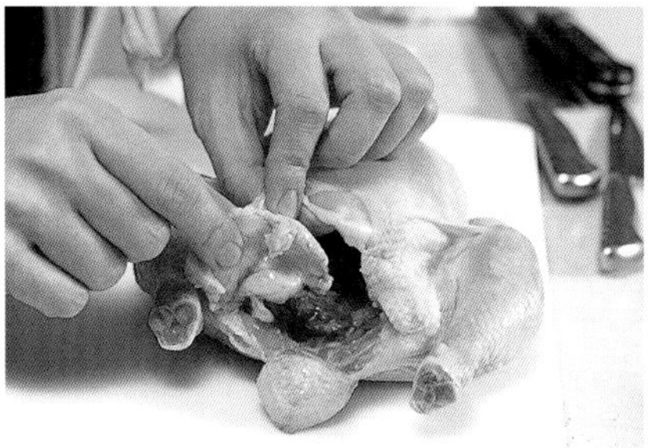

❶余分な脂を取る。丸鶏の向きを確認し、腹が上、尻が右側になるように置く。尻に手を入れて、ひとさし指を鉤型《かぎがた》に曲げて、余分な脂をつまむように、きれいに取り除く

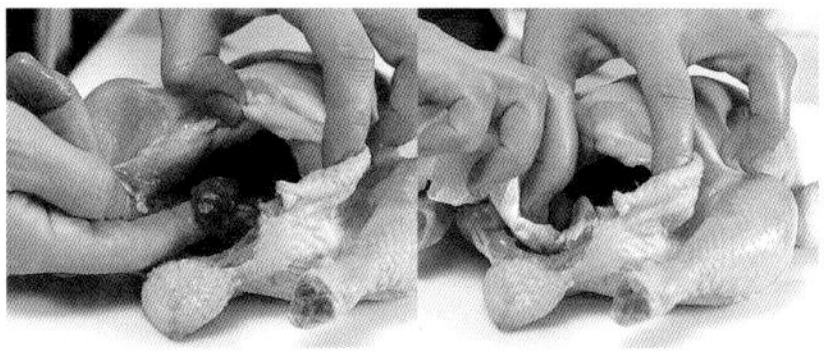

❷血のかたまりがあったら指でつまんで取る（写真左）。汚れを取り終わったら、キッチンペーパーで中をよくふく（写真右）

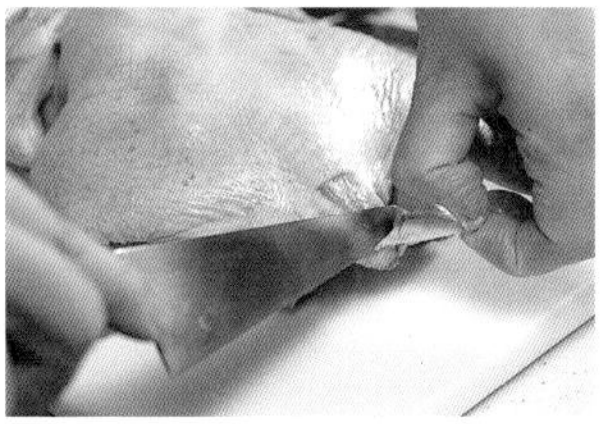

❸背を上に向け、尾の肉（ボンジリ）の皮に、包丁を横向きに当て、切り目を入れる。中の臭い脂を抜く

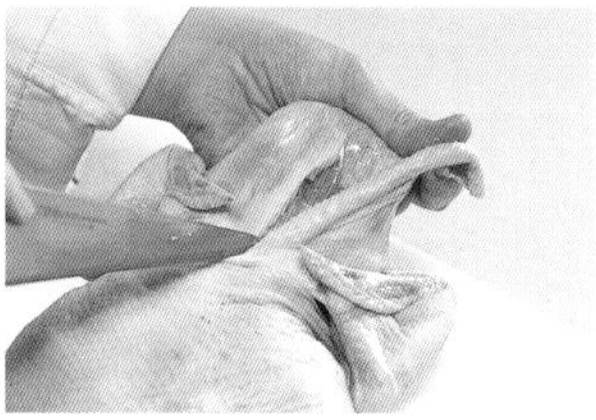

❹背中側の首の皮を軽く引っ張りながら、包丁で縦にスッと切り目を入れる。裏返す

2 V字の骨を抜く

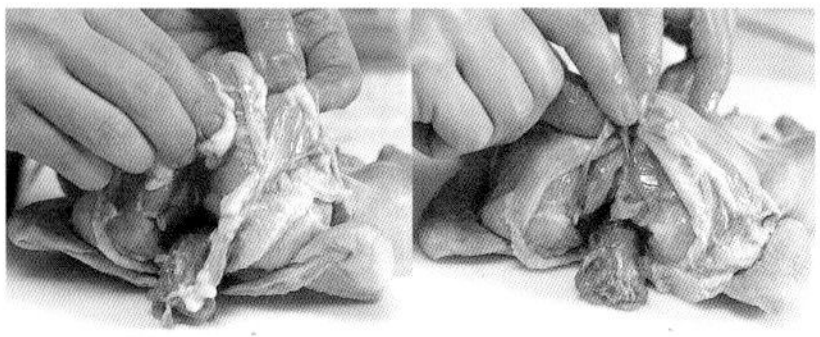

❺胸の脂を取り除く（写真左）。V字の骨を包丁でこそげ、指で根元から引き抜く（写真右）

3 首の皮をかぶせる

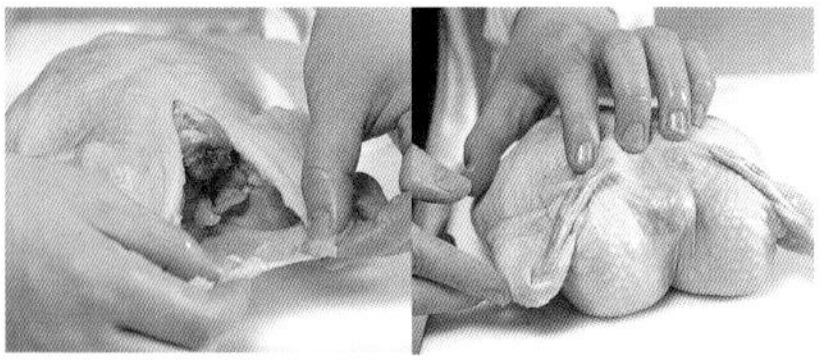

❻背中を上にし、首の皮を背の方にかぶせる（写真左）。皮を手羽で押さえる（写真右）

4 塩、胡椒をふる

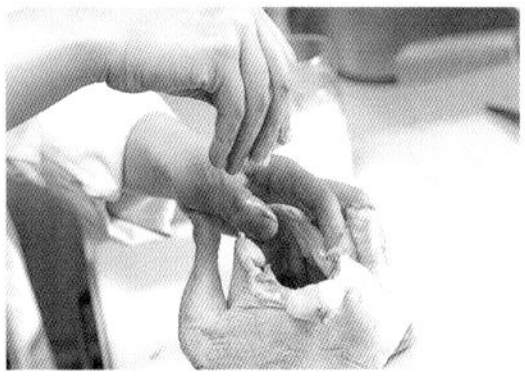

❼尻を上にして塩と胡椒を丸鶏の内側にふる。全体にも塩と胡椒をふり、よくもむ

敬遠しがちな丸鶏料理 ここぞというときに挑戦

鶏を丸ごと調理するローストチキンは、なじみの薄い料理かもしれません。ですが、皿に盛られた姿はやはり存在感があります。特別な日にぜひチャレンジしてみましょう。

何よりの難関は鶏の下処理。けれども市販の丸鶏は、内臓、総排泄腔、気管、食道、頭、首、足先が処理されています。そのため、下処理は肉の内側についた余分な脂と、鎖骨部分にあたるV字の骨を取るだけ。内臓やえらを取る魚の下処理と比べれば、意外と手間はかかりません。焼く前に広がらないようにたこ糸で縛れば完了です。

丸鶏が大きすぎると、フライパンやオーブンに入らないことがあります。家庭で焼く場合、丸鶏の大きさは1.2〜1.5kgまでのものが扱いやすいでしょう。傷みやすいので、できるだけ新鮮なものを使ってください。

MEUNIÈRE

サーモンのムニエル

粉をはたいた魚をバターでこんがりと

サーモンのムニエル

材料（2人分）

サーモン…2切れ（240g）
塩、胡椒、薄力粉…各適量
スライスアーモンド…大さじ1
バター、サラダ油…各大さじ2

グルノーブル風ソースの材料
バター…大さじ3
ケッパー…大さじ1
レモン汁…大さじ2
塩、胡椒…各適量

01 サーモンは皮目を上にして並べ、塩、胡椒をまんべんなくふる。※塩は下味をつけるだけでなく、臭みを抜く役割も。

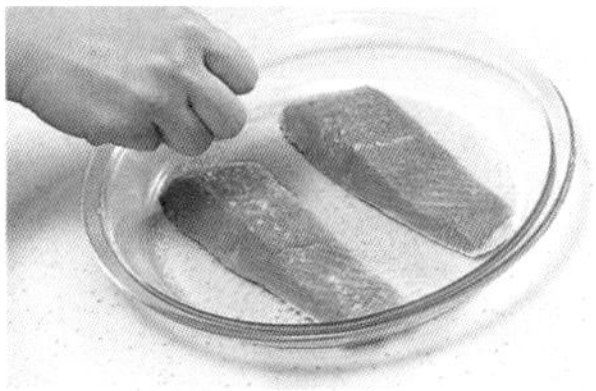

02 サーモンを裏返して、身の方にも塩、胡椒をふり、しっかりまぶして味を染み込ませる。

03 そのまま10分ほど置いてサーモンの水気と臭みを取る。

04 サーモンをのせた皿は、傾けて置き、水気を下に落とす。

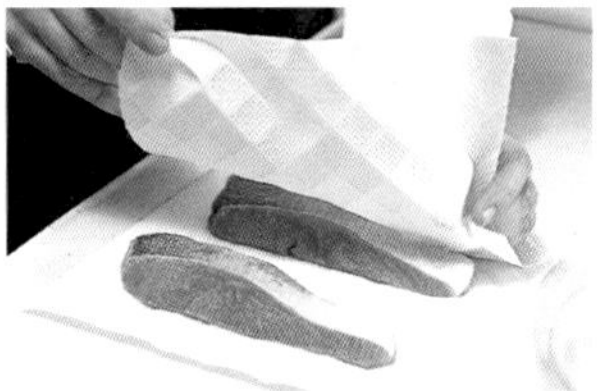

05 10分したら、サーモンの水気をクッキングペーパーでしっかりふき取る。

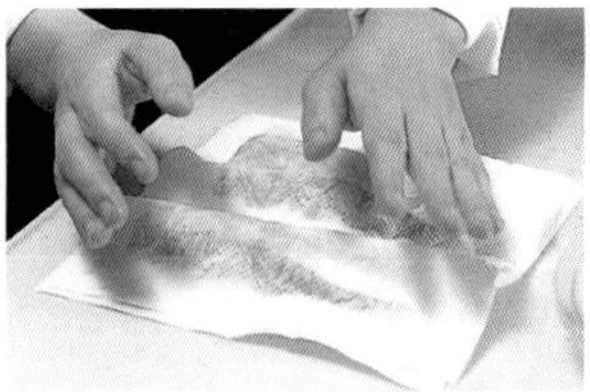

06 クッキングペーパーの上から両手で軽くたたく。※表面の水気を取らないと、臭い汁を抱えたまま調理することに。

07 サーモンをバットに移し、薄力粉をまんべんなくふるう。※余分な粉がついていると粉っぽくなるので、はたいて落とす。

08 フライパンを中火にかけ、温める。手をかざして熱いようなら、サラダ油とバターを熱する。

09 バターがとけて、泡が出てくるまでフライパンを熱する。※たっぷりのサラダ油とバターで焼くとパリッと仕上がる。

10 バターが色づいたら、サーモンを入れる。 盛りつけるとき、上になる皮面から焼く。

POINT

水気をよくふき取る

火加減に注意

油をかけながら焼く

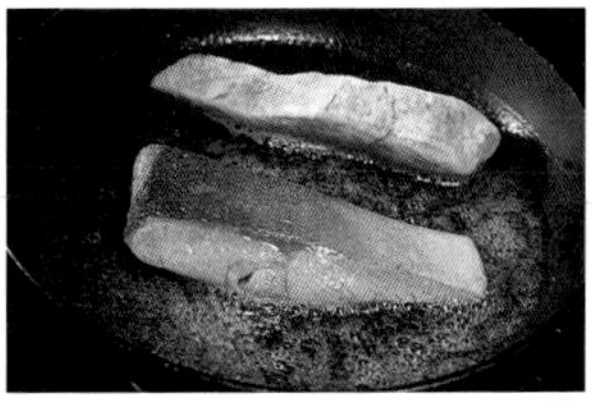

11 火が弱いとパリッと仕上がらず、強いと焦げるので、バターの泡がブクブクと出る火加減を保つ。焼き色がついたら裏返す。

12 弱火にして、サーモンの厚みのある部分には、お玉などで油をかけ、均等に火が入るようにする。これをアロゼという。

13 両面こんがり焼けたら取り出す。皿にクッキングペーパーを敷き、焼き上がったサーモンをのせ、油をしっかりきる。

14 天板にトッピング用のスライスアーモンドをのせる。170℃に温めたオーブンに入れて、約8分ローストする。

15 グルノーブル風ソースを作る。ケッパーは、1〜2mmほどに細かく刻む。

16 小鍋を用意し、強火にかける。バターを入れ、しばらくそのまま熱する。

17 バターがとけはじめ、ブクブクと泡が出てきたら火を弱めて中火にし、しばらく熱する。

18 バターから泡がでなくなり、茶色く色づいたら火を止め、レモン汁を加える。

19 続いて、細かく刻んだケッパーも加える。味をみて、塩、胡椒で調味し、お玉で手早く混ぜる。

20 ローストしたスライスアーモンドとともに、皿に盛ったサーモンにかける。好みでパセリをふる。

MISTAKE

調理前のサーモンが身割れしてしまった!

サーモンは、肉質がやわらかいので、身を反らせると身割れしてしまいます。移動させるときは、両手でそっと持ち、なるべく水平を保ちながら、サーモンを運ぶといいでしょう。また、余分な水分が出たらしっかりふき取らないと、まぶした薄力粉が固まってしまい、きれいに焼き上がりません。サーモンをのせた皿は傾けて置くと、サーモンが臭い汁にまみれなくてすみます。

身を折るのは避ける

厚みが違うので均等に火が通らない

場所によって厚さが違う魚の切り身を焼くときは、工夫が必要です。フライパンで裏返してそのまま焼くだけでは薄い部分は火が通っているのに、厚い部分はまだ半生…と、火の通りがまばらになってしまいます。こういうときは、お玉で焼き油をすくって身の厚い部分にかけてあげるようにします。こうすると、魚の身が均等に焼けるだけでなく、皮がパリッと仕上がり一石二鳥です。

裏返したらほったらかし…では失敗

洋食のコツとポイント⑧

メインを引き立てるつけ合わせ

彩りを与えてくれるメイン料理のパートナー

1 グリンピースの煮込み

ベーコン、玉ねぎ、グリンピース、レタスを炒める。水、塩、胡椒、ローリエを加えて蒸し煮にする。

2 にんじんのフラン

にんじんを炒め、ブイヨン、塩、胡椒を加えて煮込む。生クリームを加えミキサーにかけ、卵、塩、胡椒、砂糖を混ぜる。カップに流し込み、160℃のオーブンで約15分湯せん焼きする

3 レンズ豆の煮込み

ベーコン、玉ねぎ、にんじん、セロリ、にんにく、タイム、ローリエ、レンズ豆をひたひたの水で煮、塩、胡椒する

4 シュー・ブレゼ

帯状にカットしたキャベツをアンチョビペースト、ケッパーとともにバターで炒める。白ワインで照りを出し、ブイヨン、塩、胡椒を入れ、蒸し煮する

5 アンディーヴのブレゼ

2等分したアンディーヴを、バターを塗った鍋に並べて塩、胡椒、チキンブイヨンを入れ、弱火で蒸し煮する

6 バイエルディ

なす、ズッキーニ、プチトマトをフライパンで軽く焼く。天板に円形に並べ、タイム、にんにくオイル、塩、胡椒をかけ220℃のオーブンで約5分焼く

脇役だけどないと淋しい 彩りや栄養をサポート

つけ合わせは、メインの料理に添えるちょっとした料理のこと。料理に華やかさと食感を与え、栄養バランスをよくする役割があります。にんじんやトマト、ピーマンなどを使ったカラフルなものが多く、肉や魚の動物性たんぱく質に偏りがちなメニューでも、つけ合わせを一緒に食べることで野菜を補うことができます。決して主役にはなりませんが、つけ合わせがあるとないとでは、食べる楽しさも違ってくるでしょう。

ここで紹介したつけ合わせは手の込んだものですが、普段の料理であれば、簡単なものでじゅうぶんです。色のバランスに気をつけて、コーン、パプリカといった黄色の野菜、にんじん、トマトの赤い野菜、青菜などの緑色の野菜、いも類やカリフラワーなどの白色の野菜を彩りよく盛りつけましょう。

CROQUETTE 3

コロッケ3種

パン粉をしっかりまぶしてカリッと揚げます

ポテトコロッケ

ポテトコロッケ

材料（2人分）

じゃがいも…2個（200g）
玉ねぎ…1/4個（60g）
牛豚合びき肉…60g
バター…大さじ1
赤ワイン…大さじ1・1/3
Ⓐ水…大さじ1
　サラダ油…小さじ1
　塩、胡椒…各適量
薄力粉、卵、パン粉、塩、胡椒、揚げ油…各適量

かぼちゃコロッケ

材料（2人分）

かぼちゃ…1/6個（200g）
玉ねぎ…1/5個（50g）
ベーコン（ブロック）…15g
りんご…1/10個（30g）
レーズン…10g
バター…小さじ2
Ⓑはちみつ…大さじ1
　シナモン…小さじ1/6
　塩、胡椒…各適量
Ⓒ水…大さじ1
　サラダ油…小さじ1
　塩、胡椒…各適量
薄力粉、卵、パン粉、揚げ油…各適量

01 じゃがいもは皮をむいて3cm角に切る。水をさっとくぐらせ、ラップをかけ電子レンジで5分加熱する。

02 フライパンにバターを熱し、泡がなくなり茶色く色づいたら、みじん切りにした玉ねぎを広げて、中火でじっくり炒める。

03 しんなりしたら牛豚合びき肉を加える。ポロポロになったら赤ワインをふり、アルコールの匂いがとぶまで炒める。

04 じゃがいもを取り出し、竹串が通るようなら、ラップを巻いたビン底などで潰す。

05 炒めた玉ねぎと牛豚合びき肉をフライパンに残った油ごとじゃがいもに加え、塩と胡椒、あればナツメグを加えて混ぜる。

06 05のタネを、バッドに広げて平らにならし、4等分にする。熱いうちにぎゅっとしっかり握りながら、小判型に形を整える。

07 衣を作る。卵をとき、Ⓐを混ぜ、こす。※サラダ油を加えると油のなじみがよくなり、カリッと揚がる。

08 タネに茶こしを使って薄力粉をまぶす。07にくぐらせ、パン粉を全体につける。しばらく置いてパン粉をなじませる。

09 170℃の油にひとつずつ静かに落とし、途中で返しながら約5分揚げ、油をよくきる。

MISTAKE

カリカリとした衣にならないうえパンクした

パン粉をしっかりつけると、カリッとした衣になります。ところが、薄力粉をつけすぎると卵液をはじいてしまってパン粉がつかず、食感はイマイチ。また、揚げ油が少なすぎてもうまく揚がりません。形を作ったときひびがあったり、何度もひっくり返したりするとパンクの原因に。

粉をつけすぎると卵液がつきません

形を作るときはひびのないように

クリームコロッケのタネがビショビショに

かにクリームコロッケなど調理前にタネを冷やすものは、冷やす前に、ラップをタネの表面に密着させてはります。ラップをふんわりかけると、タネの熱がラップと具の間にたまってしまいます。すると、ラップに水滴がつき、その水滴がタネに落ちて水浸しになってしまうのです。

ラップとタネの間の空間は禁物

ONE MORE RECIPE

かにクリームコロッケ

材料（2人分）

かに身…75g
玉ねぎ…1/5個（50g）
にんじん…1/8本（20g）
セロリ…1/5本（20g）
白ワイン…大さじ2
牛乳…1カップ（200cc）
ルウ（P158参照）…50g
サラダ油…小さじ1
水、バター…各大さじ1
薄力粉、卵、パン粉、揚げ油、塩、胡椒…各適量

作り方

❶鍋にバターを熱し、みじん切りにした玉ねぎ、にんじん、セロリを炒める。
❷かに身を加える。白ワインを加え、アルコール分がとぶまで煮詰める。
❸別の鍋に牛乳を沸騰させ、ルウを少しずつ混ぜる。とろっとしたら❷を加え、塩、胡椒する。
❹バットに❸を広げ、ラップをして氷水で冷やす。
❺6等分にし、手に油（分量外）をつけて丸める。かぼちゃコロッケと同じ衣をつけ、同様に揚げる。

ぴったりラップをして冷やす

ツルッとした面を外側にする

かぼちゃコロッケ

01 みじん切りにした玉ねぎをバターで炒める。8mm角に切ったベーコン、りんごを加え、火が通ったらレーズンを入れる。

02 かぼちゃは全体を水で湿らせ、ラップをして電子レンジで5分加熱する。薄く皮をむき、ビン底で潰す。01、Ⓑを加え、混ぜる。

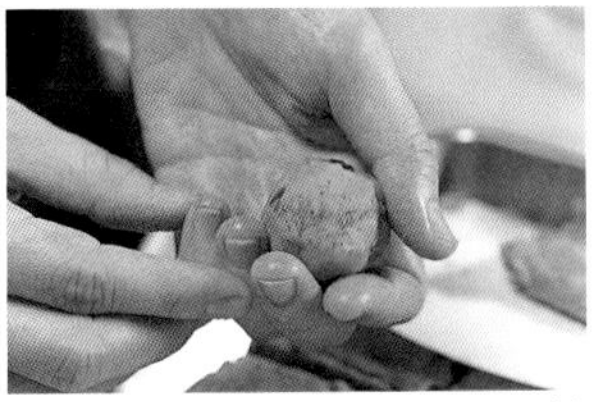

03 02をバットに平らにならす。6等分にして丸め、薄力粉を茶こしでまぶす。とき卵とⒸを混ぜてこした卵液にくぐらせる。

04 パン粉のバットにコロッケを並べ、ゆすって転がし、パン粉をまぶす。170℃の油で約5分揚げる。

洋食のコツとポイント ❾

フライ料理にぴったりなソース

市販品が当たり前になってるソースこそ手作りで

完熟トマトで作る ケチャップ

材料　トマト（完熟）300g／玉ねぎ30g／にんにく1/4かけ／白ワインビネガー大さじ1/2／Ⓐ{砂糖大さじ1、ナツメグ適量}／Ⓑ{クローブ・オールスパイス・胡椒・ローリエ・赤唐辛子各適量}

❶トマトはひと口大に切る。玉ねぎ、にんにくは粗みじん切りに。すべてミキサーに入れて、なめらかにする

❷鍋に移し、Ⓐを加える。Ⓑをだしパックに入れて一緒に煮込む

❸10分後だしパックを取り出し、白ワインビネガーを加え煮詰める

自家製はひと味違う マヨネーズ

材料　卵黄1個分／酢大さじ1/2／マスタード大さじ1／サラダ油3/4カップ（150cc）／塩適量

❶卵黄、塩、酢、マスタードを合わせ、塩がとけるまで混ぜる

❷サラダ油を糸状に細く垂らしながら、角が立つまでよく混ぜる

定番中の定番 タルタルソース

材料　マヨネーズ1/2カップ（100cc）／ゆで卵1個／玉ねぎ30g／ピクルス15g／パセリ、塩、胡椒各適量

❶材料をみじん切りにし、玉ねぎはP170を参考にさらし玉ねぎにする

❷すべての材料をマヨネーズで和え、味をみて塩と胡椒をふる

さらにひと手間！

マヨネーズソース

手作りしたマヨネーズ大さじ4と、市販のとんかつソース大さじ2、マスタード大さじ1/2をボウルに入れ、よく混ぜ合わせる。フライ料理と合わせるほか、お好み焼きのソースにしても相性がよい

魚介のフライには…

魚介のタルタルソース

タルタルソースのマヨネーズの代わりに、アイヨリソース（P170参照）を使い、ディル大さじ1/2、アンチョビ1フィレ、オリーブ大さじ1をみじん切りにして加える。好みでハーブを変えてもOK

ソースも手づくりすれば自分好みの味になります

ケチャップやマヨネーズといったソースは、市販品を使うことが当然のようになっていますが、簡単に手作りできます。どの料理でもそうですが、調味料はあくまで目安の量。塩加減や甘さなどは、好みで変えましょう。何度か作るうちにさじ加減がわかってきて、自然と好みのソースができあがります。

ケチャップは、トマトの甘みが大切なので完熟トマトを使うのがベスト。手に入らなければ、トマトの水煮で代用をしましょう。マヨネーズは、必ず新鮮な卵を使うこと。卵の乳化性を利用して油と卵を合わせるので、卵の鮮度が悪いと分離しやすくなります。タルタルソースは、玉ねぎやピクルスを加えると歯ごたえが出てアクセントに。

タルタルソースは2～3日、ケチャップとマヨネーズは2～3週間、冷蔵庫で保存できます。

GRATIN

グラタン

ホワイトソースが決め手のアツアツメニュー

卵とカリフラワーの
グリーングラタン

マカロニグラタン

卵とカリフラワーのグリーングラタン

卵とカリフラワーのグリーングラタン

材料(2人分)

ほうれん草…1/10束(20g)
卵…4個
カリフラワー…1/3株(150g)
ソーセージ…4本(100g)
牛乳…1･1/2カップ(300cc)
薄力粉…大さじ1･2/3
バター…大さじ1
グリュイエールチーズまたは、
ピザ用チーズ…40g
塩、胡椒…各適量

マカロニグラタン

材料(2人分)

鶏もも肉…2/5枚(100g)
玉ねぎ…1/3個(80g)
マッシュルーム…4個(28g)
ピーマン…1個(40g)
マカロニ…60g
白ワイン…大さじ2
ホワイトソース(P158参照)
…2カップ(400cc)
グリュイエールチーズまたは、
ピザ用チーズ…40g
パセリ、塩、胡椒…各適量
バター…大さじ1

01 カリフラワーは小房に分け、さらに茎に包丁で切れ目を入れて手で裂く。約2分塩ゆでする。

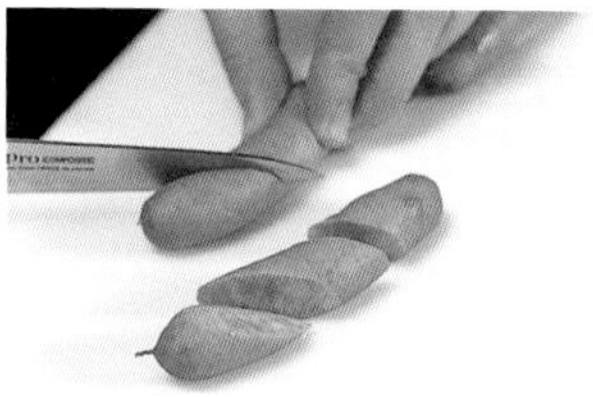

02 ソーセージはななめに切り、長さを3等分にする。卵は水からゆで、沸騰して12分したら引き上げ、冷水にとる。

03 ほうれん草は軸から塩ゆでし、約1分したら冷まして水気を絞る。3~4cmの長さに切り、牛乳を入れたミキサーに加える。

04 20~30秒ほどミキサーにかけ、なめらかになるまで混ぜ合わせる。

05 鍋にバターをとかし、ふるった薄力粉を弱火で炒める。さらっとしたら火を止め、ミキサーの中身を注ぎよく混ぜ、中火にかける。

06 側面についたソースをゴムべらで取りながら、泡立て器でよく混ぜ、とろみがついたら塩、胡椒、あればナツメグを小さじ1/8ほどふる。

07 グラタン皿の内側に、はけなどで薄くバター(分量外)を塗り、殻をむいたゆで卵、カリフラワー、ソーセージを1人分ずつのせる。

08 ソースがかかっていない部分だけが硬くなってしまうので、具材をまんべんなく覆うように06のソースをかける。

09 グリュイエールチーズまたはピザ用チーズを散らし、230℃のオーブンで10分ほどこんがり焼く。

POINT

**ソースは
まんべんなくかける**

マカロニグラタン

01 玉ねぎ、ピーマン、鶏もも肉は1cm角に、マッシュルームは表面を軽くふき、1cm角に切る。パセリはみじん切りにする。

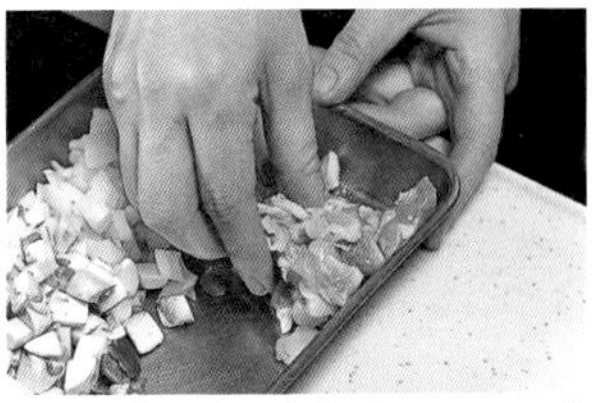

02 鶏もも肉は塩、胡椒をふり、下味をつける。手でよくもみ、味を染み込ませる。

03 マカロニの重量の10倍ほどの湯を沸かし、沸騰したら湯の1%ほどの塩を加える。

04 すぐにマカロニを入れ、再沸騰まで混ぜ続ける。指定ゆで時間の少し前にひとつ食べてみてアルデンテならざるにあげる。

05 フライパンを中火にかけ、バターを熱する。バターがとけはじめたら焦げる前に、玉ねぎを入れてソテーする。

06 玉ねぎが透き通り、しんなりしたら、鶏もも肉を加えて炒め合わせる。

07 鶏もも肉に焼き色がついたらマッシュルームを加え、しんなりしたらピーマンを加える。

08 ピーマンもしんなりしたら、白ワインを加え、よく炒める。アルコールの匂いがなくなったら一度火を止める。

09 ホワイトソースとマカロニを入れ、中火にかけ、塩、胡椒、あればナツメグ小さじ1/5をふり、混ぜる。

10 グラタン皿の、内側にはけで薄くバター(分量外)を塗り、09を1人分ずつ流し入れる。

11 グリュイエールチーズまたはピザ用チーズを散らし、250℃のオーブンに入れ、10分ほど焼く。

12 こんがりと焼き色がついたらオーブンから取り出し、上にパセリを小さじ1/2ほど散らす。

MISTAKE

マカロニ同士がくっついて、固まった

マカロニはゆでっぱなしにしておくとくっつくので、できれば時間を逆算して、ゆであがったらすぐにソースに加えるのがベスト。どうしても、というときは、ざるにあげて油をからめておきましょう。

一度くっついたらもう離れない

洋食のコツとポイント ⑩

3ステップで失敗知らず。ホワイトソース

ダマと焦げつきが最大の敵。急に沸騰させてはダメ

STEP1
ルウを作る

❶バターを弱火にかける。とけたら火を止め、ふるった薄力粉を加えてゴムべらでよく混ぜ、再び弱火にかける。さらっとするまで色づかないよう2〜3分混ぜながら火にかける

STEP2
牛乳でのばす

❷火を止めて牛乳を一度に注ぐ。火にかけたまま牛乳を注ぐと、ルウが鍋底で焦げてしまう。ゴムべらを使って鍋底と側面についたルウを落とし、再び弱火にかける

STEP3
混ぜながら煮る

❸全体を混ぜ、とろみがついたら火を止める。
※❶でルウが色づくとソースが濁るので注意

材料

バター…15g
薄力粉…15g
牛乳…300cc

POINT

さらっとなるまで炒める
牛乳は火を止めて加える

ルウはとろみづけ コクをプラスと大活躍

　ルウとは、バターと薄力粉を1対1の割合で炒め合わせたもののこと。これを牛乳でのばせばホワイトソースがすぐに作れます。さらに、料理にさっと混ぜて、コクやとろみを与えることもできます。冷凍しておけば2か月は保存できるので、ぜひストックしておきましょう。

　炒めているうちに焦げたり、ダマになったりするのはありがちな失敗。上手に作るコツは、薄力粉をふるってから計ること、バターと薄力粉は、粘りがなくなるまで、辛抱強く混ぜることです。急激に鍋の温度を上げることもダマの原因になるので、常に弱火を心がけます。

ホワイトソースは…
牛乳150ccに対してグラタンは20g、クリームコロッケは40g

VOGONGOLE ROSSO

あさりのリングイーネ トマトソースがけ

ボンゴレはやっぱりパスタの王道です

あさりのリングイーネのトマトソースがけ

材料（2人分）
リングイーネ…240g
あさり…400g
にんにく…1/4かけ
パセリの茎…少々
赤唐辛子…1/2本
白ワイン…大さじ3・1/3
パセリ、塩、胡椒…各適量
エキストラヴァージンオリーブオイル…大さじ1

トマトソースの材料
トマト…2個（400g）
にんにく…1/2かけ
玉ねぎ…1/4個（60g）
オリーブオイル…大さじ1
オレガノ、バジル…各少々
塩…適量

01 P164を参考に、トマトソースを作る。

02 パセリをみじん切りにする。片手でパセリの幅を縮めるように押さえて、端から切る。

03 赤唐辛子は枝つきの部分を手でちぎって穴を開け、軽くふって中の種を取り出す。

04 にんにくはみじん切りにする。途中で包丁の腹で潰すと、細かく切ることができる。

05 あさりは、海水ほどの濃さ（水1リットルに対して塩30g）の塩水につけて冷暗所に2時間ほど置く。

06 あさりをざるにあけ、ボウルに移す。塩をふり、両手ですくいながら殻同士をこすり合わせ、汚れをよく取る。

07 ボウルに水を注ぎ、あさりから落ちた汚れや砂をよく洗う。※殻の溝に汚れが残っているとソースが濁る。

08 油がはねないよう、ふきんやクッキングペーパーであさりの水分をよくふき取る。

09 フライパンにエキストラヴァージンオリーブオイル、パセリの茎、にんにく、赤唐辛子を入れ、中火にかけ、油に香りや辛みを移す。

10 フライパンを回して油を全体に広げ、香りが出たらあさりを加える。

POINT

パスタのゆで上がりを見極める

ゆで汁は取っておく

11 あさりを軽く炒めたら、右手に白ワイン、左手に蓋を持ち、フライパンに白ワインを注ぐ。

12 油がはねないよう、すぐに蓋をする。あさりの口が開いたら、すぐに火を止める。

13 たっぷりの湯を鍋に沸かす。湯の量はパスタ100gに対して最低でも1リットル必要。湯の重量の1%の塩を入れる。

14 湯が沸騰したら、リングイーネを入れる。麺をまっすぐ立てて両手でねじり、湯の近くで手を離す。

15 再沸騰まで鍋の中を混ぜながらゆでる。沸騰したら、リングイーネが鍋の中で踊る位の火加減を保つ。

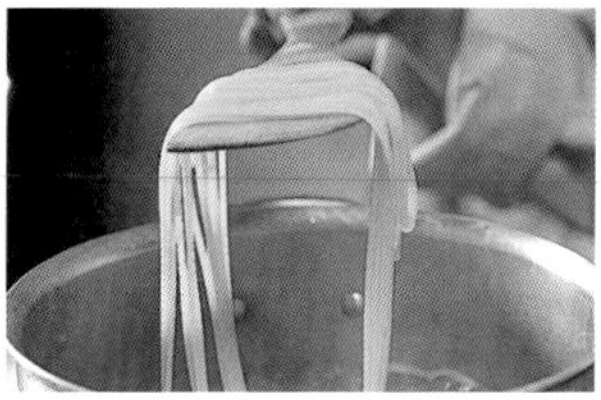

16 アルデンテの一歩手前で引き上げる。指定ゆで時間の直前に木べらですくい、麺の垂れる角度が直角の一歩手前ならOK。

17 麺を和えるとき、水分が足りなくなったら補うため、ゆで汁を1カップほど取る。

18 ゆでたてのリングイーネをざるにあける。あさりが入ったフライパンに加える。

19 弱火にかけ、フライパンをゆすりながら麺とあさりをへらでよく混ぜ、塩、胡椒をふる。※水分が足りなければゆで汁で補う。

20 パセリの茎と赤唐辛子を取り除き、パセリのみじん切りを散らす。

21 仕上げにエキストラヴァージンオリーブオイル大さじ1(分量外)をからめながらフライパンを前後にゆすると、コクが出る。皿に盛り、トマトソースをかける。

MISTAKE

ゆであがったパスタがやわらかすぎる

麺の垂れる角度が直角なのがアルデンテ。少し手前で和え、盛るときにアルデンテになるよう調節します。

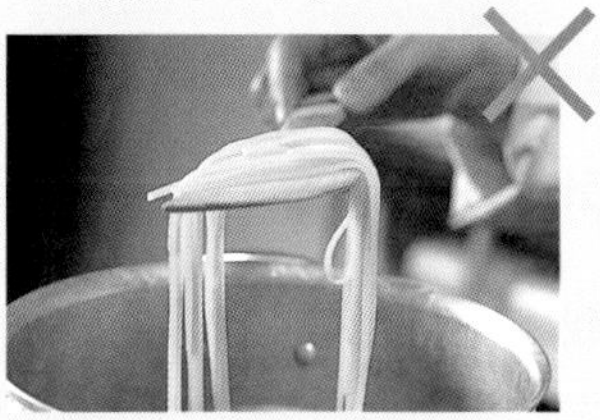

直角になる前に引き上げること

あさりの身が硬くてあまりおいしくない

あさりは火にかけすぎると硬くなるので、口が開いたらすぐに火から下ろします。

口が開いたまま火にかけるのはNG

洋食

ARRANGE!

冷製トマトのカッペリーニ

材料（2人分）

カッペリーニ…120g／フルーツトマト…3個（150g）／トマト（完熟）…1・1/2個（300g）／えび…3尾（75g）／生食用ほたて…2枚（60g）／にんにく…1/2かけ／モッツァレラチーズ…30g／塩、胡椒、バジル…各適量

Ⓐ{トマトペースト…大さじ1／エキストラヴァージンオリーブオイル…小さじ2／赤ワインビネガー…小さじ2※トマトの酸味が強ければ小さじ1}

Ⓑ{オレガノまたはマジョラム…小さじ1/5／エキストラヴァージンオリーブオイル…大さじ1・2/3}

01

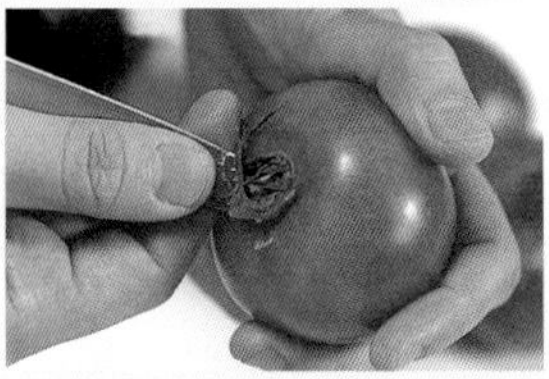

包丁の刃先を短く持ち、2種のトマトのヘタを取る。熱湯に5秒入れて、氷水に落とす。

02

冷たくなればトマトをふきんにのせて水気をとり、皮をむく。ひと口大にカットする。

03

えびは、背わたを取って殻をつけたまま2分ほど塩ゆでする。殻をむき、1.5cm角に切る。

04

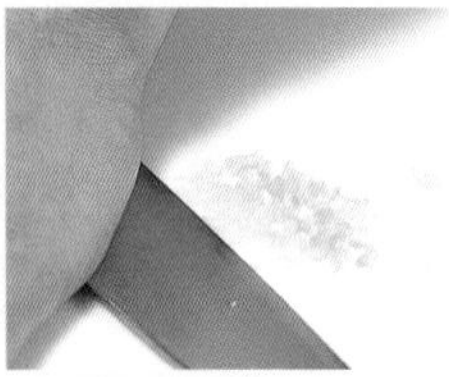

にんにくは、包丁の腹かまな板の下に置いて潰す。

05

生食用ほたては貝柱の脇にある白い部分を取り、1.5cm角に切り、5秒ほど塩ゆでする。

06

モッツァレラチーズを1.5cm角に切り、えび、ほたて、にんにくと一緒にボウルに入れる。

07

フルーツトマトも加え、Ⓑを入れる。

08

ボウルの中身をゴムべらで軽く混ぜる。ラップを密着させ、冷蔵庫で15分ほど冷やす。

09

完熟トマトとⒶをミキサーに入れる。赤ワインビネガーはトマトの酸味によって調節。

10

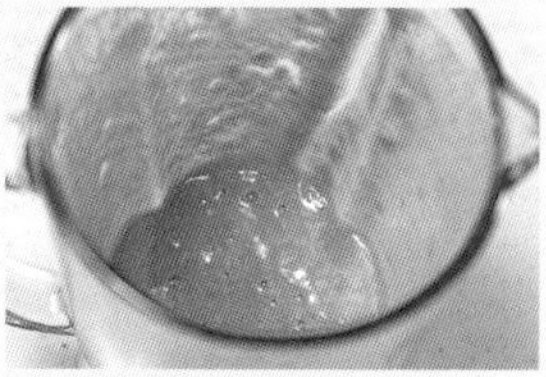

中身がなめらかに混ざるまで、20〜30秒ほどミキサーにかける。

11

塩湯を用意し、まっすぐに立てたカッペリーニを両手でねじり、下面を湯に近づけて手を離す。

12

2〜3分ゆでて、1本食べてみてちょうどよい硬さなら引き上げ、熱いうちに冷水にさらす。

13

麺を触ってみて、よく冷えていれば、ざるに移しボウルをかぶせて上下にふり、水気をきる。

14

マリネしたボウルを冷蔵庫から取り出し、ミキサーの中身を加えて混ぜ合わせる。

15

カッペリーニもボウルに加え、よく和える。塩、胡椒し皿に盛り、バジルを飾る。

MISTAKE

湯むきしたトマトがビショビショに

トマトは湯むきをするときに、長時間お湯につけていると、火が通り、表面がドロドロになってしまいます。また、冷水にさらした状態のまま皮をむくと、果実が水気を吸ってしまってどろっとするのでこれも避けましょう。ふきんで水気をふいてからむくのが正解です。

ゆですぎると水っぽくなるので注意

水の中で皮をむいてはダメ

えびの身が硬く縮まってしまった

えびは殻つきのままゆでると味が抜けません。逆に、殻をむいてからゆでると身がぎゅっと硬くなるだけでなくうまみが逃げてしまいます。さらに形がくずれやすくなります。火の通しすぎもよくないのでタイミングよく引き上げましょう。クルッと丸まったらOKサインです。

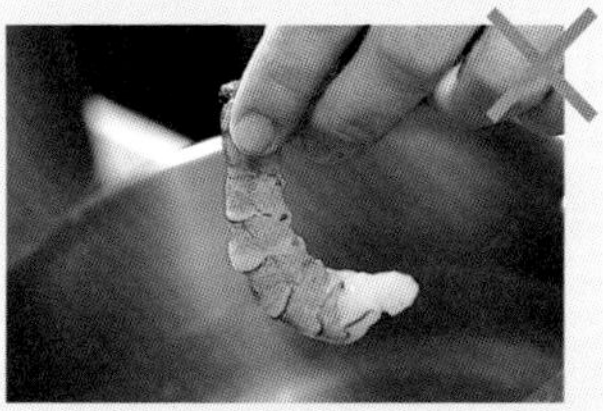

えびの殻はむかずにゆでる

洋食のコツとポイント ⑪

パスタにピザにひっぱりだこ！ トマトソース

トマトのおいしさがぎゅっと詰まった濃厚なソース

フレッシュトマトで作る トマトソース

材料

トマト…2個(400g)　にんにく…1/2かけ　玉ねぎ…1/4個(60g)
オリーブオイル…大さじ1　オレガノ、バジル…各少々　塩…適量

作り方

❶鍋にオリーブオイルとみじん切りにしたにんにくを入れ、強火にかける。ブクブクとしてきたら弱火にして、香りを出す

❷みじん切りにした玉ねぎを加える。しんなりしたら、ひと口大に切ったトマト、オレガノ、バジル、塩を入れる

❸とろみがつくまで15分間煮詰めて、ざるでこす

フレッシュトマトの代わりにこんな材料でもOKです

プチトマト

トマトの代わりにプチトマト400gで同じように作る。プチトマトを使うと、甘みが強い濃厚なソースができる

トマトの水煮缶

トマトの代わりにトマトの水煮缶350gで同じように作ればOK。カットタイプがおすすめ。缶汁ごと加える

主食にもおかずにも利用価値大のソース

トマトソースは、パスタにからめたり、ピザにぬったりと洋食には欠かせないソースのひとつです。ソテーやフライにかけてもいいですし、魚介類や肉を煮込むときにも使えます。

パスタには、そのまま合わせるほか、工夫次第で何通りものバリエーションが生み出せます。たとえば、赤唐辛子をプラスすれば、辛口のパスタ・アラビアータに。生クリームを加えて、まろやかなトマトクリームソースにするのもいいです。

また、少し手間ですが、トマトソースを作るときに玉ねぎ、にんにく、にんじんといった香味野菜とベーコンを炒めてからトマトを加えて煮ると、さらにうまみのあるソースができます。

密閉容器に入れれば冷蔵庫で1週間、冷凍なら2か月間保存できるので、作り置きしておくといいでしょう。

OMELETTE & SCRAMBLED EGGS

オムレツ&
スクランブルドエッグ

デリケートな卵料理はとろりと仕上げて

オムレツ

スクランブルドエッグ

スクランブルドエッグ

スクランブルドエッグ

材料（2人分）

卵…3個、バター…大さじ2/3
生クリーム…大さじ2
塩、胡椒…各適量
ピペラードの材料
生ハム…1枚（8g）
玉ねぎ…1/5個（50g）
ピーマン…1/4個（10g）
赤ピーマン…大1/15個（10g）
トマト…1/4個（50g）
Ⓐトマトペースト…大さじ1/3
　チキンブイヨン
　…1/4カップ（50cc）
塩、胡椒…各適量
バター…小さじ1
にんにくオイル
（P126参照）…大さじ1/2

オムレツ

材料（2人分）

卵…4個
生クリームまたは牛乳…大さじ2
塩、胡椒…各適量
サラダ油…1/4カップ（50cc）
バター…小さじ2
カレー風味のソースの材料
ベーコン（ブロック）…15g
玉ねぎ…1/5個（50g）
きのこ類…40g
ズッキーニ…1/6本（15g）
赤ピーマン…大1/20個（8g）
カレー粉…大さじ1/2
白ワイン…大さじ1
チキンブイヨン
…5/8カップ（125cc）
生クリーム…大さじ2
ルウ（P158参照）…小さじ2
バター…大さじ1
塩、胡椒…各適量

01 ボウルに卵を割り、白身部分に塩、胡椒をふり、生クリームを加えてフォークで混ぜ、味をみる。

02 鍋にバターを入れ、弱火にかける。

03 バターがとけきる直前に弱火のまま卵液を流し入れる。※バターが熱くなると卵が固まってしまうのでタイミングに注意。

04 卵液を泡立て器で混ぜる。ときどきゴムべらに持ち替え、鍋の内側についた卵液を鍋の中に落とす。

05 卵は固まりやすいので、ようすをみながら火を弱めたり火から下したりして混ぜる。もったりとしたらすぐに皿に盛る。

06 ピペラードを作る。玉ねぎとピーマン2種は8mm角に、生ハムは1cm角の色紙切りに。トマトは湯むきし、8mm角に切る。

07 鍋ににんにくオイルとバターを熱し、ブクブクと泡が出てきたら弱火にして2～3分熱する。

08 生ハムを加えて炒め、香りが立ったら玉ねぎを加える。玉ねぎに火が通ったらピーマン2種を入れてじっくりと炒める。

09 野菜がしんなりしたらトマトとⒶを加え、塩と胡椒をふる。蓋をし、弱火で10分煮、05に添える。

オムレツ

01 ボウルに卵半量を割る。卵黄は塩分を吸いやすいので、白身部分に塩と胡椒をふり、生クリームまたは牛乳を半量入れる。

02 フォークを使って、黄身と白身が完全に合わさるまでよく混ぜる。※フォークを高く持ち上げると混ざりやすい。

03 鉄のフライパンは油ならしをする。フライパンを温めサラダ油を全体になじませる。油を捨て、熱いうちにバター半量を入れる。

04 バターから泡が出なくなり、茶色くなったら卵液を注ぐ。フライパンを前後にゆすってフォークで勢いよく混ぜる。

05 半熟まで火が通ったら混ぜるのをやめ、火にかけたまま約3秒置く。

06 フライパンを火から下ろし、ぬれぶきんや鍋しきの上で柄を持ち上げて、フォークで手前から奥に卵を巻く。

07 再び中火にかけ、フライパンを上下にゆすりながら利き手で柄をポンポンとたたき、卵を回転させる。

08 1回転半して、巻き終わりが上になったら、フライパンを逆さにして巻き終わりを下に向けて皿に盛る。同様にもう1つ作る。

09 カレー風味のソースを作る。野菜とベーコンを5mm角に切る。

10 鍋にバターを熱し、ベーコンと玉ねぎを炒め、火が通ったらきのこ、赤ピーマン、ズッキーニを加える。カレー粉を入れる。

11 香りが立ったら白ワインを加え、アルコール分がとべばチキンブイヨン、生クリームを加える。ルウでとろみをつけ塩、胡椒をふる。

MISTAKE

オムレツの表面がきれいな黄色にならない

まだら模様は、卵白と卵黄が混ざってない証拠。また、中身をとろっとさせるには1分以内の調理が鉄則です。

火加減、混ぜ具合は要注意！

スクランブルドエッグがダマダマになる

スクランブルドエッグはフライパンだとかたまりやすいので深鍋で作りましょう。

フライパンは火力が強すぎる

洋食のコツとポイント ⑫

応用もきく基本の卵料理

そのままはもちろん、トッピングや彩りに大活躍

ゆで卵

かぶるほどの水に落とす

沸騰

5分

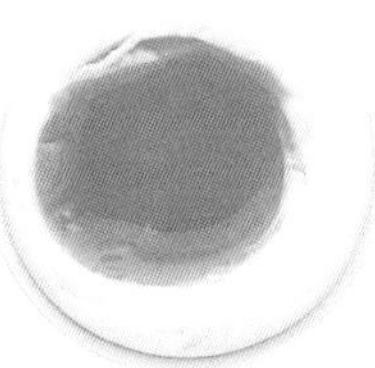

スプーンですくえる固さ

8分

半熟

12分

固ゆで

POINT

ゆでながら転がす

木べらなどで卵を静かに転がしながらゆでると、黄身がきれいに中心にくる

目玉焼き

サニーサイドアップ（白）

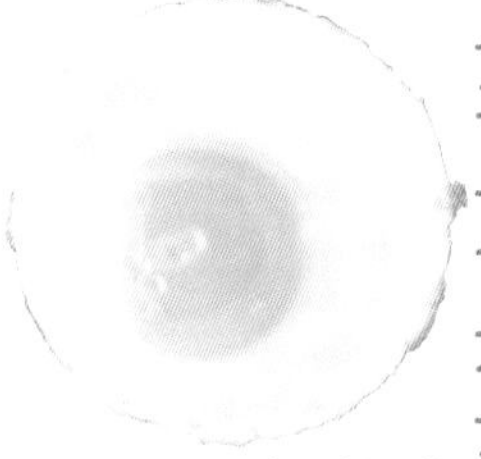

フライパンに卵を割り落として、片面だけ焼く。水を入れ蓋をして焼くと、黄身に白い膜ができる

サニーサイドアップ（黄）

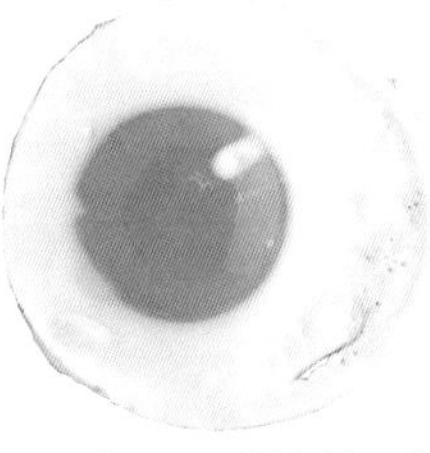

フライパンに卵を割り落として、片面だけ焼く。蓋をせずにそのまま焼くと黄味はきれいな黄色に

ターンオーバー

フライパンに卵を割り落とし、片面が焼けたら裏返して両面焼きにする。黄身まで焼き目がつく

キレイに殻をむくコツ

ゆでたあと冷水に落とすと白身と殻の間に空間ができてむきやすい。冷めたら台の上で転がし、割れ目からクルクルとむく

姿を変える卵の代表料理、ゆで卵&目玉焼き

卵には、熱を通すと固まる熱凝固性があり、卵料理はそのはたらきを利用したものです。

卵の固まる温度は、卵白と卵黄とで差があります。そのため、ゆで卵は、卵白が固まっても引き上げる時間によって、卵黄の状態が変わるのです。急激に温度が上がると割れてしまうこともあるので、水からゆでるようにしましょう。また、70℃前後を保ちながら30分ほどゆでると、白身は固まらずに、黄身だけが固まり、温泉卵になります。

目玉焼きは、直接フライパンに卵を割り落とすより、器に割り入れた卵を、流し入れたほうが、失敗がありません。また、温度が高すぎると、白身に火が通りすぎて底が焦げるため、終始弱火にかけます。蓋をする場合は、白身が固まってきたら水を端から加えて、蒸し焼きにするとしっとり焼けます。

SALAD 3

サラダ3種

少しの工夫でいつものサラダがグレードアップ

シーザーサラダ

アイヨリ風味のポテトサラダ

トマトサラダ

アイヨリ風味のポテトサラダ

アイヨリ風味のポテトサラダ

材料（2人分）

じゃがいも…1・1/2個（150g）
玉ねぎ…1/10個（25g）
ハム…1・1/2枚（15g）
マスタード…大さじ1/2
卵…1個
塩、胡椒…適量
アイヨリソースの材料
にんにく…1/4かけ
Ⓐ卵黄…1/4個分
　水…小さじ1/2
　塩、胡椒…各適量
ヴァージンオリーブオイル
…大さじ1・1/3

01 じゃがいもは皮をむき2〜3cm角に切る。水に浸してでんぷんを落とし、ラップをして電子レンジで5分加熱する。ビン底で潰す。

02 卵は水からゆでて、沸騰後12分したら引き上げ、冷水に落とす。※12分以上ゆでると卵黄のまわりが黒ずむので注意。

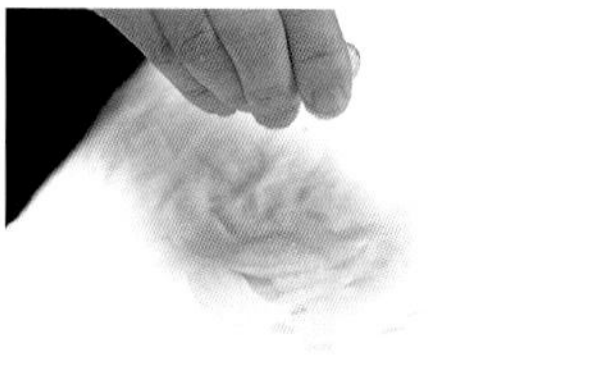

03 玉ねぎをさらし玉ねぎにする。薄切りにしてさらしの上にのせ、塩をまぶしてよくなじませる。

04 さらしに包んで口をねじり、水につけながら手のひらでクルクルと回す。玉ねぎからぬめりと水分が出たら水にさらして絞る。

05 ゆで卵が冷めたら、手のひらを使って転がし、ひびが入ったところから殻をむく。5mm角の粗みじん切りにする。

06 アイヨリソースを作る。すりおろしたにんにくをボウルに入れ、Ⓐを加え、塩がとけるまで混ぜる。

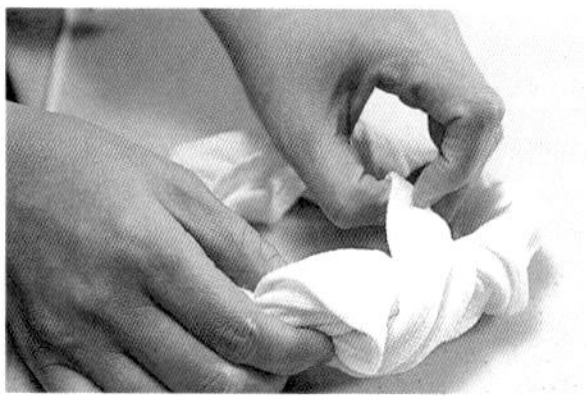

07 ねじったふきんで輪を作り、巻き終わりはほどけないようねじりこむ。ボウルを傾けて固定する。

08 卵液を1か所に集める。泡立て器を素早く動かしながら、ヴァージンオリーブオイルを少しずつ垂らし、混ぜる。

09 08に、じゃがいも、卵、短冊切りにしたハム、さらし玉ねぎを混ぜる。塩、胡椒とマスタードで調える。

POINT

油が分離しないよう素早く混ぜる

トマトサラダ

材料（2人分）

トマト…小2個（240g）
卵…1個
ディル…適量
グレープフルーツドレッシングの材料
グレープフルーツ
…1/4個（50g）
玉ねぎ…1/10個（25g）
白ワインビネガー…大さじ1/2
サラダ油…大さじ1・2/3
塩、胡椒…各適量

トマトサラダ

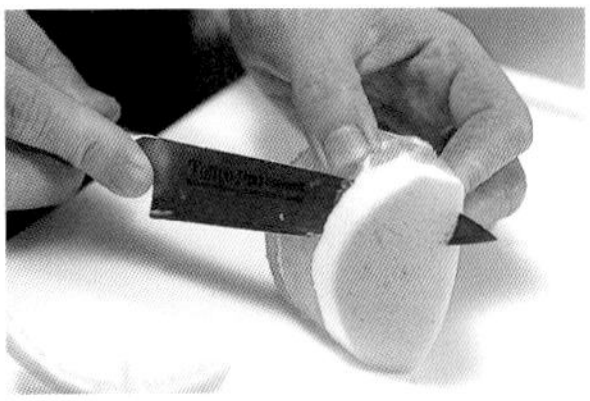

01 グレープフルーツドレッシングを作る。グレープフルーツは両端を切り落とし、皮と実の間にナイフを入れ、実を切り取る。

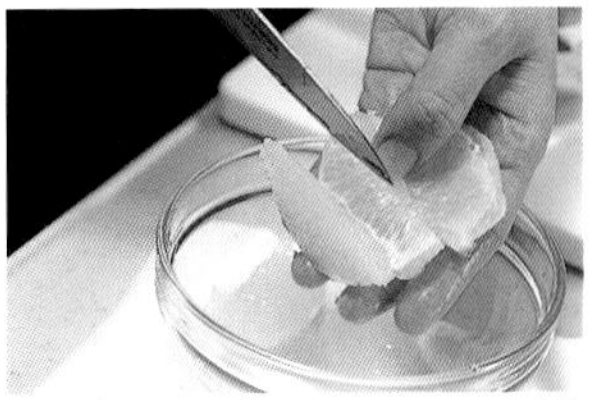

02 1房ごとに薄皮をはがして、果肉を取り出し、5mm角に切る。残った房を手で握り、果汁を搾り出す。

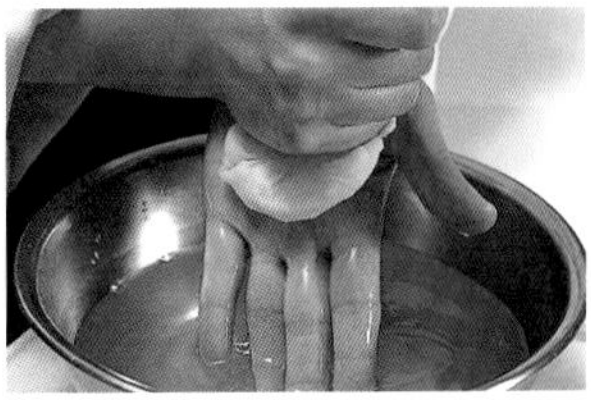

03 玉ねぎはみじん切りにし、ポテトサラダと同じようにして、さらし玉ねぎにする。

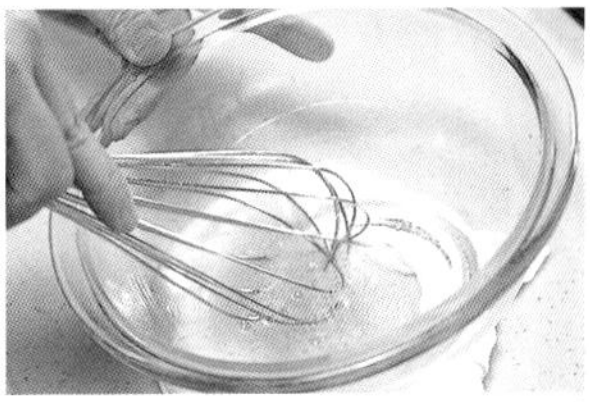

04 ボウルを傾けて固定し、グレープフルーツの果汁、白ワインビネガー、塩、胡椒を加え混ぜる。

05 泡立て器を左右に素早く動かしながら、サラダ油を糸状に垂らして注ぐ。

06 さらし玉ねぎ、グレープフルーツの果肉を加えて和える。

07 ポテトサラダと同様に卵を水からゆで、殻をむく。白身と黄身に分け、それぞれざるに押しつけ、細かくする。

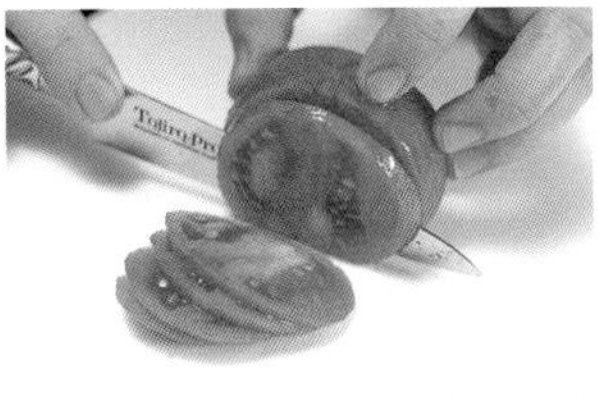

08 トマトはヘタを取り、湯に5秒落として氷水にとる。水気をきって皮をむき、3mm幅にスライスする。

09 皿に並べ、ドレッシングをかける。白身と黄身を交互にのせ、ディルを飾る。

ONE MORE RECIPE

シーザーサラダ

材料（2人分）

ロメインレタス…1/2株（125g）
ベーコン…2枚（30g）
パルメザンチーズ…10g
バゲット…1/4本
オリーブオイル…大さじ3
にんにく…1かけ
Ⓑウスターソース、マスタード、アンチョビペースト…各小さじ1
　レモン汁…大さじ2
　パルメザンチーズ…大さじ1
　粗びき黒胡椒…小さじ1/3
　塩…適量
　卵黄…1/2個分
サラダ油…大さじ3

作り方

❶フライパンに潰したにんにくとオリーブオイルを熱し、香りが出たら取り出す。
❷同じフライパンで3cm角に切ったバゲットを焼いて、取り出し、続いて1枚を6等分にしたベーコンを焼く。
❸❶のにんにくをみじん切りにし、Ⓑと合わせ、サラダ油を糸状に垂らす。
❹ロメインレタスをざく切りし、❸と和え、❷、削ったパルメザンチーズをトッピングする。

バケットもベーコンもカリカリに

塩の量はアンチョビの塩気で調節

洋食

洋食のコツとポイント ⑬

基本のドレッシングと応用

生野菜にかけるだけで一品できあがり!

シンプルサラダにぴったり フレンチドレッシング

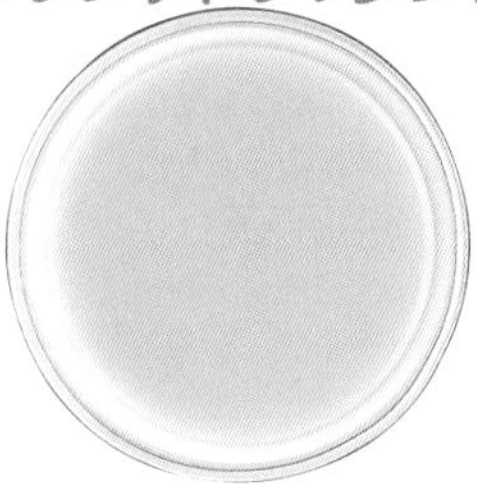

材料　Ⓐ{白ワインビネガー大さじ2、マスタード大さじ1/2}／塩、胡椒各適量／サラダ油1/2カップ（100cc）

作り方　Ⓐを混ぜ、塩と胡椒をふる。サラダ油を細く垂らして加える

少ない材料でOK 和風ドレッシング

材料　濃口醤油、酢各大さじ2／サラダ油1/2カップ（100cc）

作り方　ボウルに濃口醤油、酢を入れて、泡立て器でよく混ぜる。混ぜながらサラダ油を少しずつ垂らす

ごまの香りが香ばしい 中華ドレッシング

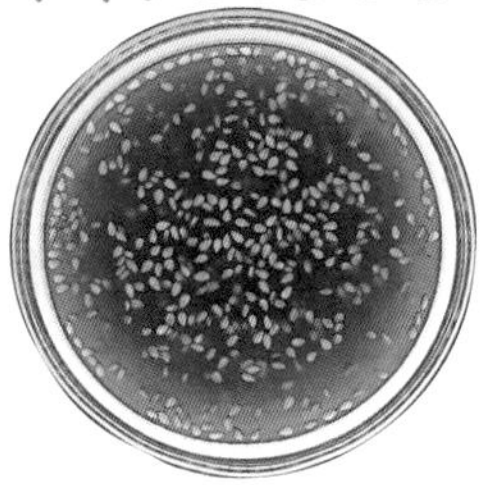

材料　濃口醤油、酢各大さじ2／煎りごま大さじ1/2／ごま油、サラダ油各1/4カップ（50cc）

作り方　濃口醤油、酢、ごまを合わせ、ごま油とサラダ油を少しずつ垂らす

＋ハーブ

ミントドレッシング　ミントの葉のみじん切り小さじ1、ライム汁大さじ1を合わせる

＋ゆず

ゆずドレッシング　ゆずの皮小さじ1、絞り汁大さじ2、刻んだらっきょう大さじ1を混ぜる

＋マヨネーズ

マヨネーズドレッシング　マヨネーズ大さじ2と粒マスタード大さじ1/2を合わせたものをときのばす

＋しょうが

おろししょうがドレッシング　大根おろし大さじ2としょうが汁大さじ1/2を混ぜ、合わせる

＋明太子

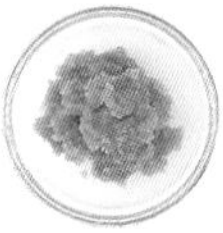

明太ドレッシング　明太子大さじ2を酒大さじ1/2でときのばし、和風ドレッシングと和える

＋梅

梅ドレッシング　梅肉、しば漬け各大さじ1とカリカリ梅小さじ1を刻んで合わせる

＋オイスターソース

オイスタードレッシング　オイスターソース大さじ2、酒大さじ1/3と混ぜ合わせる

＋甜麺醤

中華ごまドレッシング　練りごま大さじ1と甜麺醤大さじ1/3を合わせたものに、少しずつ加える

＋豆板醤

豆板醤ドレッシング　ザーサイとねぎのみじん切り各大さじ1、豆板醤大さじ1/2を混ぜる

基本＋香りのある食材でバリエーションが広がる

ドレッシングは、新鮮な油、酢、塩を合わせたものが基本。醤油をプラスして和風に、ごま油をプラスして中華風にと基本を覚えるとアレンジも簡単です。

基本のドレッシングに合わせるのは、和風なら和の素材、洋風なら洋の素材が一番。らっきょうや漬物など固形の食材を混ぜるときはみじん切りにするとなじみがよくなります。水分を出す性質の酢や塩が作用して、野菜がしんなりしてしまうのでサラダとドレッシングは食べる直前に和えましょう。

また、サラダ以外にもアイデア次第でいろいろ使えます。酸味のきいたドレッシングならマリネに、コクのあるドレッシングなら生春巻きや冷しゃぶのたれにしてもおいしいです。保存はビンなどに入れて冷蔵庫で2週間可能。ただ、分離しやすいので使う前によくふってください。

※プラスする食材の分量は各ドレッシング1/2カップに対するものです。

SOUP 3

スープ3種

素材のうまさがぎゅっと凝縮した極上の一皿

かぼちゃのポタージュ

かぼちゃのポタージュ

材料（2人分）

かぼちゃ…1/10個（125g）
玉ねぎ…1/10個（25g）
ねぎ…1/6本（15g）
チキンブイヨン
…1・1/2カップ（300cc）
牛乳…約1/4カップ（約50cc）
食パン（12枚切り）…1/2枚
バター…適量
サラダ油…大さじ1

01 天板にアルミはくをしき、5cm大に切ったかぼちゃを置く。水（分量外）をまぶし、アルミはくで包み、180℃のオーブンで20分焼く。

02 ねぎは3～4mm厚さの小口切りに、玉ねぎは3～4mm幅の薄切りにする。

03 クルトンを作る。フライパンを中火にかけ、バター小さじ2とサラダ油を熱する。

04 バターがとけたら5mm角に切った食パンをこんがりと焼き、油をきる。

05 鍋にバター大さじ1を熱して、とけたら、ねぎと玉ねぎをしんなりするまで炒める。チキンブイヨンを注ぐ。

06 オーブンからかぼちゃを出す。竹串が通るようなら薄く皮をむいてさらに2cm角に切り、鍋に加えゴムべらで混ぜる。

07 15分ほど煮て、野菜がやわらかくなったら火を止める。水をはったボウルに鍋ごと浸して、粗熱を取る。

08 粗熱が取れたら、鍋の中身をミキサーに移し、なめらかになるまで混ぜ、鍋に戻す。

09 牛乳で濃度を調え温める。甘みが足りない場合は砂糖やはちみつを加え、クルトンとあれば生クリームを浮かべる。

クラムチャウダー

材料（2人分）

あさり（大粒のもの）…200g
ベーコン（ブロック）…15g
玉ねぎ…1/5個（50g）
にんじん…1/10本（15g）
セロリ…1/10本（10g）
じゃがいも…3/4個（75g）
チキンブイヨン
…1・1/4カップ（250cc）
薄力粉…10g強
生クリーム…大さじ2・1/3
牛乳…約1/4カップ（約50cc）
クラッカー（プレーン）…1枚
バター…大さじ1
パセリ、塩、胡椒…各適量

POINT

**野菜は均等の
大きさにカット**

クラムチャウダー

01 玉ねぎ、にんじん、セロリ、ベーコン、水ででんぷんを落としたじゃがいもを1cmの色紙切りにする。

02 海水程度(水1リットルに対し塩30g)の塩水に約2時間浸して砂抜きしたあさりの水気をきり、塩をふる。殻同士をこすり、水で洗う。

03 あさりをチキンブイヨンで煮る。口が開いた順にあさりを取り出し、身を殻からこそげ取る。チキンブイヨンは取っておく。

04 鍋にバターを熱し、とけたらベーコンを炒め、香りが出たら、セロリ、にんじん、玉ねぎを加え、色づけないよう炒める。

05 野菜が半透明になって甘い香りが出たら、薄力粉を加え、粉気がなくなるまで炒める。油分が足りなければバター(分量外)を加える。

06 あさりを煮たブイヨンを注いで強火にする。ブイヨンの底に砂がたまっているので、上澄みだけを注ぐ。

07 底をこそげるように木べらで混ぜる。沸騰したら中火に落とし、塩、胡椒、じゃがいもを加え、アクをすくいながら約10分煮込む。

08 生クリームと牛乳を加えて混ぜ、あさりを加える。深皿に盛り、砕いたクラッカーとパセリのみじん切り少々を散らす。

ONE MORE RECIPE

コンソメスープ

材料(2人分)

牛赤身肉(もも肉またはすね肉)…200g
玉ねぎ…1/6個(40g)
ねぎ…1/4本(25g)
にんじん1/6本(25g)
セロリ…1/6本(15g)
ローリエ…1枚
ビーフブイヨン…1.2リットル
Ⓐタイム…1/3枝
　卵白…2個分
　トマトピューレ…大さじ3・1/3
粗塩、胡椒…各適量

作り方

❶玉ねぎ、ねぎ、にんじん、セロリは2～3mm幅に、牛赤身肉は5mm角に切る。
❷鍋に❶と、ちぎったローリエ、Ⓐを入れる。ねっとりするまで手で混ぜ、40℃に温めたビーフブイヨンを注ぐ。
❸強火で鍋を温めながら、木べらを8の字に動かして混ぜる。
❹スープから湯気が立ち上がってきたら混ぜるのをやめ、弱火にかける。2～3か所が常に沸騰している状態を保ち、味が出るまで、60分ほど煮る。
❺スープを静かにこし、クッキングペーパーで表面の脂を取る。器に盛り、好みの浮き実を浮かべる。

火が強いとアクが混ざってしまう

お玉ですくいながらこす

洋食のコツとポイント ⑭

香味野菜はうまさアップの立役者

消臭したり香りをつけたり、おいしさのカギを握る野菜

にんにく

炒めると独特な香りが立つ。マリネして臭い消しに使うことも

玉ねぎ

生だとツンとした刺激臭があるが、火を通すと甘くなる

パセリ

みじん切りにしてソースなどに加えると、風味がよくなる

ピーマン

炒めるとうまみと香りが出る。熟すと赤くなり甘みが増す

にんじん

細かく刻んで炒めると、うまみとよい香りが出る

ねぎ

洋食はポロねぎを煮込んで甘みをだす。和食は長ねぎを薬味に

セロリ

香りが強く、煮込み料理、炒め物、ブーケガルニに活用

おいしく仕上げるのが何より得意な香味野菜

玉ねぎやねぎがもつ、ツンとした刺激臭は、魚や肉の生臭さを軽減する作用があります。また、玉ねぎやねぎは、炒めると甘みが出るため、スープやソースのベースに使われます。このように、香りづけや風味づけに使われる野菜のことをまとめて香味野菜と呼びます。

香味野菜には、香りの強いものや炒めることによってうまみの出るものがあります。これに含まれる野菜は、にんじん、パセリ、セロリのセリ科の野菜、ピーマン、唐辛子のナス科の野菜、青じそ、バジルのしそ科、しょうがやみょうがのしょうが科の野菜と多彩。パセリや青じそは青みとしても使われます。

食材をマリネしたり、細かく刻んで炒めることによって、うまみ、風味、香りをプラスしてくれ、料理をいっそうおいしくしてくれます。

第5章
中華

中華の心得

家庭の台所でいかに手早く作業するか、小さな工夫が大切です

中華はスピードと火力が一番のキモ。とくに炒め物は、鍋をよく温めて、熱くなってから炒めはじめること、下味をつけること、温度が上がりやすいよう油をある程度使うことが鉄則です。材料を下ゆでするか油通しをすると、炒める時間を短縮できます。このとき、中華鍋にザーレンを重ねると油きりや水きりが簡単にできます。

時間短縮のため調味料をあらかじめ合わせておいたり、全体になじむよう調味料を鍋肌から回し入れたりと少しの工夫で仕上がりに差が出ます。また、にんにくやしょうが、ねぎなど香りのある食材を炒めるときは、焦がさないよう火加減に注意を。

中華料理を作るには、やはり中華鍋を使うのが一番です。中華鍋は大変優れた調理器具で、炒め物には中華用お玉、蒸し物や点心にはせいろ、揚げ物にはザーレンと、必要な道具をプラスすれば、たいていの料理を作ることができます。はじめにそろえるなら、両手タイプより、片手タイプのほうが持ちやすいのでおすすめです。あまり大きいと重くて扱いづらいので、直径26～30㎝くらいのものを選びましょう。

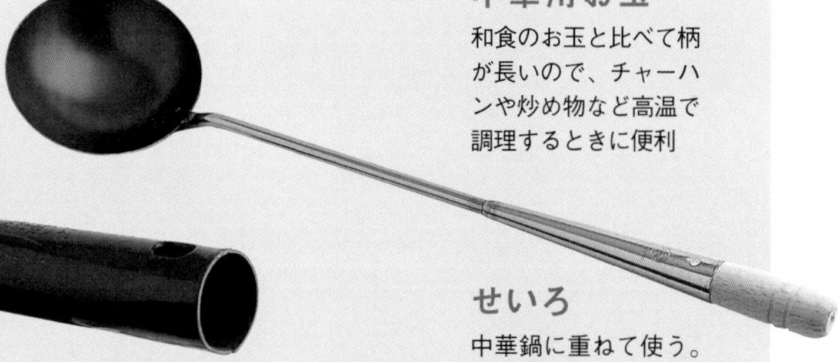

中華用お玉

和食のお玉と比べて柄が長いので、チャーハンや炒め物など高温で調理するときに便利

中華鍋

底の丸い鉄製の鍋。これひとつで揚げ物も煮物も炒め物もできる。片手つきのタイプと両手つきのタイプがある

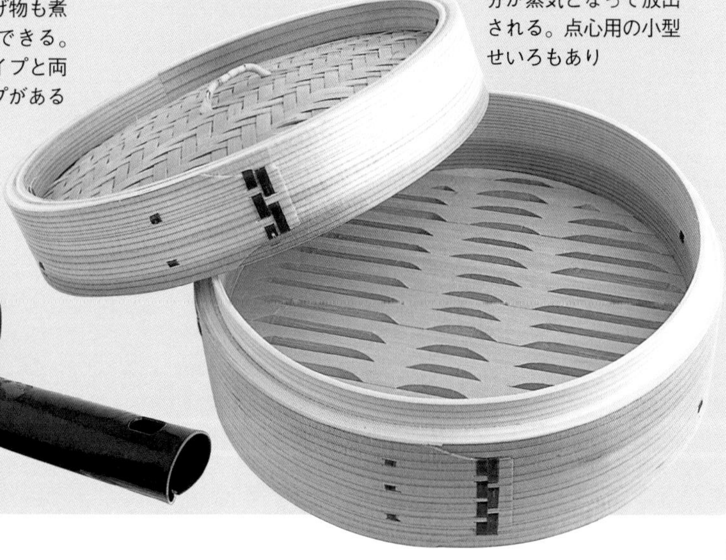

せいろ

中華鍋に重ねて使う。蓋の隙間から余分な水分が蒸気となって放出される。点心用の小型せいろもあり

ザーレン

小さな穴が開いていて、油きりや湯きりに使う。材料を一度に取り出せるので揚げムラを防ぎ、手早く調理できる

MA PO DOUFU

麻婆豆腐

ピリッとした山椒の辛さと香りがクセになる

麻婆豆腐

材料(2人分)

絹ごし豆腐…1丁(300g)
豚ひき肉…75g
ねぎ…1/6本(15g)
しょうが、にんにく…各1/2かけ
豆板醤…大さじ1/2
Ⓐ豆鼓醤、濃口醤油
…各大さじ1/2
酒または紹興酒…大さじ1
甜麺醤…小さじ1/2
鶏ガラスープ
…5/8カップ(125cc)
水とき片栗粉、サラダ油、花椒(中国産)、万能ねぎ、塩
…各適量

01 にんにくはみじん切りにする。包丁の腹とまな板の間で一度潰すと、素早く切れるうえ、細かく仕上がる。

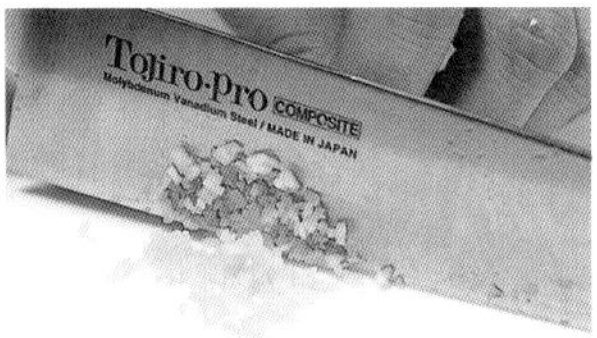

02 しょうがは皮をむいて、端から薄切りにして少しずつずらして重ね、せん切りにする。90°向きを変え、端から切りみじん切りにする。

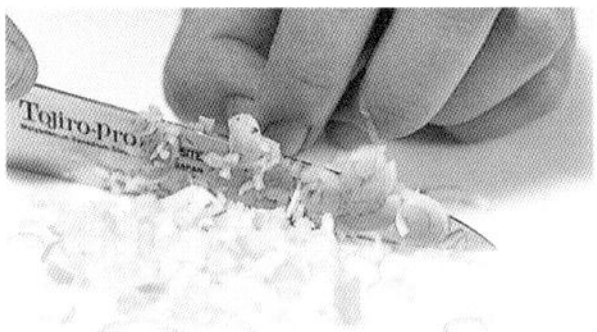

03 ねぎはみじん切りにする。カットする前に、ねぎ全体を包丁の刃先で刺すと、細かく切れる。

04 絹ごし豆腐は、包丁を横に入れて、厚みを3等分にする。

05 さらに、縦横にカットして1.5cm角にする。

06 沸騰した湯に、絹ごし豆腐を約2〜3分浸す。※湯に豆腐を浸すと身がしまり、炒めるときにくずれにくくなる。

07 万能ねぎは2〜3mm幅の小口切りにする。

08 花椒は鍋で乾煎りする。熱くなったら火から下ろし、そのまま5分置き、花椒が乾燥して香りが立つのを待つ。

09 香りが立てばすり鉢ですり潰す。※時間がなければ、買ってきた花椒を、すぐにすってもよい。

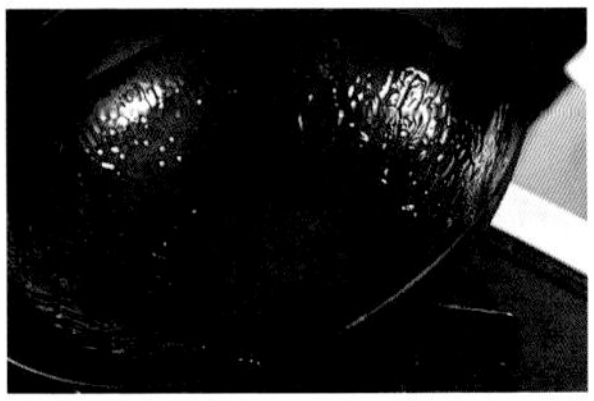

10 中華鍋を強火にかけ、熱くなったら中火弱にし、サラダ油大さじ1を入れ、鍋を回し油をなじませる。

POINT

豆腐は熱湯に浸して身をしめる

仕上げにアツアツの油をかける

MISTAKE

片栗粉を入れたら、みるみる固まる…

片栗粉には水と一緒に加熱すると粘りがでる性質があり、とろみづけにとても便利。ですが、扱いにはちょっと注意が必要です。水とき片栗粉を加えるときは、鍋の中身を絶えず混ぜるようにしないとあっという間に固まってしまいます。一度固まってしまうと修復は難しいので気をつけて。あらかじめといておいた水とき片栗粉は、沈殿しやすいので料理に加える直前に箸などで一度かき混ぜましょう。

水とき片栗粉は混ぜながら加える

できあがったら豆腐がミンチ状態！

デリケートな豆腐は、炒めるとどうしてもくずれてしまいます。ですが、炒める前に2〜3分ほど熱湯に浸しておくと、豆腐の身がきゅっとしまって比較的くずれにくくなるのです。豆腐を炒める場合はひと手間かけて、調理前に熱湯に浸してみてください。ちなみに、水とき片栗粉を加えるときにも、豆腐をなるべくくずさないよう底からすくうように混ぜると、グズグズにならず美しく仕上がります。

乱暴に混ぜると悲惨な状態に！

11 中華鍋の油が温まったらにんにく、しょうが、ねぎを入れる。入れた瞬間に“ジュッ”というくらいの温度がベスト。

12 続いて、中華鍋に豆板醤を加え入れ、混ぜながら香りが出てくるまで炒める。

13 豆板醤のむせるような香りがしてきたら、豚ひき肉を加える。ほぐしながら、ポロポロになるまで炒める。

14 Ⓐを加える。※液体の調味料は、鍋肌からすべらすようにして回し入れると、鍋の熱で香ばしくなる。

15 続いて、水気をきった絹ごし豆腐を鍋に加える。豆腐をくずさないようにひと混ぜする。

16 豆腐が調味料となじんだら、鍋の中を混ぜながら、水とき片栗粉を加える。混ぜながら入れないと固まるので注意。

17 とろみがついたら、味をみて、塩を加えて調味する。

18 アツアツの状態で器に盛り、小口切りにした万能ねぎを上に散らして飾る。

19 続いて、乾煎りしてすり潰した花椒を麻婆豆腐の上に散らす。

20 仕上げにもくもくと煙が出るまで熱したサラダ油をかけ、ねぎや花椒の香りを引き立たせる。

中華のコツとポイント❶

本場の味に近づく中華スパイス

おいしくするだけでなく、健康にも関わる中華香辛料

辣椒《ラージャオ》

中国産のものは種類や大きさもさまざま。辛みと香りづけに用いられる

八角《バァジャオ》

甘くて強い芳香が特徴。クセをやわらげるはたらきがあり、煮込み料理に使う

茴香《ホゥイシィアン》

さわやかな香りと苦味。魚のハーブの異名をもち、魚料理と相性がよい

花椒《ホワジャオ》

山椒の実を乾燥させたものでビリビリとしびれるような辛さが特徴

陳皮《チンピ》

柑橘類の皮を乾燥させたもの。ほろ苦さと甘みがある。点心にもよく使われる

桂皮《ゴェイピィ》

シナモンと同じもので独特の芳香がある。煮込み料理やスープに使う

中華のブレンドスパイス 五香粉《ウーシャンフェン》

桂皮、陳皮、八角などをブレンドした混合スパイス。市販品も豊富で組み合わせはメーカーにより異なる

刺激と香りを簡単にプラスできます

医食同源という言葉があるように、中国では健康と食事が深く結びついています。辛みづけや風味づけに使われるスパイスにも同じことがいえ、さまざまな効能があります。たとえば、陳皮は血圧を下げたり、食欲不振などに効果があり、漢方薬としても使われています。

数々のスパイスの中でも中華料理に欠かせないのは、八角と花椒です。とくに、煮込み料理によく使う八角は、中華料理らしい風味をもっています。

また、炒め物や揚げ物にひとふりするだけで、本格的な味になるのが五香粉です。五香粉は、いわば中華版ガラムマサラ。複数のスパイスを配合して複雑な味わいを生み出すものです。5種類以上のスパイスを使用し、メーカーによって配合もいろいろ。肉料理の下味や内臓の臭み消しなどにも使われます。

HUI GUO ROU

ホイコーロー

ゆで豚とキャベツの天才的な組み合わせ

ホイコーロー

材料（2人分）
キャベツ…3～4枚（200g）
ピーマン…1個（40g）
ねぎ…1/3本（35g）
にんにく、しょうが…各1/3かけ
豆板醤、濃口醤油、酒
…各大さじ1/2
甜麺醤、サラダ油…各大さじ1
ごま油…小さじ1
水とき片栗粉、塩、胡椒
…各適量
ゆで豚の材料
豚ばら肉…150g
鶏ガラスープ
…2・1/2カップ（500cc）
ねぎの青い部分…2本分
しょうが…1/2かけ

01 ゆで豚を作る。鍋に鶏ガラスープを注いで火にかけ、70～75℃（うっすらと湯気が立つ程度）になるまで温める。

02 豚ばら肉、5cmほどの長さにぶつ切りしたねぎの青い部分、2～3mmの幅に薄切りしたしょうがを入れる。

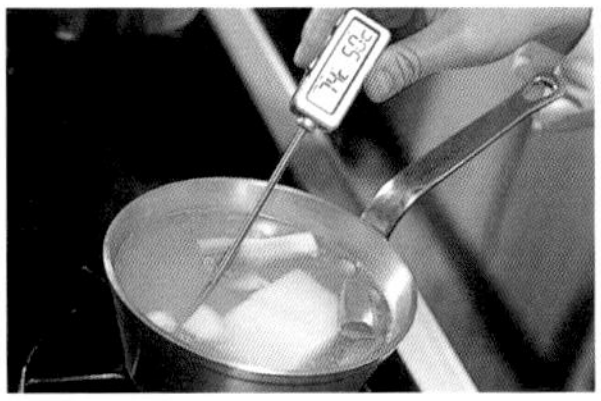

03 湯の温度を保ちながら、約2時間ゆでる。豚ばら肉は煮汁にひたひたにつかっていること。

04 にんにくはみじん切りにする。途中、包丁の腹とまな板の間で潰すと素早く切れるうえ、細かく仕上がる。

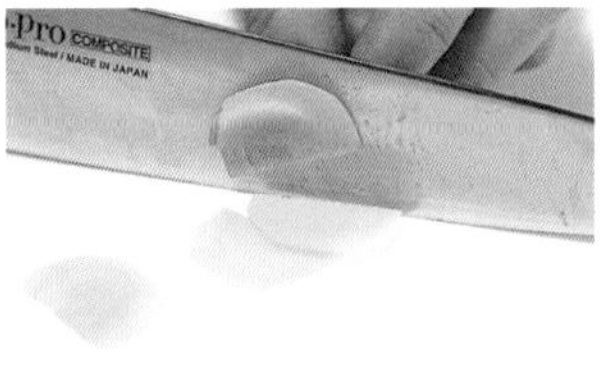

05 しょうがは、1～2mm厚さに切り、少しずつずらして重ね、せん切りにし、みじん切りにする。

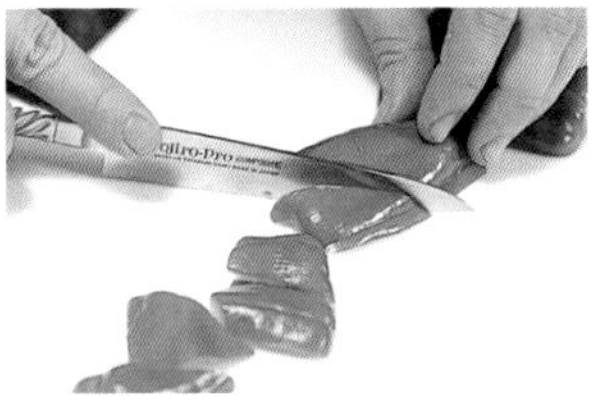

06 ピーマンは半分に切り、ヘタと種、ワタを手で取り除く。包丁の腹で押して平らにし、2～3cmの乱切りする。

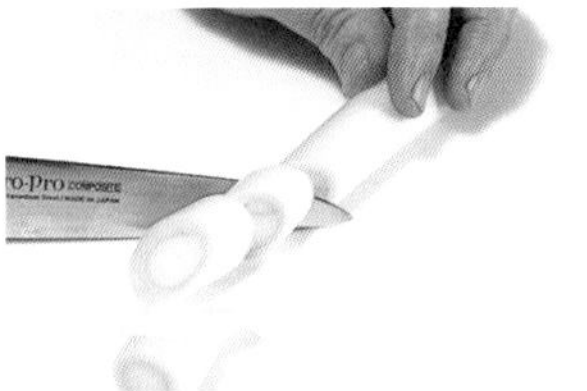

07 ねぎは2～3cmほどの長さになるよう、端からななめに切る。

08 キャベツの硬い芯の部分はそぐようにして切り落とし、葉を5～6cm角ほどに大きくざく切りにする。

09 中華鍋に湯を沸かして、沸騰したらキャベツをゆでる。※炒める前にゆでておくと、短い炒め時間でおいしく仕上がる。

10 キャベツがしんなりしたら、ピーマンも加えて30秒ゆでる。

POINT

ゆで豚は厚めにスライスする

豚をゆでた汁でうまみをプラス

11 中華鍋の中身をザーレンやざるなどにあけて、炒めたときに油がとばないよう、水気をしっかりきる。

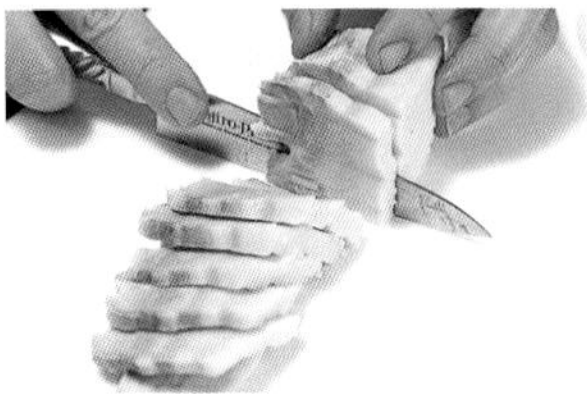

12 指定時間ゆでたゆで豚を3～4mmほどの幅で厚めにスライスする。※細くスライスすると肉が丸まってしまう。

13 中華鍋を中火にかけ、手をかざして熱いようなら、サラダ油を熱する。鍋を回して全体に油をなじませる。

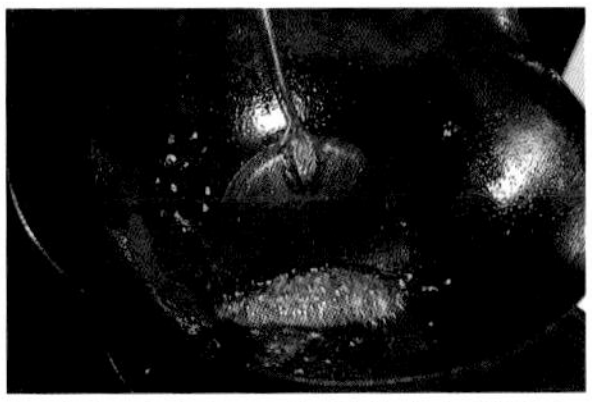

14 にんにくかしょうがを少し落としてみて“ジュッ”といったら、にんにく、しょうが、豆板醤を加えて中火で炒める。

15 ゆで豚を1枚ずつ入れる。肉同士を重ねるとくっついてしまう。

16 中華鍋を回しながら、ゆで豚を炒める。片面に焼き色がついたら、ひっくり返して両面ソテーする。

17 ゆで豚の両面に焼き色がついたら、すぐに、ねぎと甜麺醤を入れる。

18 さっと炒めて、混ぜ合わせたら、強火にする。

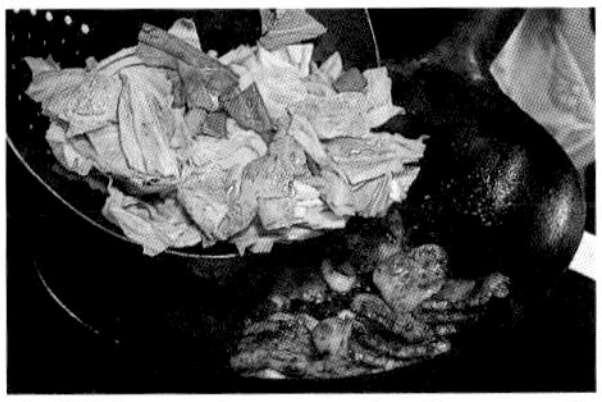

19 中華鍋に、キャベツとピーマンを加えて、鍋をゆすりながら素早く炒め合わせる。

20 具材が鍋の中で合わさったら、豚をゆでたときにとれたスープ1/4カップ(50cc)を鍋肌から注ぐ。

21 続いて濃口醤油と酒を鍋肌から回し入れる。※熱くなった鍋肌から調味料を入れると香ばしい香りが移る。

22 湯気が立ち、ブクブクと沸騰したら、鍋の中を混ぜながら、水とき片栗粉を加え、塩、胡椒で味を調える。

23 仕上げにごま油を鍋肌から垂らして、香りをつけてできあがり。

MISTAKE

豚をゆでずに使ったら炒めるうちにボロボロに…

ただの薄切り肉などを使うと、豚肉同士がくっついたり、炒めてるうちに縮んだりします。豚をゆでたスープは調味料にもなるので、多少時間はかかりますが、しっとりとやわらかくゆで豚を作りましょう。

ただの豚肉では縮んで硬くなる

中華のコツとポイント 2

ゆで豚は汁までおいしいお得な一品

肉もスープもアレンジできて一切ムダがありません

ポークカレー

玉ねぎ、にんじん、セロリ、薄力粉、カレー粉を炒め、スープを加え、豚肉、チャツネ、塩を加えて煮込む

豚キムチ鍋

豚肉とキムチをごま油で炒め、酒、スープを加える。沸騰したら、好みの野菜を煮込みながら食べる

ラーメンスープ

ねぎ、しょうが、豆板醤、味噌、豚ひき肉を炒め、酒、濃口醤油、砂糖、スープを加えてひと煮立ち

Soup

チャーハン

P213の五目チャーハンのレシピを参考に、ハムの代わりにコーンと5mm角に切ったゆで豚を加える

サラダ

生野菜とスライスしたゆで豚を盛る。にんにく、豆板醤、濃口醤油、ラー油を混ぜたにんにくだれをかける

豚の角煮

酒、醤油、砂糖、みりん、だし汁、ゆで豚を鍋に入れてやわらかくなるまでじっくり煮込む

Pork

ゆで豚は一度の手間で二度も三度もうまい！

ゆで豚は、鶏ガラスープとねぎ、しょうが、豚ばら肉を、一定の温度を保ちながら煮たものです。脂肪と赤身が交互に層になったばら肉は、じっくりと火を通すことによって、とろっとした食感になります。冷蔵庫で1週間保存できるので、たれをかけてそのまま食べても、ホイコーローやチャーハンに使ってもいいでしょう。

肉だけでなく、豚肉を煮たあとのスープの利用度も高いのが、ゆで豚のいいところです。麺類のスープにしたり、調味料感覚で炒め物に少量加えたりすればうまみがプラスされ、味に深みが出るでしょう。スープは一度冷やし、余分な脂を固めてこしてから使ってください。

ゆで豚のように、一度調理すれば何度も楽しめる料理は、時間のあるときに多めに作っておくと、あとあと助かります。

GAN SHAO MINGXIA

えびのチリソース

ぷりぷりのえび×甘辛ソースの名コンビ

えびのチリソース

材料(2人分)

えび…12〜15尾(200g)
にんにく…1/2かけ
しょうが…1かけ
ねぎ…1/3本(35g)
豆板醤…大さじ1
ごま油…小さじ1
Ⓐ卵白、サラダ油
　…各小さじ1
　片栗粉・塩…各適量
Ⓑ酒…大さじ1
　ケチャップ…大さじ3
　鶏ガラスープ
　…1カップ(200cc)
　砂糖、酢…各小さじ1
水とき片栗粉、塩、胡椒
…各適量
サラダ油…大さじ2

POINT

えびに粉をよく染み込ませる

えびは表面をさっと炒める

01 にんにくは、包丁で端から刻み、できるだけ細かくみじん切りにする。

02 みじん切りしている途中で包丁の腹とまな板の間でにんにくを潰してさらに細かくする。

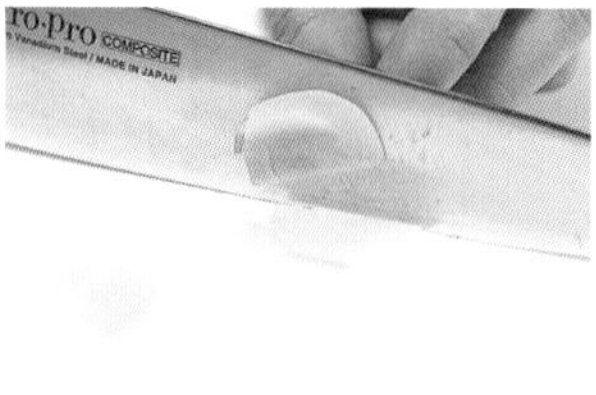

03 しょうがは皮をむいて、1〜2mmの幅に薄切りする。端からせん切りし、90°向きを変え、みじん切りにする。

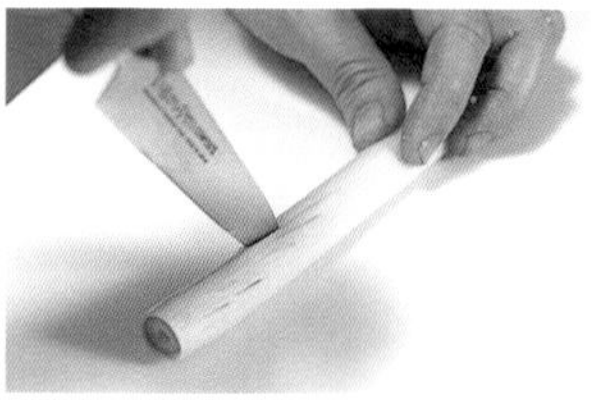

04 ねぎもみじん切りにする。ねぎは、包丁の刃先で全体を刺してから切ると簡単にみじん切りできる。

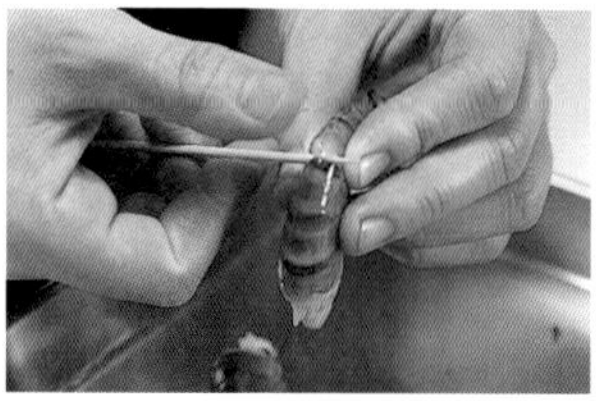

05 えびの背わたを取る。胴体をくるっと軽く丸め、2〜3節目に竹串を刺す。

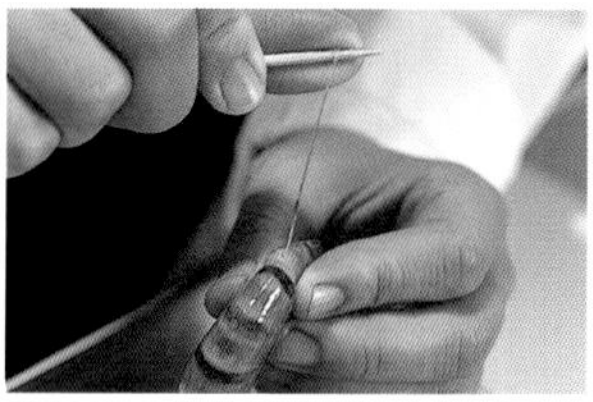

06 抜けないよう親指で押さえて竹串を上に引き、背わたを抜き出す。左右に動かしながら少しずつ引っ張るとちぎれずきれいに抜ける。

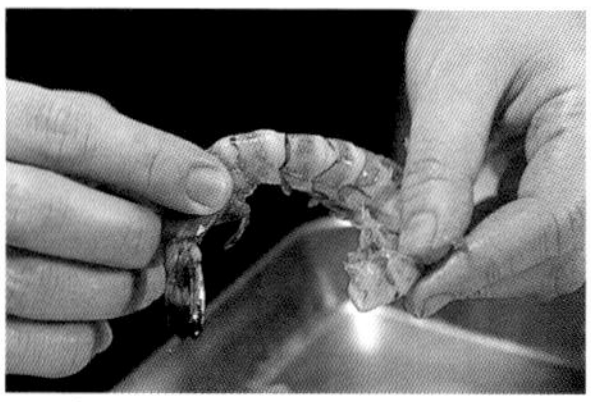

07 えびの殻を足のほうからめくるようにしてむく。尾は残しておく。

08 殻をむいたえびをボウルに入れ、Ⓐを加える。

09 指先全体で混ぜ、えびが水分を吸収するまでよくまぶす。※卵白と片栗粉をまぶすとプリッとした食感に。

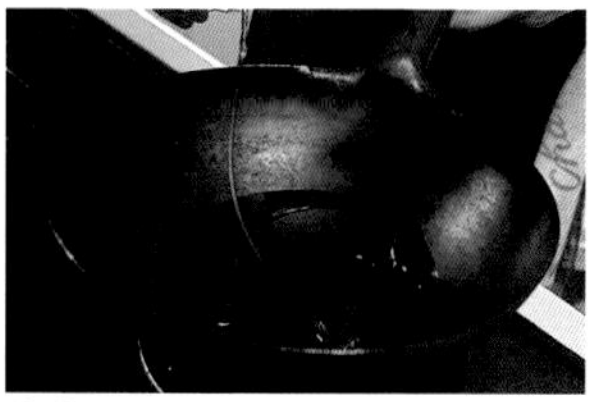

10 中華鍋にサラダ油大さじ1を熱して、鍋を回して全体によくなじませる。

11 えびを、ムレないように間隔を空けて並べ、強火にかける。※強火で焼くと真っ赤に色づき、香ばしく焼ける。

12 中華鍋を回して、全体に油をなじませながらえびを焼く。※こうすると底ばかりでなく上の方も火のあたりがよくなる。

13 赤くなったら、ひっくり返して両面を焼く。ここでは表面だけ香ばしく焼き、煮込んだときにジューシーになるようにする。

14 両面が鮮やかに色づいたら一度取り出す。※軽く表面を炒めると香ばしくなり、鍋にもうまみが移る。

15 えびを炒めた中華鍋にサラダ油大さじ1を熱する。にんにく、しょうが、ねぎを入れ、弱火で炒める。

16 続いて豆板醤を加え、よい香りが出るまで、混ぜながらじっくりと炒める。

17 豆板醤のむせるような香りがしてきたら強火にして、Ⓑを加えて、よく混ぜる。

18 湯気が立ち、ブクブクと沸騰してきたら、先ほど炒めたえびを戻し入れる。

19 約1分煮てえびに火を通す。※煮込むことでうまみがソースに移る。

20 1分したら、中華鍋の中を混ぜながら水とき片栗粉を回し入れ、とろみをつける。

21 香りづけのごま油を鍋肌から垂らす。※鍋肌から液体を垂らすとアツアツの鍋肌をつたって香ばしい香りが移る。

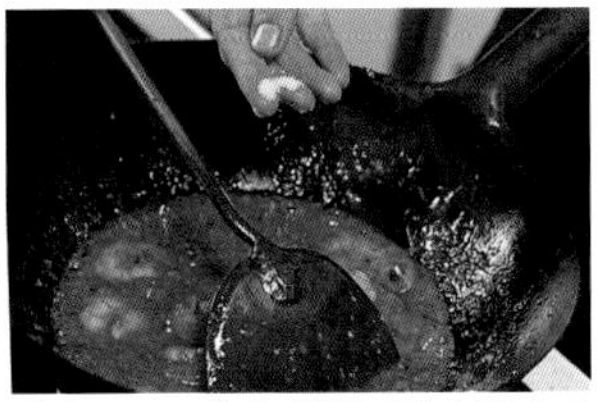

22 味をみて、塩と胡椒で味を調える。

MISTAKE

炒めたえびがきれいに丸まらない

えびは火を通すとクルッと丸まりますが、そのままの形で鍋に入れてしまってはきちんと丸まりません。鍋に入れるときに少し注意して、丸く形を作りながら入れるときれいに仕上がります。

えびは形を整えながら並べる

中華

中華のコツとポイント❸

えび＆いかの正しい下処理

一杯でいろいろおいしいいかと和洋中で大活躍のえび

いかの下処理

下足とわたを抜く

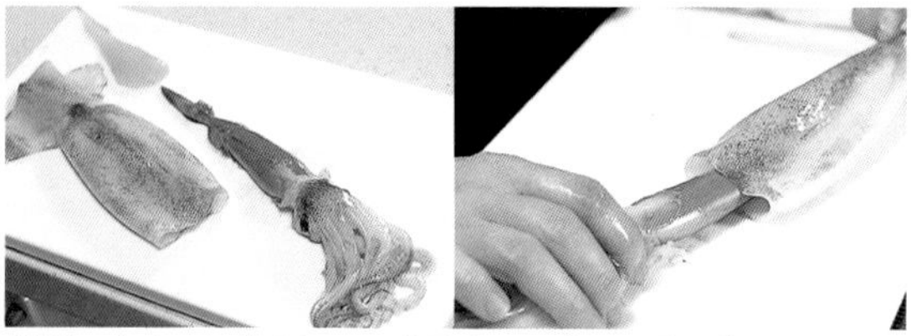

❶胴のすそから指を入れ、軟骨を取り出し下足を押さえながら胴を引っ張る（写真右）。下足、わた、胴に分ける（写真左）

いかの部位

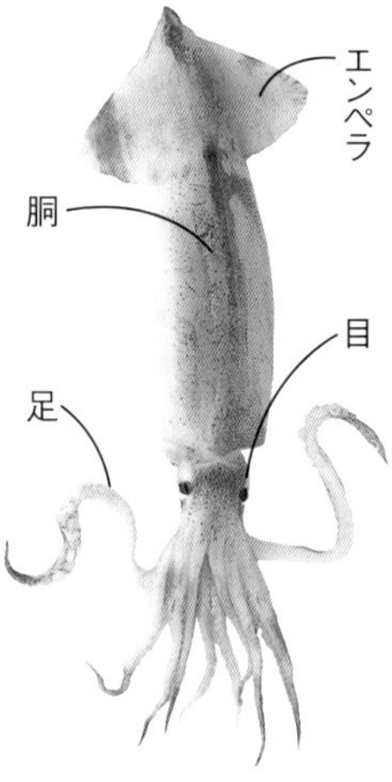

解体する

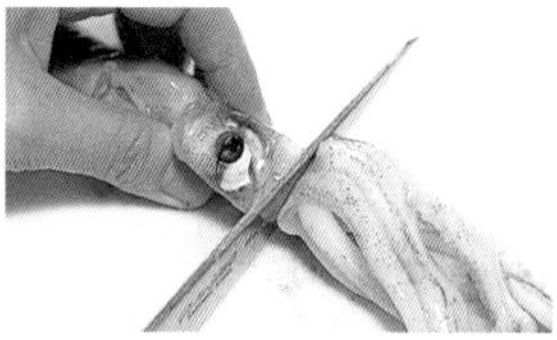

❷下足を目のすぐ下でカットする。吸盤を切り落とし、縦に2つに切り、くちばしを取る

皮をむく

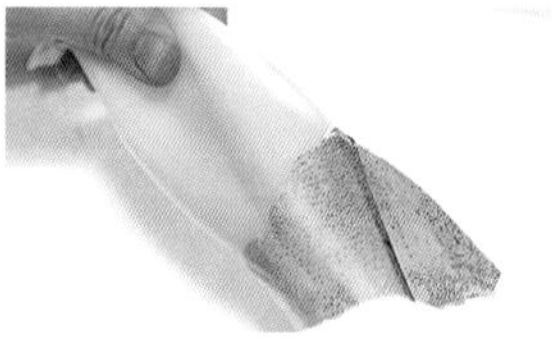

❸エンペラと胴のつけ根に指を入れ、エンペラを取る。ふきんで皮をつまみ、剝ぎ取る

えびの下処理

背わたを取る

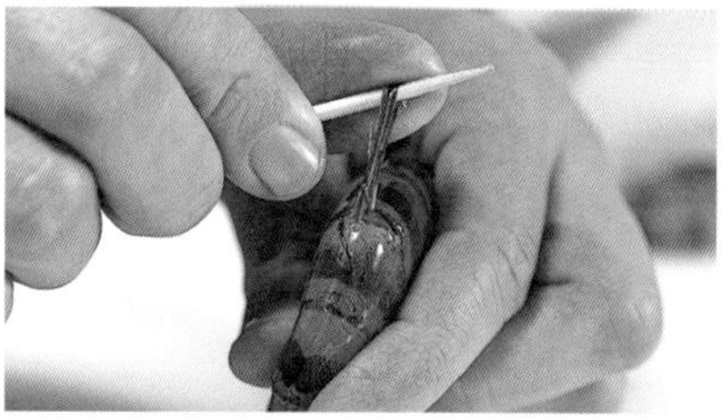

❶えびの、2〜3節目の隙間に竹串を刺す。指で押さえながらそのまま背わたを抜く

殻や尾の処理

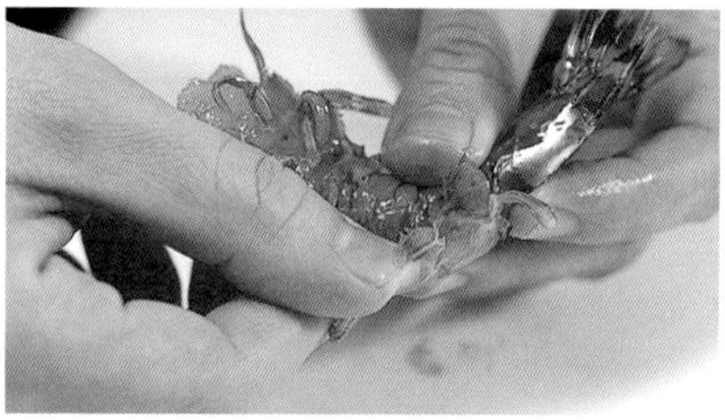

❷足からめくるように殻をむく。尾の殻はつけ根を押さえながら、殻だけ抜く。尾を残す場合は、尾の先端に切り目を入れて水を抜く

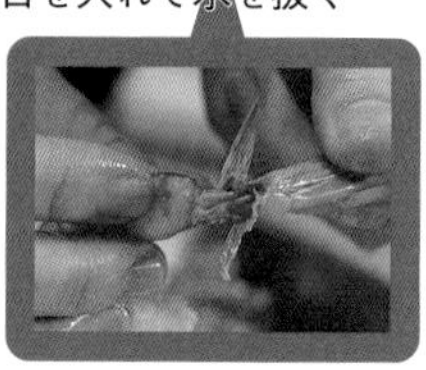

料理のジャンルを超えて食されるえびといか

和洋中問わずに人気のえびといか。えびは、火を通すと鮮やかに赤くなり、彩りとしての役割も果たしています。頭に内臓があり、不要な場合は手でひねってちぎります。取った頭は味噌汁に入れても美味。ちなみに、内臓が黒ずんでいる場合は、鮮度が落ちている証拠なので、早めに調理しましょう。

一方いかは、一杯の中でさまざまな味わいや食感が楽しめるのが魅力。そのため、下処理のときに胴、わた、下足をきれいに分けます。一緒に調理することもありますが、わたは塩辛、胴はいかめし、下足は下足焼きと、別の料理に使えば、何品ものメニューが一杯でできます。

皮が、むいている途中で切れてしまったら塩をこするか、ふきんでこすって持ち手を作ります。取ったエンペラは先端をカットし、皮をむきます。

FU RONG XIEDAN

かに玉

卵白をよく泡立ててふんわり仕上げましょう

かに玉

材料（2人分）
卵…4個
かに身…80g
Ⓐ酒…小さじ2
　無糖練乳…大さじ2
　塩、胡椒…各適量
ねぎ…1/7本（14g）
きくらげ（乾燥）…1g
にんじん…1/10本（15g）
絹さや…7枚（14g）
塩、胡椒…各適量
サラダ油…1/4カップ（50cc）

甘酢あんの材料
Ⓑ砂糖、酢…各大さじ2
　酒、醤油…各大さじ1
鶏ガラスープ
…3/5カップ（120cc）
干し貝柱…2個
グリンピース…大さじ1
水とき片栗粉…適量

POINT

焼き油をたっぷり使う

火加減は
中火と強火の間で

01 甘酢あん用の干し貝柱は鶏ガラスープに半日浸して戻す。やわらかくなったら手で細かくほぐす。

02 絹さやは、豆が並んだ背側の筋を手で取る。数枚まな板に並べて端から切り、1～2mm幅のせん切りにする。

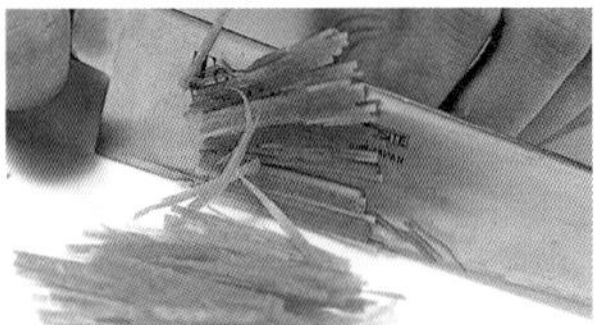

03 にんじんは、1～2mm幅のせん切りにする。※野菜は、卵に混ぜ込んで焼くので、なるべく細く切った方が歯ざわりがいい。

04 きくらげは10分ほど水に浸して戻す。水気をきって、きくらげの石づきを切り落とし、1～2mm幅のせん切りにする。

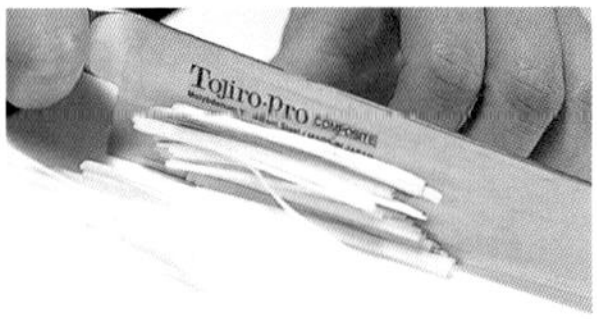

05 ねぎは、縦に1本切り込みを入れて、中の緑色の芯部分を取り出し、白い部分をせん切りにする。

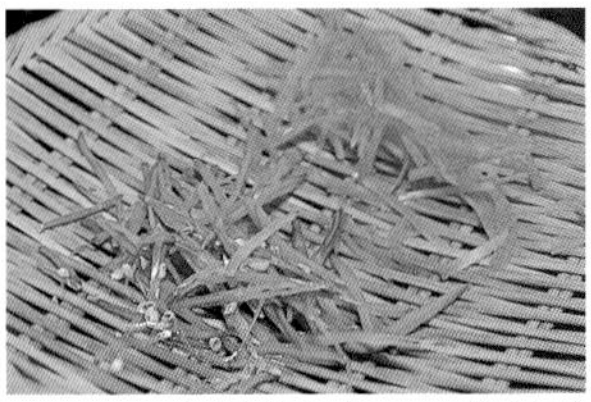

06 にんじんと絹さやを1～2分ほど、さっと塩ゆでする。盆ざるに広げて置き、あおいで手早く冷ます。

07 4個の卵のうち2個を、卵黄と卵白に分けてそれぞれボウルに割り入れる。

08 卵黄を入れたボウルに、残り2個の卵を割り入れる。同じボウルに、合わせたⒶを加えて下味をつける。

09 とろっとした卵白を切り混ぜるように、菜箸を使っていねいにとき混ぜる。

10 水気をきったかに身、きくらげ、ねぎ、塩ゆでしたにんじん、絹さやを混ぜ、塩と胡椒をふる。

11 先ほど分けた卵白を、泡立て器で混ぜる。ツノが立つまでしっかり泡立て、メレンゲを作る。卵液と合わせる直前に作ること。

12 泡立てた卵白を10の卵液に加え、ゴムべらなどでふんわり合わせる。※泡立て器で混ぜるとメレンゲが潰れるので避ける。

13 中華鍋にサラダ油を熱し、鍋によくなじませる。※油が少ないと焦げつきやはりつきの原因に。

14 手を中華鍋にかざしてみて、サラダ油がじゅうぶん熱くなったようなら卵液を一気に流し入れる。

15 中火と強火の間くらいの火加減で焼く。卵の形を整えるように、まわりからゴムべらで大きく混ぜる。

16 卵液がまわりから固まってきたら、鍋を回して卵を大きく回転させて、焼き色をつける。鍋をふって返す。むずかしければへらを使う。

17 卵が半熟になったら、すべらすようにして皿に移す。※焼きすぎると食べたときのふわふわ感がなくなってしまう。

18 甘酢あんを作る。ボウルにⒷを合わせ、戻った干し貝柱を鶏ガラスープごと注いでよく混ぜる。

19 卵を焼いた中華鍋の油をきって、18を注ぎ、グリンピースを入れて火にかけ、ひと煮たちさせる。水とき片栗粉でとろみをつける。

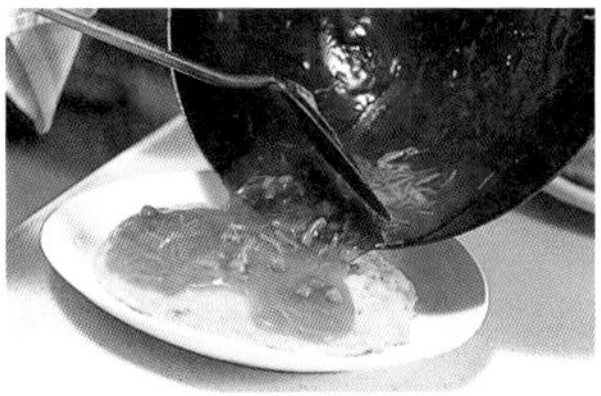

20 とろみがついた甘酢あんをアツアツのうちに、皿にもった卵の上からかける。

MISTAKE

鍋に卵がべたっとくっついちゃった

中華鍋に卵液がはりついてしまうのは、油が少なすぎるのが原因です。また、焼く前に鍋をじゅうぶんに温めておかないのも、くっつきや焦げつきの原因になります。

油は思いきってたっぷりと

こんがりと茶色く焼き色がついた

卵はやや強めの中火で焼き上げますが、火が強すぎるとあっというまに焦げ目がついてしまいます。常に火加減を注意して、ようすをみながら調節しましょう。

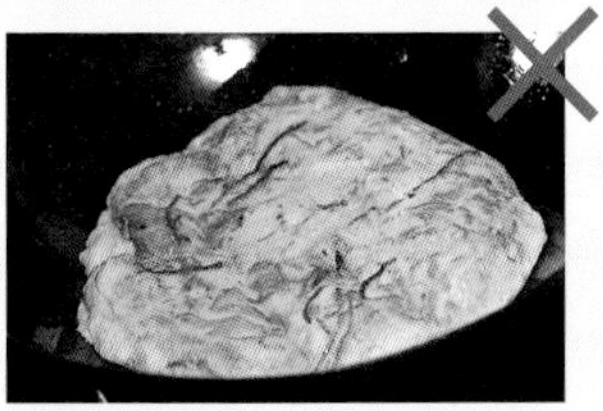

火加減は強火と中火の間くらい

できあがったら薄っぺらくて中も硬い

かに玉は、ふわっとした食感が魅力です。早く火を通したいからといって上から強く押さえてしまうのはNG。底からふんわり混ぜてふわふわのかに玉を目指しましょう。

ぎゅっと押すと食感がだいなし

中華のコツとポイント④

アツアツとろ～りあんかけ料理

温かい料理を温かいあんで包むと冷めにくくなります

水とき片栗粉の分量

片栗粉：水＝1：1

ひすいあん

材料　春菊15g／Ⓐ{だし汁1/2カップ(100cc)、薄口醤油・みりん各小さじ1、塩少々}／水とき片栗粉適量

作り方　鍋にⒶ、みじん切りにした春菊を煮立て、水とき片栗粉でとろみをつける

醤油あん

材料　Ⓐ{砂糖大さじ2、酒・濃口醤油各大さじ3、酢大さじ1、鶏ガラスープ1/2カップ(100cc)}／しょうがの薄切り8枚／水とき片栗粉適量

作り方　しょうがは針しょうがにして、Ⓐと煮立て、水とき片栗粉でとろみをつける

かに肉あん

材料　Ⓐ{かに肉40g、砂糖・酢各大さじ2、酒・濃口醤油各大さじ1}／Ⓑ{鶏ガラスープ3/5カップ（120cc)、干し貝柱2個}／水とき片栗粉適量※合わせたⒷは半日置く

作り方　ⒶとⒷを煮、水とき片栗粉を加える

クリームのあん

材料　Ⓐ{酒大さじ1、しょうが汁小さじ1、塩小さじ1/2、鶏ガラスープ2カップ(400cc)}／無糖練乳大さじ4／水とき片栗粉適量

作り方　Ⓐを鍋に煮立て、無糖練乳を加え、水とき片栗粉でとろみをつける

料理をおいしく食べる工夫の賜物、あんかけ

とろみのついたあんは、料理の熱を閉じ込め、冷めにくくする効果があります。淡白な料理にコクを与える役目もあり、あっさりとした魚や野菜の蒸し物などにマッチします。味の濃いあんをかける場合は、料理を薄味に仕上げることがポイントです。また、あんも料理もアツアツなのがおいしいので、あんと料理が同時にできあがるように調理時間を調節しましょう。

料理にとろみをつけるときは、同量の水でといた片栗粉を加えます。入れるタイミングは仕上げ直前で、必ず汁が煮立った状態で入れること。温度が低いと粉っぽくなってしまいます。また、鍋の中を混ぜながら加えないと、一部だけ固まってしまい、均等にとろみがつきません。水とき片栗粉は扱い方を間違えると失敗のモトになるので注意してください。

JIAOZI

餃子

おいしく作りたいなら皮もぜひ手作りで

餃子

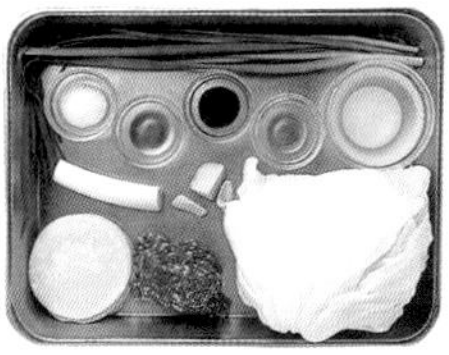

材料（16個分）
豚ひき肉…100g
キャベツ…中2枚（100g）
にら…1/6束（15g）
ねぎ…1/4本（25g）
しょうが、にんにく…各1/4かけ
Ⓐ塩、ごま油、酒…各少々
　濃口醤油…小さじ1
サラダ油…大さじ1
水とき片栗粉（水100cc＋薄力粉＋片栗粉各小さじ1/2）
餃子の皮（P200参照）…16枚

しょうが風味の酢醤油の材料
Ⓑ酢…小さじ2
　濃口醤油…大さじ2
しょうがの薄切り…2枚
ねぎ…1/8本（12g）
サラダ油…小さじ2

ごまだれの材料
煎りごま…大さじ1
ラー油…小さじ1
芝麻醤、酢…各小さじ2
濃口醤油…大さじ2

POINT

焼き上がったら少し冷やす

01 キャベツ、にら、ねぎは粗みじん切りに、しょうが、にんにくは細かくみじん切りする。

02 キャベツに塩少々をまぶす。そのまま約15分置いて水分を出し、ぎゅっと絞る。

03 あんを作る。ボウルに豚ひき肉を入れ、Ⓐを入れて手で練り混ぜる。※豚ひき肉に液体を吸収させる気持ちでよく練る。

04 下味がついたら、続いて、キャベツ、にら、ねぎ、しょうが、にんにくを加える。

05 手で練り合わせる。※すぐ使ってもいいが、1日冷蔵庫に入れて置くと熟成し、よりおいしくなる。

06 あんをバットに広げて16等分にし、皮の数と中身の量を均一にする。

07 P200を参考に、餃子の皮を作る。乾燥しないよう生地にぬれぶきんをかぶせておく。

08 薄くのばした皮を1枚、左手で持つ。へらであんを取り皮の中央にのせる。※あんを入れすぎると失敗するので量は控えめに。

09 皮ではさむようにしてあんを包み、ひだを作りながら、両面を貼り合わせる。つきにくい場合は、指で水を周囲に塗る。

10 包んだものから、打ち粉をした台にのせる。必ずラップを上にかぶせて並べ、乾燥を防ぐ。

MISTAKE

皮を作って置いたら、はりついて取れない

手作りした皮は、そのまま放っておくと皮同士がくっついてしまうので、たっぷり打ち粉をしましょう。時間がたっても安心です。皮は乾きやすいので、固く絞ったふきんかラップを必ず上からかぶせて、乾燥を防ぎます。

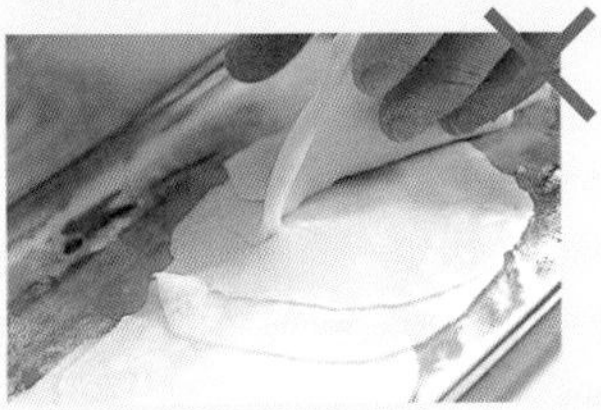

打ち粉とラップで乾燥を防止

餃子を包むのが苦手で具がはみでてしまう

皮に包むとき、欲張ってたくさんあんを入れると上手く包めません。隙間があるとそこから具やうまみが逃げてしまうのです。少なすぎてもダメですが、見栄えが多少悪くても、具が完全に包まれていることが大切です。

たくさんあんを入れると包めない

11 しょうが風味の酢醤油を作る。細切りにしたねぎとしょうがに、煙が出るまで熱したサラダ油を垂らす。Ⓑを加えて混ぜる。

12 ごまだれを作る。煎りごまをすり鉢ですり、芝麻醤、ラー油を加えてすり合わせる。混ぜながら酢と濃口醤油を加える。

13 フライパンを熱し、サラダ油を入れて餃子を並べる。置いたときに“ジュッ”という音がするくらいの温度がベスト。

14 餃子を並べたフライパンに、水とき片栗粉を回し入れる。※こうすると底に薄いパリッとした膜ができておいしさアップ。

15 フライパンに蓋をして約7分、中火で蒸し焼きする。

16 蓋をはずし、3分焼いて水分を完全にとばす。餃子の焼き面がこんがりして水気がなくなったら火から下ろす。

17 ぬれぶきんの上に、フライパンを10秒ほどのせる。※こうすると餃子がフライパンからはがれやすくなる。

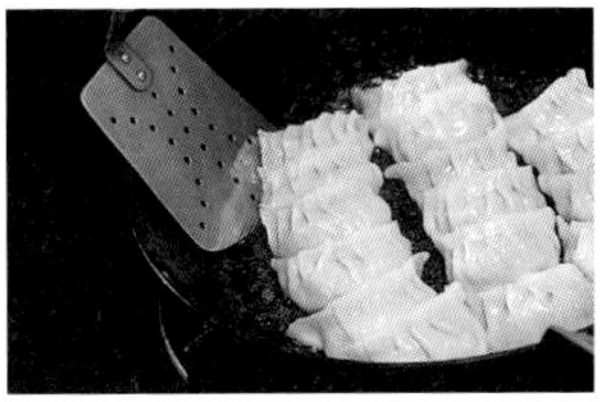

18 フライ返しでフライパンから餃子をはがす。皿に盛り、しょうが風味の酢醤油やごまだれをつけて食べる。

19 水餃子の場合は、沸騰したたっぷりの湯にひとつずつ餃子を落とし、餃子が踊るくらいの温度で約5分ゆでる。

こんな包み方もあり

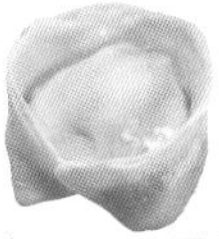

中央にあんを置き、ひだをつけずに皮を貼り合わせる。両端をつまみ、中央で合わせ、形を整える。

皮の中央にあんを置き、あんをはさむように皮を立てる。指先でひだを作りながら貼り合わせる。

皮の中央にあんを置き、両側からはさむ。4本の指を使い、十字のひだを3つ作りながら貼り合わせる。

皮の中央にあんを置き、あんを中心に四方の皮を立てる。指でつまんで皮同士を貼り合わせる。

ARRANGE!

焼売

材料（16個分）

豚ひき肉…200g／えび…大2尾（60g）／玉ねぎ…1/8個（30g）／干ししいたけ…1個／たけのこの水煮…30g／しょうが…1/3かけ／グリンピース…16粒

Ⓐ{酒、砂糖、濃口醤油、ごま油、オイスターソース…各小さじ1／鶏ガラスープ…小さじ2／塩、胡椒…各適量}

片栗粉…小さじ2／焼売の皮（P200参照）…16枚

01

干ししいたけは、軸を下にして半日水に浸して戻す。水気を絞り、粗くみじん切りする。

02

たけのこの水煮は、4～5mm角ほどの粗いみじん切りにする。

03

えびは、2～3節目に竹串を刺して背わたを抜き取る。殻をむき、4～5mm角の粗みじんにする。

04

玉ねぎとしょうがはみじん切りにする。

05

あんを作る。豚ひき肉をボウルに入れ、粗くみじん切りしたえびを加える。

06

えびと豚ひき肉を手で練るようにして混ぜ合わせる。ねっとりとするまでもみ続ける。

07

しいたけ、たけのこの水煮、玉ねぎ、しょうがもボウルに加えて、同じように練り合わせる。

08

あんを合わせたボウルにⒶを加え入れる。

09

手で練りながら、肉が水分を吸収するまでよく混ぜるとジューシーでやわらかいあんになる。

10

片栗粉を混ぜ合わせる。※片栗粉には、水分が流れ出るのを防ぐのとつなぎの役割がある。

11

完全にあんが混ざったら、バットに広げ16等分する。

12

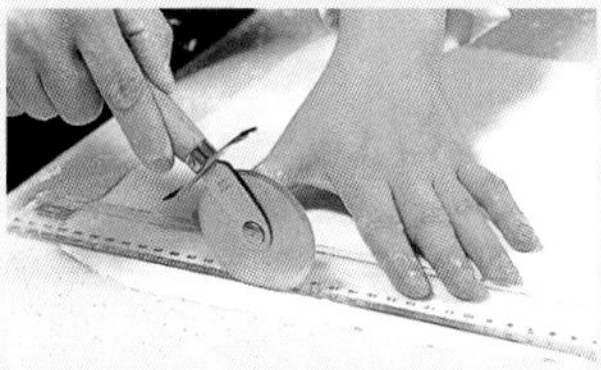

P200を参考に焼売の皮を作る。皮には、ラップなどをかぶせる。

13

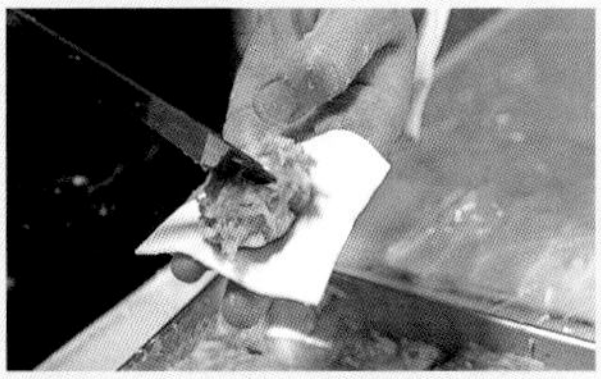

四角くカットした皮を1枚左手に持つ。へらであんをバットから取り、皮の中央にのせる。

14

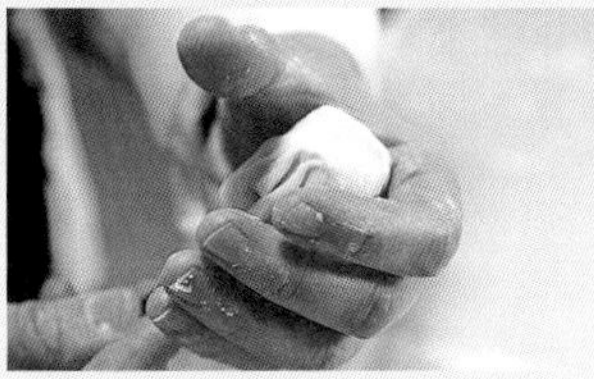

親指と人差し指で作った輪にあんごと皮を押し込んで、底が平らになるように形を整える。

15

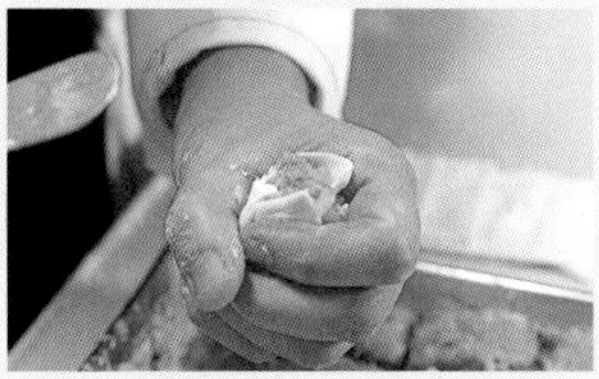

筒状に指を曲げて、あんが飛び出さない程度にぎゅっと握る。

16

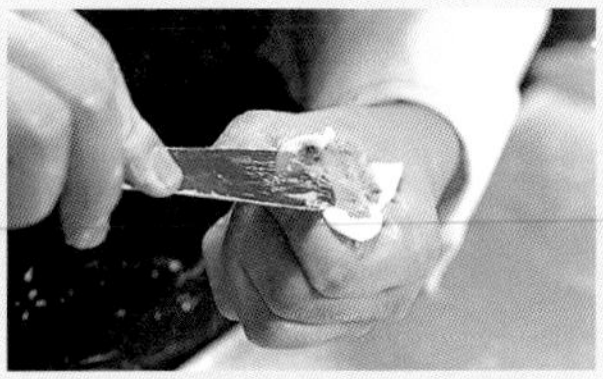

握りながらあんをへらで平らになでつける。

17

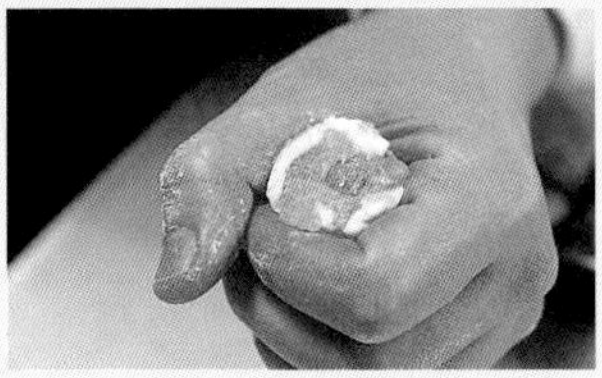

グリンピースを1粒取り、あんの中にぎゅっと押し込む。

18

蒸し器を用意。直接具材を蒸し器に入れる場合は、湿らせたクッキングシートを広げ焼売を並べる。

19

ふきんの代わりに、レタスの外側の青い葉やスライスしたにんじんを下に敷き詰めてもOK。

20

蓋をして、中火強にかける。約8分蒸してできあがり。アツアツに好みでマスタードや醤油を添える。

中華のコツとポイント❺

粉からの皮作りにチャレンジ

ツルッとモチモチの皮、がんばって作ってみましょう

焼売の皮

材料　強力粉、薄力粉各40g／塩小さじ1/5／水1/5カップ（40cc）
作り方　強力粉と薄力粉をボウルにふるい、塩、水を加えフォークで粘り気が出るまでよく混ぜる。なめらかになればラップで包み、室温でねかせる

↓30分後

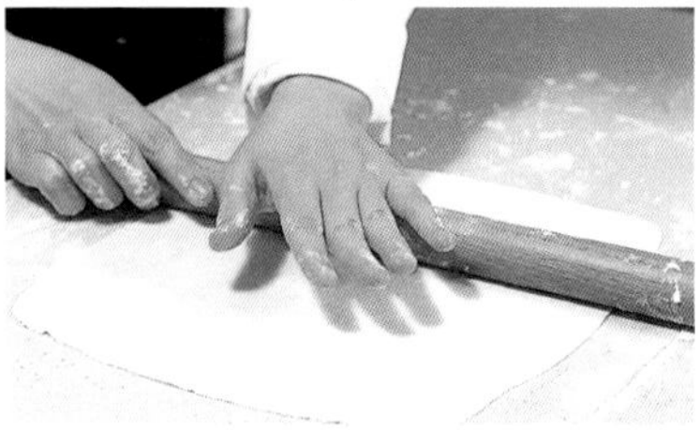

❶打ち粉した台に移し、粉をはたきながら、1〜2mm厚さに麺棒で伸ばす

❷7cm角の正方形を16枚作るように、測りながらカッターで分割する

餃子の皮

材料　強力粉80g／薄力粉40g／熱湯3/8カップ（75cc）／塩小さじ1/5

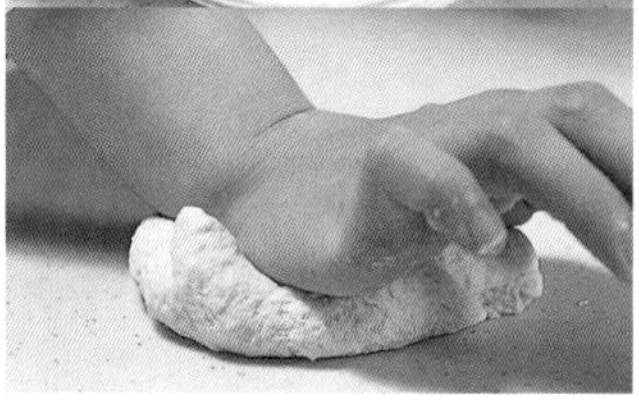

❶粉をボウルにふるい、塩、熱湯を加えてフォークで混ぜる。打ち粉をしたまな板にのせて練り、なめらかになったらラップに包み室温でねかせる

↓

15分置く

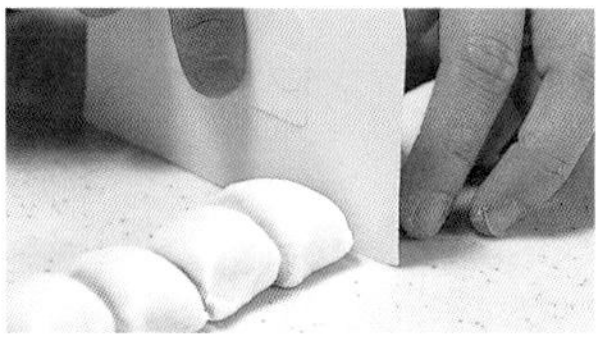

❷ラップをはずして、生地を両手で押さえて転がしながら棒状に伸ばし、16等分にカットする

❸カットした生地をひとつずつ手のひらで丸める。打ち粉をしたまな板にのせて手で押さえて潰す

❹生地を左手で回転させながら、右手で麺棒を転がし、中央が厚くなるよう約8cmの円形に伸ばす

手作りは食感が大違い イベント感覚でトライ！

餃子や焼売の命ともいえる皮。表面はツルッ、食感はモチモチが理想ですが、市販のものではなかなかそうはいきません。やはり、手作りが一番です。

ポイントは餃子の生地に入れる熱湯。温度が低すぎると生地がねっとりしてしまい、上手にまとまりません。必ず沸騰させた湯を加えます。生地を練ったら手でつまんでみて、赤ちゃんの耳たぶくらいの弾力ならOKです。ほぐれてしまうようなら、もう少し練りましょう。

生地を練ったり伸ばすときは強力粉で打ち粉をして、はりつかないようにします。あんを包むときにも、打ち粉をしてラップをすれば、乾燥が防げます。

ちなみに、生地の材料を混ぜるのは、幅があって混ぜやすいフォークがぴったり。手も汚れず、熱湯を入れた生地でもやけどの心配がありません。

QINGJIAO NIU ROUSI

チンジャオニューロース

強火で素早く炒めることが成功の秘訣です

チンジャオニューロース

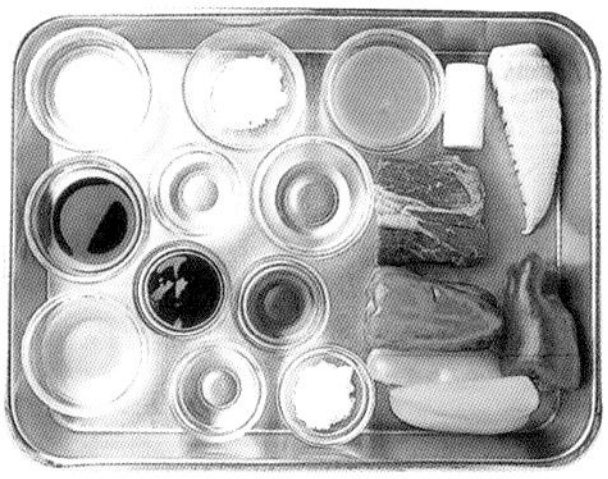

材料（2人分）

牛もも肉…120g
ピーマン、赤ピーマン
…各1個（各40g）
黄ピーマン…1/4個（40g）
たけのこの水煮…80g
ねぎ…1/10本（10g）
酒、ごま油…各小さじ1
とき卵…1/2個分
片栗粉…大さじ1/2
Ⓐ鶏ガラスープ…大さじ2
　酒、濃口醤油、オイスターソ
　ース…各大さじ1
　砂糖…大さじ1/2
サラダ油、塩、胡椒、水とき
片栗粉…各適量

01 赤ピーマンは縦半分に切り、ヘタと種、ワタを手でつまんできれいに取り除く。

02 赤ピーマンを、片手で平らに押さえながら、3〜4mm幅の細切りにする。

03 ピーマンも赤ピーマンと同じように、縦半分に切り、ヘタと種、ワタを取り除いて、4〜5mm幅の細切りにする。

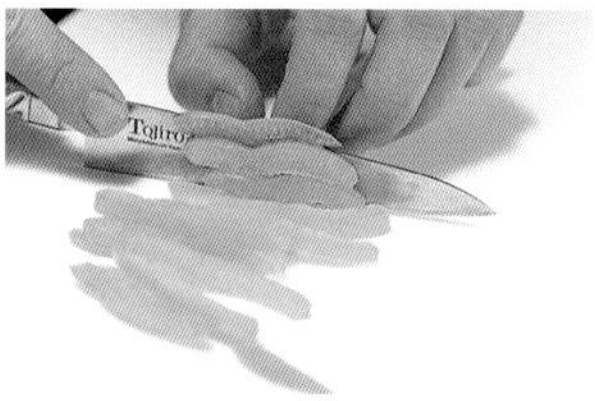

04 黄ピーマンも同じように、縦半分を切り、ヘタと種、ワタを取り除き、4〜5mm幅の細切りにする。

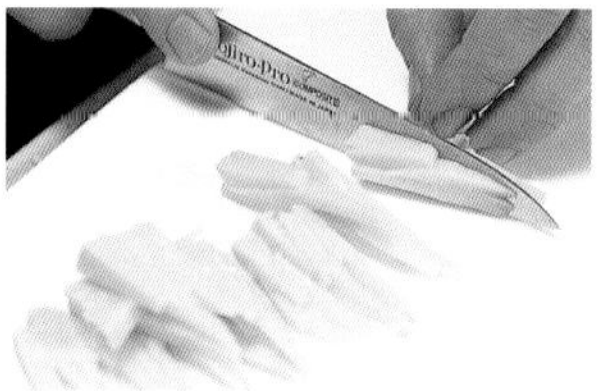

05 たけのこの水煮は、4〜5mm幅の細切りにする。なるべくピーマン3種と太さを合わせる。

06 ねぎは、縦に放射状の切り込みを入れて端からカットし、粗いみじん切りにする。

07 牛もも肉は繊維に対して直角に包丁を入れ、5mm厚さにスライスする。何枚か重ね、繊維に沿って5mm幅に切る。

08 牛もも肉をボウルに入れ、塩と胡椒をふる。手でもみ込み、下味をしっかりつける。

09 塩がとけたら、酒ととき卵を牛もも肉に加え、同じように手でもみ込む。

10 牛肉が水分を吸うまでしっかりもむ。※きちんともむとそれだけ牛肉が水分を含んでやわらかくなる。

POINT

具材は大きさをそろえてカット

牛肉はよくもんでやわらかく

1分以内に手早く仕上げる

11 じゅうぶんにもんだら、片栗粉を加えて、まんべんなくまぶす。※片栗粉は牛肉の水分を保ち全体をつなぐ役割がある。

12 サラダ油大さじ1/2も加えて手でなじませる。※サラダ油を加えると、油なじみがよくなり、炒めたときにほぐれやすくなる。

13 油通しする。サラダ油3カップを中華鍋に注いで120℃（軽くブクブクしてくる程度）に熱し、たけのこの水煮を入れる。

14 はりつかないよう牛もも肉をたけのこの水煮にのせる。火を弱め油を低温にし、箸で牛もも肉をほぐす。

15 牛もも肉が白っぽくなったらピーマン、赤ピーマン、黄ピーマンを加えてひと混ぜする。

16 ボウルを重ねたザーレンかざるに中華鍋の中身を注いで、油をしっかりきる。油は炒めるときに使うのでとっておく。

17 手早く炒めたほうがおいしく仕上がるので、作業しやすいように、Ⓐを合わせておく。

18 中華鍋を火にかけじゅうぶんに温める。手をかざして熱いようなら、油通しで使った油大さじ1をなじませ、ねぎを炒める。

19 ねぎの香りが立ってきたら強火にして、牛もも肉、たけのこの水煮、ピーマン3種を加え、鍋をふりながら素早く炒める。

20 香ばしく炒まれば、合わせたⒶを鍋肌からすべらすように回し入れ、すぐに具材と混ぜ合わせる。

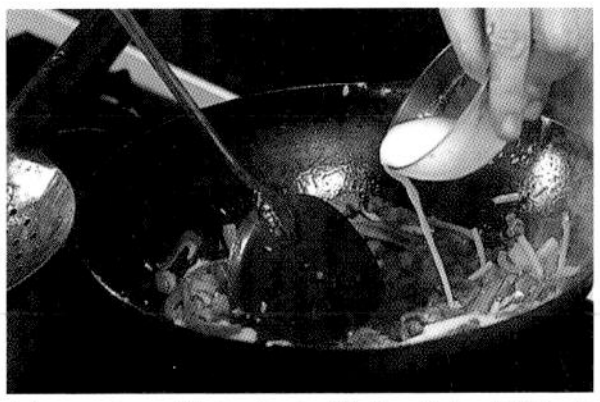

21 続いて、鍋の中を絶えずかき混ぜながら水とき片栗粉を回し入れ、とろみをつける。鍋をふりながらさっと炒める。

22 炒めすぎると歯ごたえがなくなってしまうので、なるべく1分前後で炒め上げる。仕上げにごま油を鍋肌から垂らす。

MISTAKE

具材によって火の通りや味のなじみ具合が違う

牛肉と野菜は太さや長さをそろえて切りましょう。バラバラだと見栄えが悪いうえ、均一に火が通りません。炒め時間は1分以内が原則。それ以上炒めると野菜の歯ごたえがなくなり、おいしさも半減。

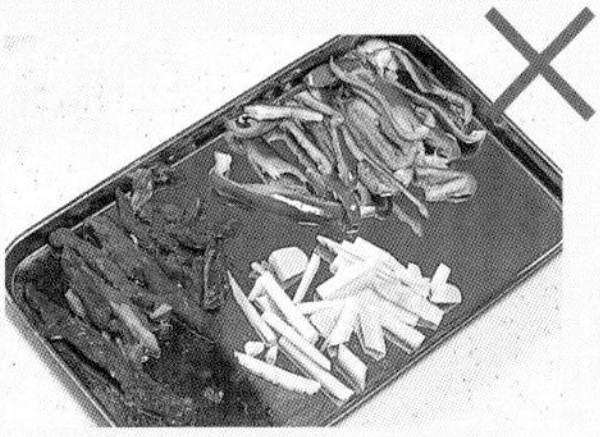

大きさが違うと火の通りもまばらに

中華のコツとポイント 6

本格的な仕上げに必須・中華調味料

日本の調味料にはない、辛み、うまみ、コクが凝縮

中国醤油《チャンユー》

日本のたまり醤油にあたり濃厚。とくに、生抽《ションチュウ》は日本のものと風味が似ている

中国黒酢《くろず》

穀類を原料に長期発酵、熟成。酸味がやわらかく、小《ショウ》籠包《ロンポウ》につけると美味

辣油《ラーユ》

熱した油に唐辛子の辛さを移したもので、辛みが強い。前菜や餃子のたれに使う

牡蠣油《オイスターソース》

生がきを塩漬けにして発酵させた上澄み。粘り気、うまみ、強いコクがある

甜麺醤《テンメンジャン》

小麦粉と米麹が原料の甘口の味噌。北京ダックのたれ、料理に甘みが欲しいときに

芝麻醤《チーマージャン》

白ごまをペースト状にした調味料。香ばしさとコクがあり坦々麺のベースになる

豆鼓醤《トウチジャン》

大豆を発酵させた豆鼓をペースト状にしたもの。塩味が強い。炒め物や煮込みに

豆板醤《トウバンジャン》

空豆から作った辛味噌。ピリッとした辛さが特徴で、四川料理に使うことが多い

独特の味を引き出す頼もしい中国調味料

中華料理には、特殊な調味料がたくさんあります。家庭で作る中華料理にも取り入れて、本場の味を目指しましょう。

とくにそろえておきたいのは、豆板醤、甜麺醤、オイスターソースの3つです。豆板醤はいわゆる唐辛子味噌のことで、料理にピリリとした辛さを与えてくれます。調理するときは、焦がさないよう注意しながら油で炒めて、香りを出します。ちなみに、熟成期間が長いものほど色が黒く、辛みも強くなります。

オイスターソースは炒め物に加えるだけでうまみとコクのある一品ができます。中華料理のほか、焼きそばにソース代わりに加えてもマッチします。

米麹が主原料の甜麺醤はなめらかで甘く、日本人好みの味わい。甘みを加えたいときや、うまみのある肉味噌を作るときには欠かせません。

CHAO-CAI 3

青菜炒め3種

中華の基本・炒め物は調理方法もいろいろ

ちんげん菜の炒め物

ちんげん菜の炒め物

材料(2人分)

ちんげん菜…2株(150g)
豚薄切り肉…80g
ねぎ…1/6本(15g)
干ししいたけ…1個
たけのこの水煮…40g
にんじん…1/7本(20g)
うずらの卵(缶)…4個
しょうが、にんにく…各1/3かけ
Ⓐ塩、胡椒…各適量
　酒、片栗粉…各小さじ1
Ⓑ酒、濃口醤油…各小さじ2
　砂糖…小さじ1
　塩、胡椒…各適量
鶏ガラスープ
…約2/5カップ(80cc)
水とき片栗粉…適量
サラダ油…大さじ1

01 豚薄切り肉をボウルに入れ、Ⓐを加えて手でもみ、なじませる。干ししいたけは、水に半日浸して戻し、そぎ切りにする。

02 75〜80℃の湯を用意し、1枚ずつ豚薄切り肉を入れて、うっすらピンク色が残るくらいに、さっと火を通し取り出す。

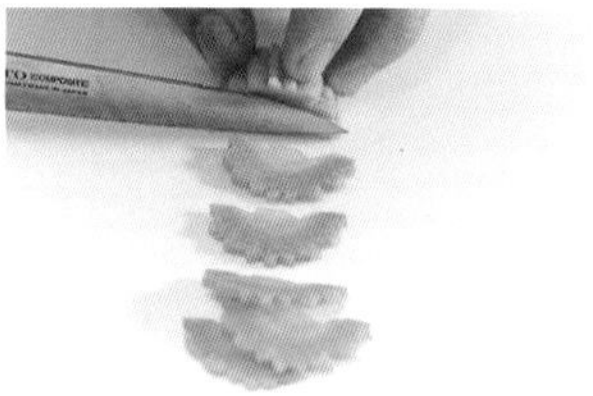

03 にんじんは外周に切り込みを入れ花形にし、縦半分に切る。直線部分に2か所切り込みを入れ、3mmの薄切りにし、鳥の形を作る。

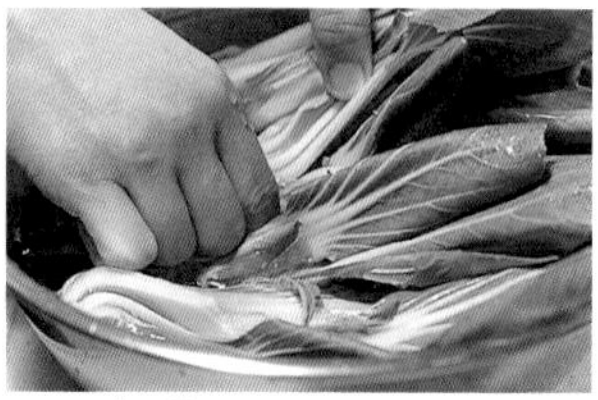

04 ちんげん菜は根元に切り目を入れて、4つ割りにする。ボウルに水をはり、砂や汚れをふり洗いする。

05 ちんげん菜はざく切りに、ねぎ、しょうが、にんにくは1cm角の色紙切りに、たけのこの水煮は4cm角の薄切りにする。

06 ちんげん菜は1分ほど、にんじんは1〜2分塩ゆでし、ざるにあげてあおいで冷ます。

07 中華鍋にサラダ油を熱し、ねぎ、しょうが、にんにくを炒め香りを出す。たけのこの水煮、しいたけ、うずらの卵も加え強火で炒める。

08 豚薄切り肉、ちんげん菜、にんじんも加えてあおる。下ゆでしてあるのでさっと炒める程度でOK。

09 合わせたⒷを鍋肌から回しかけ、鶏ガラスープを加える。水とき片栗粉でとろみをつける。

空芯菜の炒め物

材料(2人分)

空芯菜…1・1/2束(300g)
赤ピーマン…1/4個(10g)
ピーナッツ、サラダ油
…各大さじ2
島唐辛子または赤唐辛子
…1本
にんにく…2かけ
揚げ油…適量
Ⓒ砂糖…小さじ1
　オイスターソース、
　ナンプラー…各大さじ1
　シーズニングソース
　…小さじ2

空芯菜の炒め物

01 空芯菜はしばらく冷水に根元をつけてシャキッとさせる。水につけながら軸の硬い部分をはさみで切る。

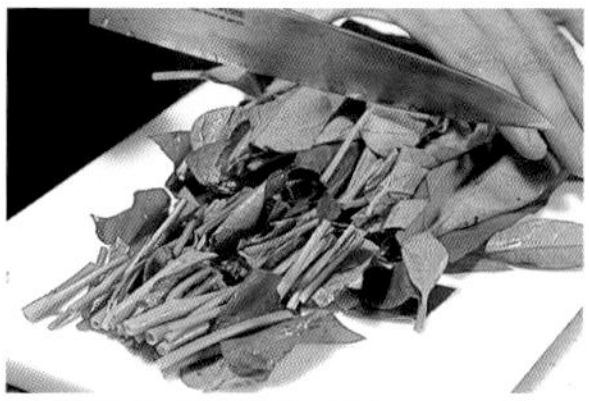

02 空芯菜をまな板に移し、4～5cmの長さに切り、水気を取る。※サラダ用の水きりで水分を取ると油がはねない。

03 ピーナッツは160℃の油で4～5分揚げ、油をきる。粗熱が取れたら皮をむく。

04 赤ピーマンは縦に2等分し、ヘタ、種、ワタを取り除く。3mm幅の細切りにする。

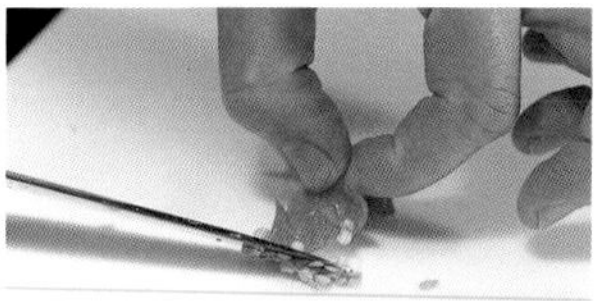

05 島唐辛子または赤唐辛子も粗みじん切りにする。辛口が好みなら、島唐辛子の種も使う。にんにくも粗みじん切りにする。

06 中華鍋にサラダ油を熱し、中火でにんにく、島唐辛子または赤唐辛子、ピーナッツを入れて香りを出し、赤ピーマンを加える。

07 強火にして、空芯菜を加え、さっと混ぜる。※空芯菜は火が通りやすく変色しやすいのでスピーディーに。

08 合わせておいたⒸを中華鍋の鍋肌から加え、2～3回鍋を大きくあおってからめ、皿に盛る。1分以内に仕上げる。

ONE MORE RECIPE

豆苗の炒め物

材料（2人分）

豆苗…1パック（100g）
ごま油…小さじ1
サラダ油…大さじ1
Ⓓ酒…大さじ1
　鶏ガラスープ
　…1/4カップ（50cc）
塩、胡椒…各適量

作り方

❶豆苗はしんなりしていると焦げやすいので水につけてシャキッとさせ、つるや硬い部分を取り、4cm長さに切る。
❷油がはねないよう、サラダ用の水きりやざるで豆苗の水気をしっかりきる。
❸中華鍋を強火にかけ、サラダ油、ごま油、塩、胡椒を入れ、しばらく温める。
❹うっすらと煙が上がってきたら、豆苗を加え入れて、強火で30秒炒める。Ⓓを鍋肌から回し入れて2～3回鍋をあおる。
❺火から下ろし、ボウルを重ねたざるなどにあげ、汁気を軽くきり、皿に盛る。

塩、胡椒もはじめに入れる

必ず1分以内に仕上げること

中華

中華のコツとポイント ⑦

成功の近道・炒め物の決まりごと

手早い仕上げが勝負の炒め物。下処理が肝心です

炒める前の下処理

油通しをする

豆腐は水をきる

下味をつける

鍋に加える順番

調味料は鍋肌から

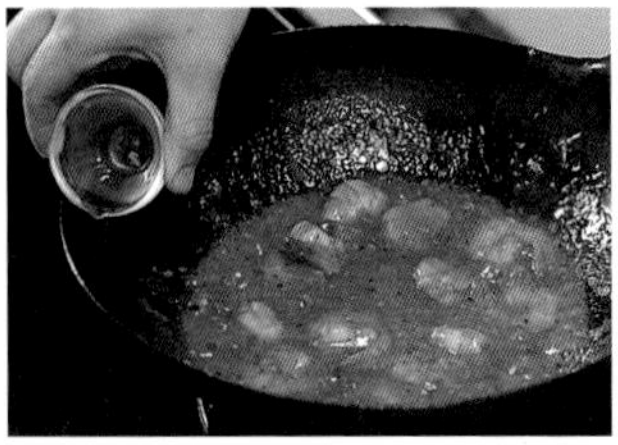

香りのあるものが先

茎や軸ははじめに

食材ごとの注意点

肉は混ぜすぎない

葉野菜は強火で

炭水化物は大きめの鍋で

手軽に作れる炒め料理は簡単だけど奥が深い

炒め物のコツは、炒める前の下処理、順番、食材に合った炒め方をすることにあります。

火の通りを均等にするため、具材は同じ大きさに切ります。長く炒めると食感が悪くなるので、火が通りにくいものは、油通しや下ゆでをして、炒め時間を短くします。また、材料が冷たいと温度が下がるので気をつけて。

順番も大切で、葉野菜の硬い部分や根菜などから炒めます。にんにくやしょうがははじめに炒めて香りを出します。塩は、早くふると水分が出てしまうので仕上がり直前に加えること。

葉野菜は水が出やすいので強火で炒め、酒や鶏ガラスープで味を含ませます。中華鍋やフライパンは大きめのものを使い、材料は入れ過ぎないようにし、隙間ができるほどの量にとどめます。また、炒める前に鍋をよく温めることも忘れずに。

BANG BANG JI

バンバンジー

シンプルな蒸し鶏をコクのあるたれで

バンバンジー

材料（4人分）

鶏もも肉…大1枚（300g）
しょうが…1/4かけ
ねぎの青い部分…1本分
トマト…1個（200g）
きゅうり…1/2個（50g）
もやし…70g
ねぎ…1/3本（35g）
酒…大さじ2

ソースの材料

ピーナッツ…大さじ2
Ⓐ砂糖…大さじ1
　濃口醤油…大さじ3
　芝麻醤…大さじ3
　豆板醤…小さじ1/2
ラー油…小さじ1
酢…大さじ1
しょうが…2/3かけ
ねぎ…1/3本（30g）
揚げ油…適量

01 しょうがを薄切りに、ねぎの青い部分は5cm長さにカットし、耐熱皿に半量ずつのせる。

02 並べたしょうがとねぎの青い部分の上に、鶏もも肉をのせ、残りのしょうがの薄切りとねぎの青い部分をのせる。

03 酒を鶏もも肉全体にまんべんなくかかるよう、上から回し入れる。

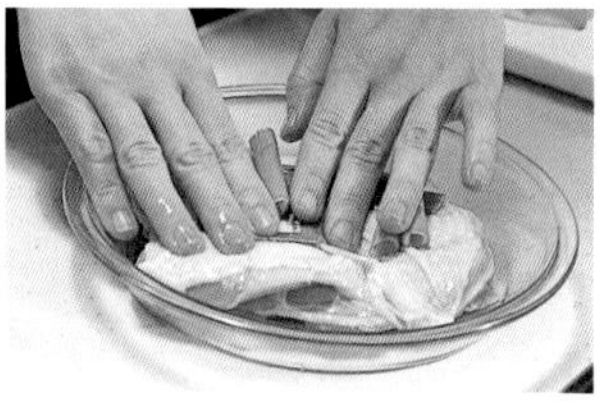

04 両手で鶏もも肉を軽く押して、全体に酒をなじませる。ラップをして、電子レンジで5分ほど加熱する。

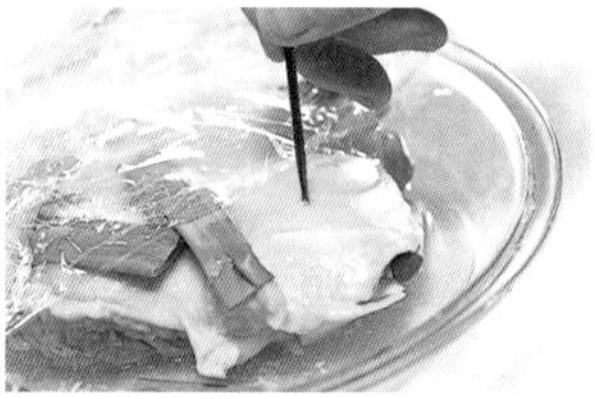

05 串を刺して透明な汁が出たらOK。赤い汁が出たらもう少し加熱する。加熱しすぎると硬くなるので注意。

06 粗熱を取ってから盛るので、再びラップをかぶせ、そのまま置いて冷ます。※ラップをしないと鶏もも肉が乾いてしまう。

07 ソースを作る。しょうがは皮をむいてみじん切りに、ねぎは縦に放射状の切り込みを入れて、端から切り、みじん切りにする。

08 ピーナッツは160℃の油で4～5分揚げ、油をきる。粗熱が取れれば、皮をむく。

09 すり鉢に入れてすりこぎでたたき潰して一度みじん切り程度の大きさにする。

10 すりこぎでさらに細かくする。※片手をすりこぎの上に置き、利き手ですりこぎの下の方を握り回すようにするとすりやすい。

POINT

鶏もも肉は冷ましてから盛る

水分をふき取る

COLUMN

鶏肉を蒸さずに、ゆでて調理する方法も！

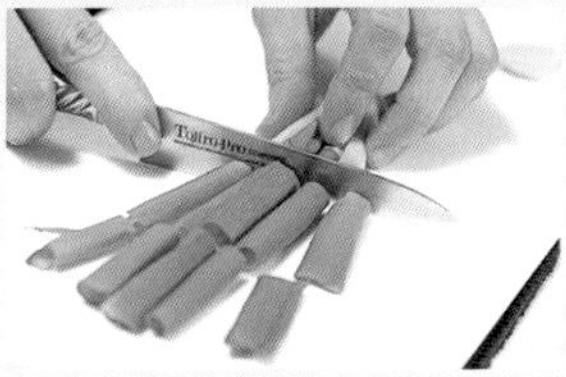

❶ゆでるとしっとりするので時間のあるときはこの方法がおすすめ。ねぎの青い部分を5cmの長さにカットし、しょうがは薄切りにする。

❷70～75℃に温めた鶏ガラスープ(500cc)を鍋に注ぐ。しょうが、ねぎの青い部分、酒を加えて鶏肉を入れ、温度を保ちながら30分ほどゆでる。

MISTAKE

冷ましているうちに、鶏もも肉が乾いてしまった

鶏もも肉を冷ますときにラップをはずしてしまうと、乾燥するのでNG。電子レンジから取り出したら、ラップをしたまま冷まします。切り分けるときは切り口がボロボロにならないよう包丁を大きくスライドさせましょう。

ラップがかかってないとカラカラに！

11 すり鉢にⒶを入れ、すりこぎで混ぜる。続いてラー油と酢を加えて、すりこぎで軽く混ぜる。

12 最後に、みじん切りにした、ねぎとしょうがをすり鉢に加えて、ゴムべらで混ぜ合わせる。

13 ねぎは縦に切り込みを入れ、中から緑色の芯部分を取り出す。外側の白い部分をせん切りにし、水にさらして白髪ねぎにする。

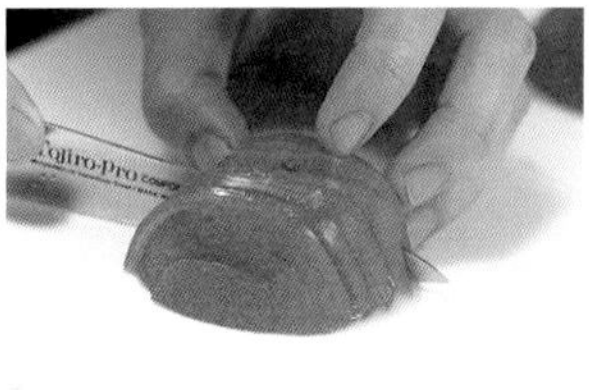

14 トマトはヘタを切り取る。横半分に切り、2～3mm幅の薄切りにする。

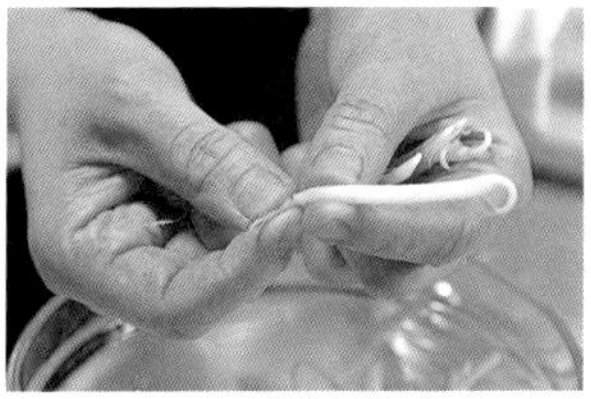

15 もやしは、ひげ根を手で取る。ひげ根を取ると口当たりがよくなる。

16 沸かした湯に塩をふり、もやしを入れ、1分ほど塩ゆでする。盆ざるにあげて広げ、手早くあおいで冷ます。

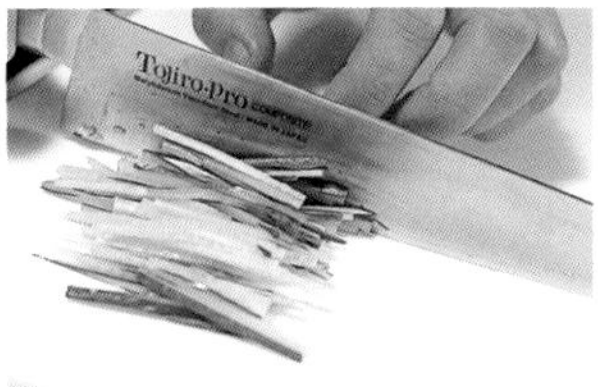

17 きゅうりは2～3mm幅に薄切りにする。端から少しずつ重ねるように並べて置き、端から刻み、細切りにする。

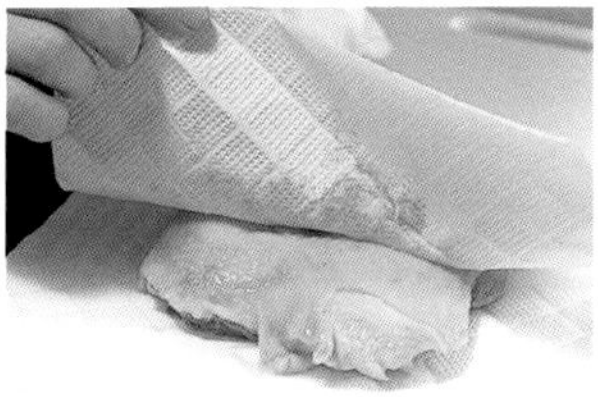

18 鶏もも肉が冷めたら、クッキングペーパーではさみ、手でポンポンと軽くたたいて、余分な水分をふき取る。

19 鶏もも肉は、包丁を大きくスライドさせて5mm幅にスライスする。繊維に沿って手で裂いてもよい。

20 トマト、もやし、きゅうりを皿に盛り、カットした鶏もも肉をのせ、ソースをかけ、白髪ねぎを飾る。

中華のコツとポイント⑧

電子レンジはもっともっと使える

時間がない、場所がない。そこで電子レンジの出番です

豆腐

水気を取る。クッキングペーパーで包み、ラップをせずに加熱

約4分

トマト

湯むき。底に入れた十字の切り目を上にしてラップをしないで加熱

約40秒

こんにゃく

アク抜き。細かくちぎって塩をまぶし、ラップをしないで加熱

約2分30秒

ひじき

戻す。乾燥状態のまま、ひたひたの水に浸して、ラップをせずに加熱

約4分

柑橘類

果汁を搾る。半分にカットしてラップせずに加熱すると搾りやすい

約30秒

油揚げ

油抜き。クッキングペーパーに包み、ラップをしないで加熱する

約40秒

温めるだけじゃない下ごしらえも得意です

蒸し料理は通常蒸し器を使いますが、短時間で済ませたいときやコンロがふさがっているときは、電子レンジを使うと便利です。肉や野菜に調味料や水をまぶして、電子レンジで加熱するだけと簡単。

電子レンジはこのほかにも、トマトの湯むきや油揚げの油抜きなど、食材の下処理に使えます。たとえば、乾物は5分程度の加熱時間で戻るので、調理時間を短縮することができます。また、カリカリベーコンは、クッキングペーパーにベーコンを広げて1枚30秒〜1分加熱して作ると油が落ちてヘルシーです。

レシピに忠実に作ることはもちろん大切ですが、時間や設備の都合でむずかしいこともあります。正しい作り方を理解しつつ、ときには、電子レンジを上手に利用して、手早く簡単に作るのもいいでしょう。

※加熱時間は500wの場合。食材の大きさ、量によって加熱時間を調節してください。

CHAO FAN

五目チャーハン

ごはんひと粒ひと粒が光り輝く黄金チャーハン

五目チャーハン

材料（2人分）

ごはん（温かいもの）…400g
ハム…6枚（60g）
えび…2尾（30g）
レタス…大1枚（40g）
ねぎ…1/3本（35g）
卵…2個
Ⓐ卵白…小さじ1/2
　片栗粉…大さじ1/2
　塩…少々
塩、胡椒…各適量
酒、濃口醤油、ごま油
…各小さじ1
サラダ油…大さじ1

01 レタスは5mm角に切る。※レタスはやわらかいとしんなりしてしまうので、歯ごたえのあるものを選ぶようにする。

02 ねぎは5mm角に切る。はじめに、縦に放射状の切れ目を入れて、端から切っていくと細かく切れる。

03 ハムは5mm幅の棒状に切る。さらに、90°向きを変えて端から切っていき、5mm角にする。

04 卵をボウルに割り入れ、菜箸でなめらかになるまでときほぐす。

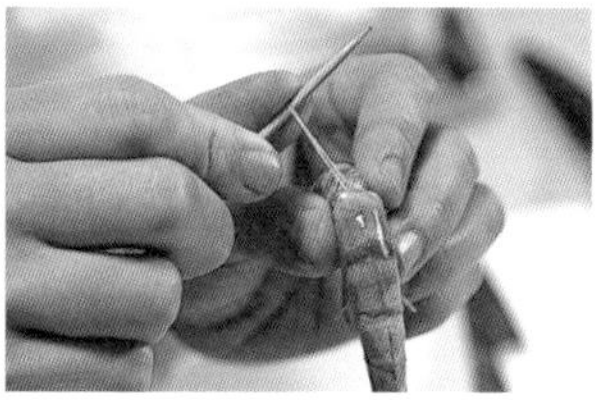

05 えびの2～3節目に竹串を刺す。左右に少しずつ動かしながら上に引っ張り、背わたを抜く。

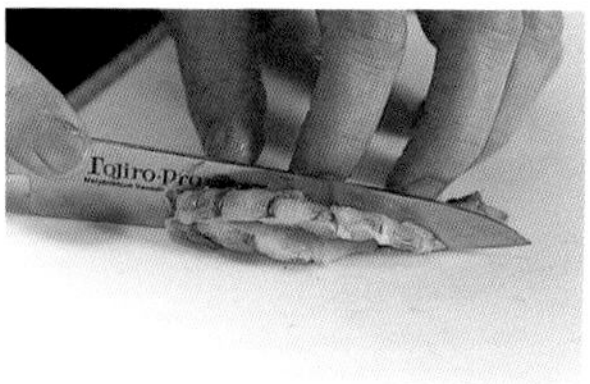

06 えびの殻を足の方からむく。尾は、つけ根をつまみながら引っ張り、殻のみを取る。きれいにむけたら厚みと幅を半分にする。

07 カットしたえびは、ほかの具材となるべく大きさを合わせてさらに、5mm角に切る。

08 Ⓐをボウルに合わせ、刻んだえびを加えて手でもむように混ぜる。※えびに卵白と片栗粉をまぶすとプリッとした食感に。

09 硬めに炊いたごはんを用意する。冷めていたら電子レンジで1分ほど温める。※温かいごはんを使うと炒めやすい。

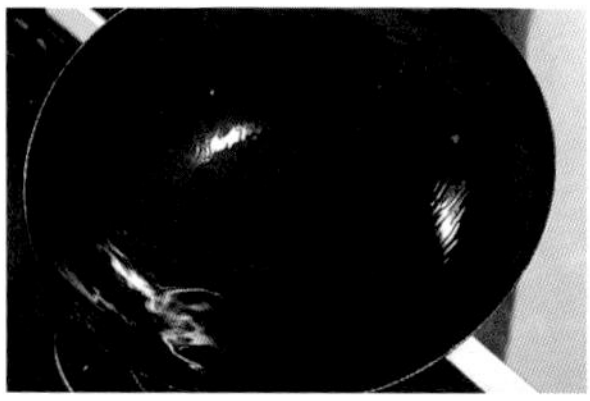

10 中華鍋を強火にかける。サラダ油を入れ、鍋を回して全体に油をなじませ、煙が出てくるまで温める。

POINT

ごはんを卵と油でコーティング

鍋に広げて焼く

野菜は仕上げ直前に加える

11 煙が上がってきたら、強めの中火にして、とき卵を中華鍋に一気に流し入れる。

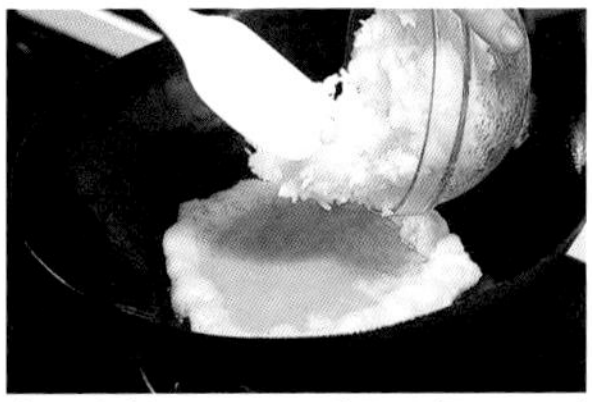

12 卵が半熟のうちに手早く温かいごはんを加え、とき卵でごはんひと粒ひと粒をコーティングするように炒める。

13 合わさったら、中華鍋の上でごはんを大きく広げて、ひと粒ひと粒がパラパラになるまで、じっくり焼きつける。

14 水分がとんできたら、塩と胡椒を全体にまんべんなくふりかける。

15 続いて、刻んだハムとえびをごはんに加え、大きく混ぜて味をなじませる。

16 中華鍋を前後に動かして、ごはんを鍋の中で大きく回転させながら、中華へらで切るようにして混ぜる。

17 えびが赤く色づき、火が通ったらねぎとレタスを入れる。※歯ごたえが残るよう野菜は仕上げ直前に加えて軽く火を通す。

18 鍋肌から酒をすべらすように回し入れる。

19 濃口醤油を鍋肌から回し入れる。※鍋の縁ギリギリから流すと鍋肌全体から香ばしい香りが立ちのぼる。

20 最後に、鍋を前後にゆすって大きく混ぜ、香りづけのごま油を鍋肌から垂らして、できあがり。

MISTAKE

できあがりがべちゃっとおもちみたいな食感

理想的なチャーハンは、ごはんがひと粒ひと粒パラパラとほぐれること。でも、食感がモチモチして粘りが出てしまった、なんて失敗をよく聞きます。これは、ごはんをやわらかく炊いてしまったのが原因です。チャーハンに使うごはんは硬めに炊くようにしましょう。ごはんが乾燥するくらい広げて炒めると、あとから液体や水分の多い野菜を入れてもべたっとなりません。

ごはんは温かく、硬めのものが◎

ごはんがくっついて表面に焦げ目がついちゃう

一度にたくさん作ろうして大量のごはんを中華鍋で炒めてしまうと、ごはんに隙間がなくなってしまいます。すると、水分がなかなかとばず、パラパラにならないうちに焦げてしまって大失敗！　ごはんの水分をとばすには、大きく広げて炒めることがポイントです。少しめんどうかもしれませんが、たくさんの量のチャーハンを作る場合は、2人分が限度なので少しずつ作るようにしてください。

ごはんを入れすぎると失敗しやすい

中華のコツとポイント ❾

マンネリ打破のライスバリエーション

白いごはんもおいしいけどたまには変化をつけて

ガーリックライス

材料（2人分）米1カップ（200cc）／Ⓐ{チキンブイヨン1・1/4カップ（250cc）、塩・胡椒各適量}／にんにくチップ適量／玉ねぎのみじん切り大さじ2／にんにくオイル小さじ2

作り方　油で玉ねぎ、洗い米を炒め、Ⓐを加え、沸騰させる。蓋をして220℃のオーブンに約13分間入れる。にんにくチップを散らす

サフランライス

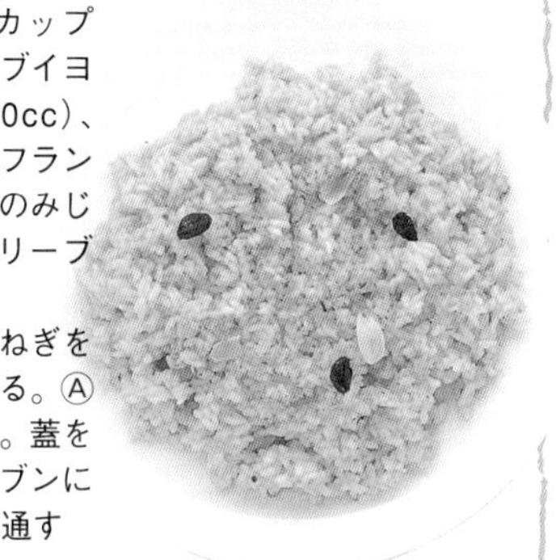

材料（2人分）米1カップ（200cc）／Ⓐ{チキンブイヨン1・1/4カップ（250cc）、塩・胡椒各適量、サフラン小さじ1/5}／玉ねぎのみじん切り大さじ2／オリーブオイル小さじ2

作り方　オイルで玉ねぎを炒め、洗い米を炒める。Ⓐを加え、沸騰させる。蓋をして、220℃のオーブンに入れ、約13分間火を通す

チキンライス

材料（2人分）鶏もも肉1/4枚／玉ねぎ50g／ごはん400g／ケチャップ大さじ3／バター小さじ2／塩、胡椒各適量

作り方　フライパンにバターを熱し、1cm角に切った鶏肉と玉ねぎを順に炒め、しんなりしたら、ごはん、ケチャップを加えて、塩と胡椒をふる

バターライス

材料（2人分）米1カップ（200cc）／Ⓐ{チキンブイヨン1・1/4カップ（250cc）、塩・胡椒各適量}／玉ねぎのみじん切り大さじ2／バター小さじ2

作り方　バターで玉ねぎを炒め、洗い米を炒め、Ⓐを加え、沸騰させる。蓋をして、220℃のオーブンで約13分間火を通す

ひと工夫すれば見た目も楽しい献立に

中華料理同士の相性がいいのは当たり前ですが、レパートリーが少ないと献立も一辺倒になってしまいます。そんなときは、思い切ってライスをアレンジしてみるのはいかがでしょうか。洋風のライスと中華料理を組み合わせてみると、意外にマッチするのです。

たとえば、カラフルなサフランライスやターメリックライスは、ライス自体の味は薄いので、麻婆豆腐やえびのチリソースなどのピリッと辛い料理に合わせてみましょう。

また、ガーリックライスはごま油をきかせた炒め物に、バターライスは白菜のクリーム煮やクリームあんといった乳製品を使ったコクのある料理にぴったりです。チキンライスはオムライスの中華版といった感じで、中華風厚焼き卵やかに玉に添えてみてください。

TANG 3

中華スープ3種

家庭で作れる絶品スープ。卵は最後に加えて

卵入りわかめスープ

卵入りわかめスープ

材料（2人分）

塩蔵わかめ…20g
ねぎ…1/10本（10g）
卵…1個
ごま油、酒…各大さじ1/2
白ごま、濃口醤油
…各小さじ1/2
鶏ガラスープ
…1・4/5カップ（360cc）
塩、胡椒…各適量

サンラータン

材料（2人分）

豚ひき肉…30g
ハム…1枚（10g）
たけのこの水煮…30g
もやし…20g
ねぎ…1/10本（10g）
かに身…20g
春雨…10g
木綿豆腐…1/10丁（30g）
しょうがの薄切り…2枚
鶏ガラスープ
…2カップ（400cc）
干しえび…小さじ1
とき卵…1/2個分
Ⓐ塩…小さじ1/4
　濃口醤油…小さじ1
　酒…大さじ1/2
水とき片栗粉、香菜…各適量
黒胡椒…小さじ1/4
酢、サラダ油…各大さじ1
ラー油…小さじ1

01 塩蔵わかめは水でふり洗いして、3cm角に切る。ねぎは縦に切り込みを入れて中の緑色の芯部分を取り出し、白い部分をせん切りにする。

02 中華鍋にごま油を熱し、白ごまを入れる。白ごまがはねたら、火を弱めたり止めたりしながら炒める。

03 香ばしくなったらねぎを加え、中火で炒める。

04 しんなりしたら、鍋肌から酒を垂らす。鍋を回しながら、アルコールの匂いがなくなるまで煮る。

05 アルコール分がとんだら、濃口醤油を鍋肌からすべらすように垂らして加える。

06 続いて鶏ガラスープを注ぐ。

07 調味料がなじんだら、塩と胡椒をふり、火にかける。沸騰したら火を弱め塩蔵わかめを加える。

08 穴じゃくしの上からといた卵を注ぎ、ゆっくり動かす。※穴じゃくしを使うと、少量ずつとき卵を加えることができる。

09 すぐに火を止める。ひと呼吸（30秒ほど）おいてゆっくり混ぜる。※すぐに混ぜると、スープが濁る。

サンラータン

01 容器にぬるま湯をはり、10分ほど浸して春雨を戻す。手で持ってしなれば水気をきり、5cm長さに切る。

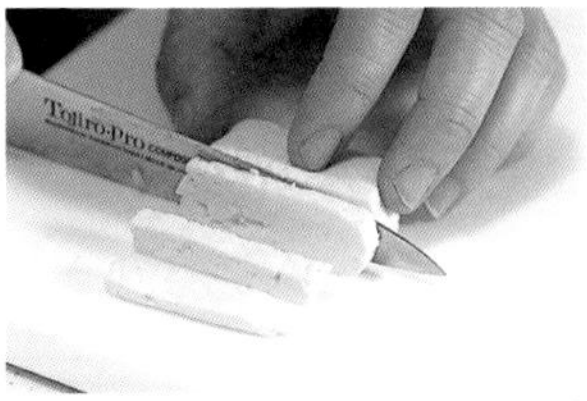

02 木綿豆腐は重しをして10分ほど置き、5mm角で4cm長さの棒状にカットする。

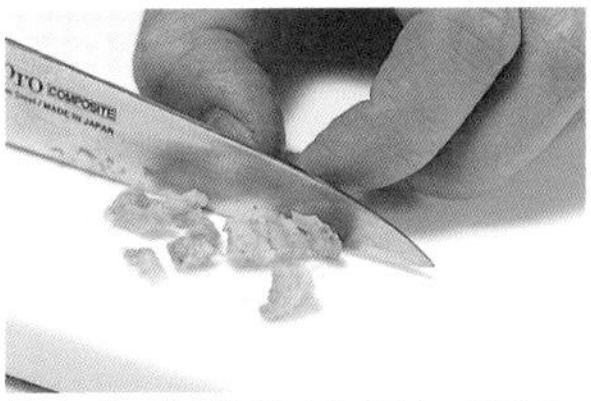

03 干しえびは半日水に浸して戻す。戻ったら、水気を絞る。2～3mm角に、細かく切る。

04 中華鍋にサラダ油を熱し、せん切りにしたしょうがとねぎを焦げない程度の中火で香りが立つまで炒める。

05 豚ひき肉を加え、ポロポロになったら3mm幅の細切りにしたハムとたけのこの水煮、豆とひげ根をとったもやしを加える。

06 野菜が焦げないように混ぜながら炒め、しんなりしたら、鍋肌からⒶを加えて軽く炒め、鶏ガラスープを注ぐ。

07 ひと煮立ちしたら木綿豆腐、干しえび、かに身、春雨を加え、約2分煮る。味をみて足りなければ塩を加える。

08 水とき片栗粉を加え、火を弱めて菜箸をつたわせながらとき卵を垂らし、火を止める。ひと呼吸(30秒ほど)おいてゆっくり混ぜる。

09 黒胡椒を加え、酢を垂らす。皿に盛り、ラー油を垂らし、香菜の粗切りを飾る。

One More Recipe

中華風コーンスープ

材料(2人分)

クリームタイプのコーン(缶)…150g
ねぎ…1/10本(10g)
かに身…40g
ハム…1枚(10g)
酒…大さじ1/2
鶏ガラスープ…1・1/2カップ(300cc)
牛乳…大さじ5
とき卵…1/2個分
サラダ油…大さじ1
水とき片栗粉、塩、胡椒…各適量

作り方

❶中華鍋にサラダ油を熱し、粗みじん切りにしたねぎを、香りが出るまで炒める。
❷3～4mm幅の細切りにしたハム、かに身を炒め、酒を鍋肌から加える。
❸クリームタイプのコーンを入れ軽く炒め、鶏ガラスープでときのばし、塩と胡椒をふり、沸騰直前まで温め、牛乳を入れる。
❹沸騰したら弱火にして、水とき片栗粉でとろみをつける。
❺火を止めて、菜箸をつたわせながらとき卵を垂らし、ひと呼吸おいて静かに混ぜる。

酒を加えたらアルコール分をとばす

牛乳でコクを出す

中華のコツとポイント ⑩

日本に定着しつつある中国野菜を知ろう

ちょっと前までは見たこともなかった野菜が身近に

香菜
強い香りがあり、たれやスープ、揚げ衣に刻んで加えたり、薬味にしたりする

タアツァイ
繊維が少なくやわらかい。クセがなく、煮物、和え物、スープと幅広く使える

豆苗
えんどうの若芽でうまみがある。炒め物、天ぷらに。強火で短時間で調理する

黄にら
にらの一種だが、独特の臭みは弱く甘みが強い。春巻きの具、スープの具に

空芯菜
茎に空洞があり、シャキシャキとした歯ごたえが特徴。炒め物に多く使われる

つるむらさき
葉に独特のぬめりがある。スープや炒め物、和え物にするとおいしい

ちんげん菜
なじみ深い中国野菜のひとつ。軸と葉の硬さが違うので調理時間に差をつける

花にら
ゆでても炒め物にしても。歯ごたえを残すため、短い加熱時間で調理する

中華料理にはもちろん アレンジすれば和食にも

ひと昔前までは、中国野菜といっても手に入るものは限られていました。家庭で中華料理を作っても、食材は日本の野菜で代用するため、できあがりは本場の味とは程遠い〝和風中華料理〟に。ところが、最近ではいろいろな中国野菜を目にすることが多くなり、家庭でも本格的な中華料理が気軽に作れるようになりました。

扱い方がわからない場合、葉野菜なら炒め物にすれば失敗しません。身近な野菜と同じようにおひたしにしたり、煮物や味噌汁に入れたりしてもおいしく食べられます。外国野菜と構えずに普段の料理に取り入れてみましょう。食材を変えるだけで、新鮮な献立になります。

ただし、長時間火を通しすぎると、しんなりして食感が悪くなる野菜もあるので、強火で手早い調理を心がけてください。

MIAN

中華麺

ツルッとした麺は、やみつきになりそう

醤油ラーメン

ジャージャー麺

醤油ラーメン

材料（2人分）

中華生麺…2玉（260g）
卵…1個
ほうれん草…1/10株（20g）
ねぎ…2cm（5g）
もやし、メンマ…各20g
のり…4枚
チャーシュー…2枚
醤油スープの材料
ねぎ…2.5cm（6g）
しょうが…1/2かけ
Ⓐ削り節…2.5g
　昆布…2cm角
　濃口醤油、酒…各大さじ4
　みりん…小さじ1
鶏ガラスープ…3カップ（600cc）

ジャージャー麺

材料（2人分）

中華生麺…2玉（260g）
卵…2個
きゅうり…1/2本（50g）
ねぎ…1/7本（14g）
トマト…1/2個（100g）
肉味噌の材料
豚ひき肉…100g
Ⓑ甜麺醤または八丁味噌、
　濃口醤油、酒…各大さじ1
にんにく…1/3かけ
しょうが…1かけ
ねぎ…1/3本（35g）
豆板醤…小さじ1
干ししいたけ…2個
たけのこの水煮…30g
鶏ガラスープ
…3/4カップ（150cc）
塩、胡椒、水とき片栗粉
…各適量
ごま油…小さじ1/2
サラダ油…大さじ1/2

醤油ラーメン

01 醤油スープのベースを作る。ねぎの小口切り、ぶつ切りのしょうが、Ⓐを鍋に入れ、半量になるまで10分ほど煮詰める。

02 卵を水からゆで、沸騰後8分で取り出し、冷水に落として殻をそっとむく。スープのベースに約15分漬け、味つけ卵にする。

03 ねぎは2〜3mm幅の小口切りにして水にさらし、ほうれん草は塩ゆでして3cm長さに切る。もやしは豆とひげ根を取る。

04 ゆで卵に味が染みたら、スープのベースから取り出し、縦半分にカットする。

05 平皿に半分に切ったゆで卵、ほうれん草、もやし、のり、チャーシュー、ねぎ、メンマを1人分ずつのせる。

06 醤油スープのベースを鍋に戻し、鶏ガラスープを注いで、ベースをときのばすように混ぜる。

07 ベースとスープがよく混ざったら、ざるでこしながら、別の鍋に移し入れ、アツアツに温める。

08 ジャージャー麺と同様に、中華生麺をゆでる。ゆであがったら冷水で洗わずに、ざるにあげ、水気をよくきる。

09 器にゆでた麺を入れ、温めたスープを注ぎ、皿にのせた具材をすべらせるように麺にのせる。

ジャージャー麺

01 戻したしいたけは5mm角に、きゅうりはせん切り、トマトは薄切り、トッピング用のねぎは白髪ねぎに、ほかの野菜はみじん切りに。

02 70〜75℃の湯に、室温に戻した卵を30分間入れて温泉卵を作る。※うっすら湯気が立ち殻に泡がついている状態が75℃の目安。

03 肉味噌を作る。ボウルに、豚ひき肉を入れて、Ⓑを加えて水分がなくなるまで手でよくもみ、下味をつける。

04 中華鍋を強火にかけ、サラダ油を熱する。油が温まったら、中火の細火にして、にんにく、しょうが、ねぎ、豆板醤を炒める。

05 むせるような香りがしたら、03をほぐしながら加える。焦げないよう、火加減をみながら、ポロポロになるまで炒める。

06 豚ひき肉がほぐれたら、しいたけと、たけのこの水煮を中華鍋に加えて、炒め合わせる。

07 鶏ガラスープを注ぎ、沸騰したら混ぜながら、水とき片栗粉を加える。塩､胡椒して､強火にし、鍋肌からごま油を垂らして火を止める。

08 麺をゆでる湯は麺の10〜15倍の量が必要。沸騰状態の湯にほぐした中華生麺を入れてすぐに菜箸でほぐす。

09 麺が鍋の中で泳ぐ温度を保ち、2分ほどゆでる。1本指で伸ばして弾力を確認するか、食べてみる。

10 大きめのざるにあげて、湯をしっかりきり、冷水でていねいにもみ洗いしてぬめりを落とす。水気をよくきる。

11 皿に盛り、トマト、きゅうり、水気をきった白髪ねぎ、肉味噌をのせ、温泉卵をトッピングする。

MISTAKE

鍋の中で麺同士がくっついて固まった

湯に入れた麺はすぐにほぐして。また、常に沸騰して対流していないと下に沈んでそのままくっついてしまいます。

麺を湯に入れたらすぐに混ぜる

ゆでた麺の水気が、きちんときれない

小さすぎたり、目が細かい網では水気がきれません。麺がおさまるざるを用意して。

ざるは大きめのものを使うこと

[著者]

川上文代

FUMIYO KAWAKAMI

幼少の頃より料理に興味を持ち、中学3年から高校3年生までの4年間、池田幸恵料理教室で料理を学ぶ。大阪阿倍野辻調理師専門学校卒業後、同校職員として12年間勤務。その間、辻調理師専門学校・大阪校、フランス・リヨン校、エコール・キュリネール国立校にてプロ料理人育成に勤める。フランス・リヨン校では初の女性講師となり、フランスの3つ星レストラン“ジョルジュ・ブラン”での研修も体験。

渋谷区恵比寿にて、デリス・ド・キュイエール川上文代料理教室を主宰。食育インストラクター、フードアナリスト、地元の千葉県館山ふるさと大使として各地での講演、雑誌、新聞などで活躍中。著書に『たれとソースの早引き便利帳』(青春出版社)などがある。

デリス・ド・キュイエール　川上文代料理教室

東京都渋谷区広尾1-7-2 藤和広尾レジデンス404
tel:03-6427-7799
http://www.delice-dc.com

本書は2005年11月に小社より出版した『イチバン親切な料理の教科書』の新版です。新たに原稿を加え、再編集しました。

本書の内容に関するお問い合わせは、**書名、発行年月日、該当ページを明記**の上、書面、FAX、お問い合わせフォームにて、当社編集部宛にお送りください。**電話によるお問い合わせはお受けしておりません。**
また、本書の範囲を超えるご質問等にもお答えできませんので、あらかじめご了承ください。
FAX：03－3831－0902
お問い合わせフォーム：http://www.shin-sei.co.jp/np/contact-form3.html

落丁・乱丁のあった場合は、送料当社負担でお取替えいたします。当社営業部宛にお送りください。

新版 イチバン親切な 料理の教科書

2020年10月5日　初版発行

著　者　川上文代
発行者　富永靖弘
印刷所　株式会社新藤慶昌堂

発行所　東京都台東区台東２丁目24　株式会社　新星出版社
〒110-0016　☎03(3831)0743

ISBN978-4-405-09391-1